大学で教える英文法

English grammar

編者
畠山雄二

くろしお出版

目　次

まえがき v
例文の頭についている記号について viii

I. 文の基本要素：文の骨格

第1章　動詞と準動詞 1
  1　動詞の分類（I）：自動詞と他動詞は区別できるか 2
  2　動詞の分類（II）：項をいくつとるか 4
  3　自動詞・他動詞用法と結果構文：結果は「外付け」か「内蔵」か ... 6
  4　動詞の選択制限（I）：主語の選択 8
  5　動詞の選択制限（II）：補文の選択 10
  6　過去分詞：完了と受け身のパラダイム 12
  7　不定詞：隠れている主語を追え！ 14
  8　動詞のing形：動詞の「副業」 16
  9　動名詞の主語：現れる2つの顔 18
  10　助動詞：形と意味のサポーター 20
    主要参考文献 22

第2章　名詞 25
  1　可算と不可算：「まとまり」という感覚 26
  2　格：配役と配置を決める司令塔 28
  3　主語：主語のもつ二面性 30
  4　形式主語：その正体は省略された名詞句 32
  5　無生物主語：英語がもつ特徴(くせ) 34
  6　目的語：関係を表す概念 36
  7　形式目的語：文法規則を支える小さな巨人 38
  8　目的語の副詞的用法：前置詞が消える理由 40
  9　代名詞：変数の役割をもつ語 42
  10　疑問詞：疑問詞だけでは疑問詞ではない！？ 44
    主要参考文献 46

第3章　冠詞と形容詞 49
  1　定冠詞：共通の話題をつくろう！ 50
  2　不定冠詞：相手に正体を明かすな！ 52
  3　無冠詞：無冠詞に無関心ではいられない！？ 54

4	数量詞（Ⅰ）：数量表現の不思議な世界	56
5	数量詞（Ⅱ）：落ち着きのないコトバ	58
6	形容詞の限定用法：前からかけるツヨミ	60
7	形容詞の叙述用法：名詞とのビミョウな関係	62
8	前置修飾と後置修飾：マエとウシロの不思議	64
9	形容詞の順序：語順の決定原理	66
10	分詞の形容詞的用法：形容詞への転身	68
	主要参考文献	70

II. 文の補助要素：文の筋肉

第4章　時制 ... 73

1	時間と時制：この似て非なるもの	74
2	過去時制：過去形か過去形じゃないか、それが問題だ	76
3	現在時制：現在にこだわるな！	78
4	未来（Ⅰ）：英語の時制に未来はあるか	80
5	未来（Ⅱ）：be going to か will か	82
6	時制の現れ方：隣接する(助)動詞と融合せよ！	84
7	時制の一致：時制を過去方向にシフトせよ！	86
8	動名詞と不定詞の時間：隠れた時間を見つけよ！	88
9	時を表す副詞節内の現在形：なぜ will は使えないのか	90
10	Before 節の時間：爆弾は爆発したのか	92
	主要参考文献	94

第5章　相と法、そして副詞 ... 97

1	進行形（Ⅰ）：時間の幅を見つけろ！	98
2	進行形（Ⅱ）：でも幅だけの話じゃない	100
3	現在完了：あくまで時制は現在	102
4	過去完了と未来完了：過去にスライド、未来にスライド	104
5	仮定法過去（Ⅰ）：パラレルワールドへ	106
6	仮定法過去（Ⅱ）：でも SF だけじゃない	108
7	仮定法現在：「〜すべし」の世界	110
8	副詞（Ⅰ）：文の内と外、さらにもっと外	112
9	副詞（Ⅱ）：時制と仲良し	114
10	副詞（Ⅲ）：すぐ隣にいなくても大丈夫	116
	主要参考文献	118

第6章　態と否定 ... 121

1	態：英語の文はジャンケン	122

2	能動態と受動態：主役と脇役を切り替えよ！	124
3	受動態にできない動詞：対称性を見抜け！	126
4	二重目的語構文と受動態：グッドラック！	128
5	与格構文と受動態：近い方を選べ！	130
6	群動詞の受動態：前置詞に注意せよ！	132
7	否定極性表現：相性の悪い場所は避けよう！	134
8	否定の作用域：文の切れ目を見つけよ！	136
9	否定疑問文：2種類を使い分けよ！	138
10	二重否定：日本語とのズレを見分けよ！	140
	主要参考文献	142

III. 構文から見た英文法

第7章　単文レベルの構文 ... 145

1	命令文：まだ起こっていないから原形	146
2	there 構文：存在と提示	148
3	場所句倒置構文：舞台に登場	150
4	結果構文：叩いた結果どうなった？	152
5	二次述語構文：be 動詞はないけど述語	154
6	否定倒置構文：否定が時制と仲良くなるとき	156
7	分裂文と擬似分裂文：切り裂きかたにも2通り	158
8	重名詞句移動：文末には2つの役目あり	160
9	前置詞句外置：大事な情報はするりと文末へ	162
10	感嘆文：「何て」と「ホント」	164
	主要参考文献	166

第8章　複文レベルの構文 ... 169

1	分詞構文：Eco でも気配り	170
2	等位構造：何がつなげて何がつなげないか	172
3	付加疑問文：効果的でも要注意	174
4	省略（I）：何でも削ればいいわけではない	176
5	省略（II）：ばらばらでも似ている	178
6	使役構文（I）：「使役」って何？	180
7	使役構文（II）：いくつもの顔をもつ have	182
8	it that 構文と it (for) to 構文：長くて重いものが最後にくる…だけ？	184
9	ECM 構文と小節：完全な「節」まであと一歩	186
10	条件節・譲歩節：仮に名前は違っていたとしても	188
	主要参考文献	190

第 9 章　関係節と比較構文 ... 193

1. 関係節：情報追加で明瞭伝達 ... 194
2. 関係代名詞：姿は変われど中身は 1 つ ... 196
3. 前置詞＋関係代名詞：ハーメルンの笛吹きは気まぐれ ... 198
4. 関係副詞：where よ、お前はいったい何者なのだ？ ... 200
5. 関係節の制限用法と非制限用法：情報添加か、コメントか？ ... 202
6. 自由関係節：what の三態変化 ... 204
7. 比較構文：他と比べるのは人間のサガ ... 206
8. 原級比較：形は同等だけど、意味は不等？ ... 208
9. 比較級比較：比べるときは同じ土俵で ... 210
10. 最上級比較：何が一番かは相対的なもの ... 212

　　主要参考文献 ... 214

第 10 章　構文の書き換え ... 217

1. so 〜 that…構文⇔too 〜 to…構文：too から生じる否定的解釈 ... 218
2. 二重目的語構文⇔与格構文：所有か移動か ... 220
3. that 補文⇔不定詞補文：that と for は同じ仲間 ... 222
4. 副詞節⇔分詞構文：文脈から探る意味 ... 224
5. 原級⇔比較級⇔最上級：何と比べている？ ... 226
6. 仮定法⇔if 省略：疑問文との隠れた共通点に気づこう！ ... 228
7. 直接話法⇔間接話法：話し手目線で再解釈しよう！ ... 230
8. 関係節⇔不定詞節：関係節にも時制の定・不定がある ... 232
9. seem 構文：受動態との共通点に気づこう！ ... 234
10. tough 構文：目的語の取り立てと特徴づけ ... 236

　　主要参考文献 ... 238

　　あとがき ... 241

　　編著者紹介 ... 245

まえがき

　「先生！　私、英語できないんですけどぉ〜、どうしたらいいでしょうか」と問われたら、私だったら、「急がば回れで英文法をしっかりやりなさい」と答える。というのも、ああだこうだいっても、やはり英語の基本は文法であるからだ。そして、現実問題として、英語の勉強は文法から始まって文法で終わり、そして、英文法をバカにする人はいつか英文法に泣かされるハメになるのが常であるからだ。

　英語の神髄を知らず、自分で読めた気になっている自称「英語通」にかぎって、上のような学生の相談に対し、「とにかく英語を読みまくりなさい！　英語にふれていないから英語ができないのです。わからなくてもいいからどんどん英語を読みなさい！」と教育的指導を行ったりする。正直お笑いである。このような教師のいわんとしていることは(発想が単純だから)わかるし一理(だけ)あるが、でも(というかだからこそ)笑ってしまう。

　今時の学生は教員以上に忙しいこともあり、ガンガン読むような時間はほとんどない。それに、ガンガン読んで帰納的に英語のエッセンス(つまり文法)を抽出できるほど英語の学習はそんなに甘くはないし、英文法はそれほど単純ではない。あまり学習者の能力や学習といったものを過信しない方がよい。過信は禁物である。

　そもそも、外国語である英語を、母語である日本語のようにマスターしようなんていう考えが甘い。ほとんど新興宗教の世界である。暇人ならともかく、分刻みで生活している現代人には、もっと効果的で、且つ効率の良い学習法を紹介してやる必要がある。もちろん、その勉強法というのは、上で私が紹介した「英文法をベースにした勉強法」であるが。

　多読なり英語のシャワーを浴びるのは、英文法を(ある程度)マスターしてからでも遅くないし、英文法を(そこそこ)マスターしてからでないと、そもそもやっても意味がない。繰り返しになるが、外国語である英語は、母語である日本語のようにはマスターできない。それに、これはしっかり肝に銘じておいてもらいたいのだが、勉強時間は無限にあるわけではないのだ。

　上で、英文法をベースにした英語学習がいかに重要であるかを説いたわけであるが、英文法を効率よく、しかも能率よく勉強するには、いわずもがな、英文法の本を読むのが一番だ。ただし、言うは易く行うは難しで、英文法書を読むのは、実はそんなに簡単なことではない。

多くの人が、意外と誤解というか勘違いしているのであるが、文法書というのは、そこにある例文はどうでもよかったりする。英文法書というと、つい例文に目がいってしまうが、正直なところ、例文は英文法書にとっては「おまけ」にすぎない。では、メインの部分はどこかというと、それは、地の文であるのだ。つまり、例文が紹介されるまでの解説の部分、ここが一番重要であるのだ。

　英文法の本を読んだことがあるのにまともに英語が読めない人というのは、実は、地の文（つまり例文の解説部分）をしっかり読んでいないか、あるいは、読んでも理解できていない人なのである。

　さて、ここまで書けば、英語ができるというかわかるようになるにはどうしたらよいか、もうわかってもらえたかと思う。そう、多読やら英語のシャワーを浴びる前に、英文法書をもう一度読み返し、そして、例文ではなく例文を解説している地の文をしっかり読むことであるのだ。

　ただ、ここで厄介なことが1つある。それは、地の文（つまり例文を解説している文）にある文法用語がイマイチよくわからない、ということである。コンピュータ関係の本を読んでいても、「イーサネット」や「エミュレータ」や「キャッシュ」といったことばの意味がわからなければ、（あるいはいい加減にしか理解できていないのであれば、）書いてあることを十分理解できない。逆にいうと、こういったテクニカルタームがしっかり理解できていれば、書かれてあることを完璧に理解することができる。そして、実際にコンピュータを自分の意のままに操ることができる。同じことが英語の学習にもいえる。

　英文法書を読みこなし、そして英語の真の姿を知るためには、英文法書のテクニカルタームともいえる「文法用語」をしっかりと理解する必要がある。例えば、「前置詞」という文法用語を1つとっても、これの意味をどれだけの人がちゃんと理解しているであろうか。ちょっとだけ解説すると、「前置詞」というのは、「名詞の前に置く品詞」のことだが、実は、一番大事な「名詞」という表現がごっそり抜け落ちているのだ。また、前置詞のワンサイズ上のものとして「前置詞句」というものがあるが、前置詞句は原則修飾語として機能することを、はたして、どれだけの人がちゃんと理解しているであろうか。さらにいうと、「前置詞句」の「句」とはいったい何のことであるかしっかり理解できている人がどれだけいるであろうか。

　こういった文法用語というテクニカルタームを完全に理解できて、それではじめて文法書を理解することができ、さらには文法書を味わって読むことができるのだ。英文法書の中でも良書というものは、どれも味わい深いものになっているのであるが、その「うまみ」を堪能するためには、文法用語を完璧に理解してお

く必要があるのだ。

さて、ここまで書けば、英語がわかるようになるには、文法用語をしっかり理解しておく必要があることをわかってもらえたかと思う。ストレートにいうと、文法用語を制するものは英文法書を制し、そして、英文法書を制するものは英語を制することができるのである。ようするに、「英語の神髄に触れたければ文法用語を制せよ」ということであり、早い話が、先の私の学生へのアドバイスにあるように、「急がば回れで英文法をしっかりやりなさい」ということなのである。

そこで、先に挙げたような悩める学生や、そういった学生の指導に悩む教員のために刊行されたのが本書『大学で教える英文法』である。本書は、一見すると事典のように見えるが、いわゆる事典ではない。が、いわゆる文法書でもない。事典の様相を呈した新しいタイプの文法書といえる。

本書をご覧になっていただけるとわかるように、本書は、見開き2ページで1つの文法用語を解説している。これだけの分量ならば、どんなにあきやすい人でも一気に読み終えてしまうことができるであろう。実際、一気に読み切ることができるように、書き方もソフトに、しかもリーダー・フレンドリーに書かれてある。

また本書は、執筆者の「顔」が見えるように、項目ないし章ごとにスタイルを変え、執筆者が直接皆さんに教えているような感じにしてある。そういうこともあり、書き方も噛んで含めるような形になっているのはもちろんのこと、読んで理解しやすいような形にもなっている。さらにいうと、内容面に関しても、文法オタクが読んでも「うおっ！ そうだったのかっ！」と思わず膝を叩いてしまう、そんな内容がテンコ盛り状態になっている。

上でも書いたが、本書は一見すると事典のように見えるが、拾い読みはしないで、文字通り、全ての項目を1つ残らず読んでもらいたい。そのように読んでいただければ、必ずや、これから他の文法書を読み返すにしても、行間まで読めるようになるであろう。それに、英文法ならびに英語のリアルな姿を知ることができるであろう。

最後になるが、本書をきっかけに英語がさらに好きになり、これから英語が正しく、しかもスピーディーに読め、おまけに書けて聞けてしゃべれるようになる人が一人でも出てきてくれるのであれば、本書を刊行した労も少しは報われるというものだ。

平成23年春

畠山 雄二

例文の頭についている記号について

何もついていないもの：文法的に正しく文としてまったく問題のないもの。
* がついているもの：文法的に正しくなく、文としては認められないもの。
? がついているもの：文法的にちょっと変であるもの。
がついているもの：文法的には問題がないが、常識などから考えて奇異に感じられるもの。

第1章 動詞と準動詞

1 動詞の分類（Ⅰ）：自動詞と他動詞は区別できるか
2 動詞の分類（Ⅱ）：項をいくつとるか
3 自動詞・他動詞用法と結果構文：結果は「外付け」か「内蔵」か
4 動詞の選択制限（Ⅰ）：主語の選択
5 動詞の選択制限（Ⅱ）：補文の選択
6 過去分詞：完了と受け身のパラダイム
7 不定詞：隠れている主語を追え！
8 動詞のing形：動詞の「副業」
9 動名詞の主語：現れる2つの顔
10 助動詞：形と意味のサポーター

第Ⅰ部 文の基本要素：文の骨格

1　動詞の分類（Ⅰ）：自動詞と他動詞は区別できるか

　動詞は英語の文の中のカナメである。動詞がわからなければ英文の意味も形もわからない。では、「動詞がわかる」とはどういうことなのだろうか。それは「個々の動詞の意味がわかる」だけでなく「個々の動詞が目的語をとるのかとらないのかがわかる」ということでもある。一般に、目的語をとらない動詞は自動詞、目的語が必要な動詞は他動詞と呼ばれている。そして、ほとんどの辞書には、動詞にVi(＝自動詞)またはVt(＝他動詞)の記号が付いている。動詞が自動詞か他動詞のいずれかに**必ず**分類**できる**のであれば(目的語が必要か不必要かの情報が手に入るので)、英文を読む際や書く際の役に立つだろう。
　ところが、実際には、ある動詞が自動詞か他動詞かはっきりしないことがある。例えば、breakを辞書で引くと、ViとVtの両方の記号が付いている。(1a)は自動詞、(1b)は他動詞の例である。

(1) a.　The cup **broke**.（コップが壊れた。）
　　b.　John **broke** the cup.（ジョンがコップを壊した。）

これでは、「breakは自動詞か他動詞か」と聞かれたら「両方」と答えざるを得ないだろう。自動詞でもあり他動詞でもある動詞は、実は数が非常に多い。(2)に挙げられた動詞はすべて、自動詞としても他動詞としても使われる。

(2)　alter, burn, crack, crash, drop, expand, float, grow, heal, improve, melt, operate, puzzle, roll, sink, turn, worry

さらに、通常は自動詞と考えられている動詞が目的語をとることもある。

(3) a.　The horse **jumped** over the fence.
　　b.　Tom **jumped** the horse over the fence.
(4) a.　The rats **ran** through the maze.
　　b.　The scientist **ran** the rats through the maze.

jumpやrunは、それぞれ(3a)と(4a)などの例でよく使われることから、自動詞と見なされるのが一般的である。ところが、これらの動詞は目的語を伴って、(3b)と(4b)のような他動詞として使われることがある。では、jumpやrunは自動詞なのか他動詞なのか。この問いに、自動詞か他動詞かという2分法ではうまく答えることができない。もっというと、(1)-(4)の例を見ていると、動詞を自動詞と他動詞のどちらかに分類することが、はたして意味のあることなのかという根本的な疑問がわいてくる。

　ここで、自動詞と他動詞の「役割」を考え直してみよう。従来は、すべての動詞を自動詞と他動詞のどちらかに分類してきた。しかし、その分類法には上で述べたような重大な問題があった。そこで、自動詞と他動詞を「動詞の種類」として捉えるのではなく、自動詞用法と他動詞用法という「用法の種類」として捉え直してみよう。こう考えると、動詞は、自動詞用法はあるが他動詞用法はないもの(便宜上V1動詞と呼ぶ)、自動詞用法も他動詞用法もあるもの(V2動詞)、自動詞用法はないが他動詞用法はあるもの(V3動詞)の3種類に分類できる(なお、「自動詞用法も他動詞用法もないもの」は動詞とは見なせない)。この分類を表にしたものが(5)である。

(5)

	自動詞用法	他動詞用法	具体例
V1	○	×	appear, happen などごく少数
V2	○	○	ほとんどの動詞
V3	×	○	destroy, ruin などごく少数

(5)に示されているように、英語の動詞でV1動詞とV3動詞は極めて少ない。V1動詞とV3動詞が使われている例として、それぞれ(6)と(7)を挙げる。

(6) a.　A dove **appeared** from the magician's sleeve.
　　b. *The magician **appeared** a dove from his sleeve.
(7) a.　The Romans **destroyed** the city.
　　b. *The city **destroyed**.

英語の動詞の中で一番多いのはV2動詞である。つまり、**英語のほとんどの動詞には、自動詞用法と他動詞用法の両方がある**ということになる。実は、このことが英語の動詞におけるもっとも重要な特徴なのだ。

2 動詞の分類(Ⅱ):項をいくつとるか

英語の動詞には、自動詞用法と他動詞用法がある(詳しくは 1.1 節を参照)。自動詞用法には、動詞が目的語をとらず、(1)のように主語と動詞だけで文が成立する例がある。

(1) John **left**.

しかし、自動詞用法の中には、形容詞や前置詞句などを動詞の直後にとらなければ文として意味をなさないものもある。

(2) a. John **stays** single.(ジョンは独身のままでいる。)
　　b. John **stays** in good health.(ジョンは健康である。)
(3) a. John **went** red (with anger).(ジョンは(怒って)顔が赤くなった。)
　　b. John **went** into the room.(ジョンは部屋に入った。)

(2)の stay は自動詞用法をもつが、必ず下線部のような形容詞や前置詞句をとる。同様に、(3)の go も自動詞用法をもつが、必ず下線部のような形容詞や前置詞句をとる。(2)や(3)の下線部のような、動詞にとって必要な要素は、**項**(argument)と呼ばれている。つまり、自動詞用法では、(1)のように項をとらない動詞と(2)のように項を 1 つとる動詞があるということになる。なお、自動詞用法で、項を必ず 2 つ以上とらなければならないような動詞は存在しない。

次に他動詞用法について見てみよう。動詞が目的語をとる場合に他動詞用法と呼ぶのであるから、他動詞用法において目的語は必要な要素、つまり項である。他動詞用法の動詞がとる項の例を以下に挙げる。

(4) Mary **ate** an apple.
(5) Mary **gave** her boyfriend a sweater.

(4)の eat は他動詞用法をもち、必ず下線部のような項を 1 つとらなければならない。(5)の give も他動詞用法をもつが、eat とは違って項を 2 つとらなければ

ならない。(5)では項が2つとも目的語(つまり名詞句)であるが、他動詞用法が必ず項に名詞句をとるわけではない。このことは次の例からわかる。

(6)　　Mary **put** <u>her hat</u> <u>on the table</u>.
(7)　　Mary **persuaded** <u>John</u> <u>to come to the party</u>.
(8)　　Mary **believed** <u>that John was honest</u>.

(6)の put の項は名詞句と前置詞句であり、(7)の persuade の項は名詞句と不定詞節(説得する内容を表している)である。さらに、(8)の believe の項は名詞句ではなく名詞節である。このことから、項になれるのは名詞句(つまり目的語)だけではないということがわかる。これまでの話を表に整理すると(9)のようになり、英語の動詞は A, B, C, D の4種類に大きく分類されることがわかる(前述のとおり、自動詞用法で項を2つ以上とる動詞がないことや、他動詞用法には定義上目的語が必要なことから斜線が引いてある)。

(9)

	項：0	項：1	項：2(以上)
自動詞用法	**A**(1)	**B**(2)(3)	
他動詞用法		**C**(4)	**D**(5)(6)(7)(8)

(かっこ内の番号は例文の番号を示している)

最後に、A と B の違いが次の文法性の違いにも説明を与えることを示す。

(10)　　John [left] in the morning and Bill *did so* in the afternoon.
(11)　*John [went into the room] and Bill *did so* out of the room.

do so は動詞句の代わりをする代動詞句であるが、その中には項が(あれば)必ず含まれていなければならない。leave は A((1)を参照)であるから、in the morning は do so には含まれない。一方、go は B((3b)を参照)であるから、into the room は do so に含まれなければならない。つまり、(10)と(11)の四角で囲まれたところが do so に置き換わるのである。(10)の do so の中身は left だけであり、left in the afternoon としても問題がなく文法的になる。一方、(11)の do so の中身は went into the room であり、復元すると went into the room out of the room となる。部屋の出入りは同時には無理なので、(11)は非文法的となる。

3 自動詞・他動詞用法と結果構文：結果は「外付け」か「内蔵」か

学校文法では、(1)と(2)と(3)の文はどれも、主語(S)-動詞(V)-目的語(O)-補語(C)からなる SVOC の文型(＝第5文型)に分類される。

	S	V	O	C
(1)	John	ran	his shoes	threadbare.
(2)	John	hammered	the metal	flat.
(3)	John	made	Mary	happy.

(1)の run は、(「～を走らせた」ではなく)「走った」の意味をもつ自動詞(用法)であり、(2)の hammer と(3)の make は他動詞(用法)である。これらの動詞の後ろに O と C が続くと、**O が C に(結果として)なる**という結果の意味が加わる。例えば(1)は「ジョンが走った結果、彼の靴がぼろぼろになった」という意味であり、(2)は「ジョンがハンマーで金属をたたいた結果、その金属がぺちゃんこになった」という意味であり、(3)は「ジョン(の存在や行為)によって、メアリーが幸せになった」という意味である。

(1)と(2)と(3)には、上のような意味上の共通点がある一方で、文法上それぞれに違いが見られる。まず、(1)の動詞 ran の後ろにある O と C (= OC) は(4)のように省略できるが、(2)の hammered の後ろにある OC や(3)の made の後ろにある OC は、それぞれ(5)や(6)のように省略できない。

(4)　John ran [$_O$　] [$_C$　].
(5)　*John hammered [$_O$　] [$_C$　].
(6)　*John made [$_O$　] [$_C$　].

また、(1)の目的語の後ろにある C や(3)の目的語の後ろにある C は省略できないが((7)と(9)を参照)、(2)の目的語の後ろにある C は省略できる((8)を参照)。

(7)　*John ran his shoes [$_C$　].
(8)　John hammered the metal [$_C$　].

(9) *John made Mary [c   ].

以上をまとめると(10)の表のようになる。

(10)
	OとCの省略	Cのみ省略
John ran his shoes threadbare.	○	×
John hammered the metal flat.	×	○
John made Mary happy.	×	×

このような文法の違いはどこからきているのか。それは、(1)と(2)と(3)のOCが「置かれている場所」の違いである。実はOCには、(11)と(12)のような「外付け型のOC」と(13)のような「内蔵型のOC」の2種類があるのだ。

(11)　S+V + O + C　　　　　　　　　　　　　（=(1)の構造）
(12)　S+V+O + O + C　　　　　　　　　　　　（=(2)の構造）
(13)　S+V+O + C　　　　　　　　　　　　　　（=(3)の構造）

(11)では、主語+自動詞の外側にO+Cがくっついている。このようなOCをここでは「外付け型のOC」と呼ぶ。この「外付け型のOC」は、主語+他動詞+目的語の外側にもくっつくことができる。それが(12)である。なお(12)では、S+V+OとO+Cの両方にOがあるが、この2つのOは必ず同じものを指すので、**後者のO**が強制的に削除されて最終的にSVOCとなる。(11)や(12)のような「外付け型のOC」の他に、「内蔵型のOC」もある。それが(13)であり、OCは最初からS+V+O+Cのように内蔵されている。

(1)と(2)と(3)の構造がそれぞれ(11)と(12)と(13)だとわかると、(10)にまとめられた文法上の違いが自然と説明できる。(1)のOCは「外付け型のOC」なので省略できるが((4)を参照)、(3)のOCは「内蔵型のOC」のため省略できない((6)を参照)。(2)に現れているOは、上で述べたように、O+CのOではないのでCと一緒に省略できない((5)を参照)。また、O+Cはセットなので、Cだけを省略することはできない((7)と(9)を参照)。(8)は見かけ上はCだけ省略されているように見えるが、実際に省略されているのは「外付け型のOC」全体である。

4　動詞の選択制限（Ⅰ）：主語の選択

英語では、述語となる動詞は必ず主語をもたなければならない。主語のタイプは、動詞（または目的語などを含む動詞句全体）によって決まっている。

(1)　{John / *The news} sold his book.　　　　[sell: 他動詞用法]
(2)　{This CD / *John} sells well.　　　　　　[sell: 自動詞用法]
(3)　{The accident / Mary} worried John.　　　[worry: 他動詞用法]
(4)　{Tears / *A tear} gathered in Mary's eyes.　[gather: 自動詞用法]

(1)の動詞 sell は、目的語に his book をとる他動詞用法である。この場合には普通、「売る人や店」を表す名詞が主語にくる。よって John は主語として適切であるが、the news は、物語のような特別な例を除き、主語としては適切ではない。これに対して(2)の sell は、目的語をとっていないので自動詞用法である。この場合には普通、「売られているモノ」を表す名詞が主語にくる。よって this CD は主語として適切であるが、John は適切ではない。(3)の動詞 worry は、目的語に John をとっているので他動詞用法である。この場合には普通、「心配させるモノやコト」を表す名詞が主語にくる。よって the accident（その事故）も Mary（メアリーの存在や発言など）も John を心配させる要因となりうるので worry の主語として適切である。(4)の動詞 gather は、目的語をとっていないので自動詞用法である。動詞 gather は普通、複数を表す名詞が主語にくる。よって tears は主語として適切であるが、a tear（一粒の涙）は不適切である。このように動詞は、どういったタイプの主語が現れ、どういったタイプの主語は現れないかについての制限、すなわち（主語の）**選択制限**をもっているといえる（「補文の選択制限」については 1.5 節を参照）。

(1)-(4)の動詞はすべて主語に現れるものを指定しているが、動詞の中には、例えば seem や appear のように主語の制限が全くないものもある。

(5)　John {seems / appears} to have sold his book.
(6)　This CD {seems / appears} to sell well.
(7)　The accident {seems / appears} to have worried John.

(8) Tears {seem / appear} to have gathered in Mary's eyes.

(5)-(8)から明らかなように、seem や appear の主語にはさまざまな名詞が自由にこられる。しかし seem や appear も、次の(9)-(11)のように主語にこられない名詞があることから、選択制限をもっていると考えてしまうかもしれない。

(9) *The news {seems / appears} to have sold his book.
(10) *John {seems / appears} to sell well.
(11) *A tear {seems / appears} to have gathered in Mary's eyes.

しかし、(9)の悪さは the news と seem(または appear)との相性が悪いことが原因ではない。the news と sell his book との相性が悪いことが原因なのだ((1)を参照)。同様に、(10)の悪さは John と seem(または appear)との相性が悪いことが原因ではなく、John と sell well との相性が悪いことが原因なのだ((2)を参照)。(11)の悪さも同様で、a tear と seem(または appear)との相性が悪いことが原因ではなく、a tear と gather in Mary's eyes との相性が悪いことが原因なのだ((4)を参照)。以上のことから、seem(または appear)の主語は、seem(または appear)によって選択制限されているのではなく、むしろ seem to(または appear to)の直後の動詞によって選択制限されていることがわかる。つまり、seem や appear には主語の選択制限がないのである。

　seem や appear に主語の選択制限がないということは、それらの動詞の主語には意味内容のない名詞が現れることさえあり得るということだ。事実、seem や appear の主語には、(12)と(13)のように意味のない it や there(これらは虚辞と呼ばれる)が現れる。

(12) It {seems / appears} that John sold his book.
(13) There {seems / appears} to be a girl in the room.

前述の通り、英語では動詞は必ず主語をもたなければならない。(12)と(13)に現れている虚辞は、seem や appear の主語を埋めるためのダミーにすぎない。

　以上のように、動詞には主語の選択制限があるもの(例えば sell, worry, gather)と主語の選択制限がないもの(例えば seem, appear)の2種類あり、選択制限がある動詞は主語のタイプを指定することがわかった。

5 動詞の選択制限(Ⅱ):補文の選択

動詞はそれぞれ、どのようなタイプの文をその動詞の項としてとるかが決まっている(項については1.2節を参照)。

(1)　I think that Mary loves Tom.
(2)　*I think who Mary loves.
(3)　*I wonder that John bought something.
(4)　I wonder what John bought.
(5)　John explained that we should do the work.
(6)　John explained what we should do.

動詞が項としてとっている文を**補文**と呼ぶ。補文には大きく分けて、平叙文と(間接)疑問文の2つのタイプがある。例えばthinkは、(1)と(2)からわかるように、補文に平叙文はとれるが疑問文はとれない。thinkとは逆にwonderは、(3)と(4)からわかるように、補文に疑問文はとれるが平叙文はとれない。またexplainのように、補文に平叙文と疑問文のどちらもとれる動詞がある((5)と(6)を参照)。どの動詞がどのタイプの補文をとるのかを(補文の)**選択制限**と呼ぶ(「主語の選択制限」については1.4節を参照)。選択制限は、補文をとるそれぞれの動詞自身がもっていると考えるのが一般的である。

これまで見てきた(1)-(6)の中の主節の動詞は、すべて他動詞(厳密には「動詞の他動詞用法」1.1節を参照)であった。では、自動詞(用法の動詞)も他動詞と同じように、補文に3つのタイプ(平叙文は許すが疑問文は許さないタイプ、平叙文は許さないが疑問文は許すタイプ、平叙文も疑問文も許すタイプ)があるのだろうか。次の例を見てみよう。

(7)　It {seems / appears} that Mary likes sushi.
(8)　*It {seems / appears} what Mary likes.
(9)　Mary {begins / starts} to read a book.
(10)　*Mary {begins / starts} what to read.

seem と appear は自動詞であるが、(7)と(8)からわかるように、補文に平叙文はとれるが、疑問文はとれない。同様に自動詞である begin と start も、(9)と(10)からわかるように、補文に平叙文はとれるが疑問文はとれない。以上のことから、**自動詞は補文に平叙文はとれるが疑問文はとれない**ことがわかった。つまり、補文に平叙文と疑問文のどちらか、あるいは両方がとれるかという選択肢は他動詞だけにあるということになる。以上をまとめると(11)の表になる。

(11)

	補文が平叙文	補文が疑問文	主節の動詞	例文
自動詞	○	×	seem, begin	(7)–(10)
他動詞	○	×	think	(1)(2)
	×	○	wonder	(3)(4)
	○	○	explain	(5)(6)

前にも述べた通り、選択制限は補文をとるそれぞれの動詞自身がもっていると考えるのが一般的である。しかし、動詞以外の要素が補文のタイプの選択にかかわる場合もあり、注意が必要である。次の例を見てみよう。

(12) I can't think why she quit.
(13) I don't wonder that John bought something.

think は、(1)と(2)で見たように、補文に平叙文はとれるが疑問文はとれない。だから(12)の補文は疑問文なので非文になるはずであるが、完全に文法的である。この事実をどう捉えたらよいのだろうか。(12)を(2)と比べてみよう。(12)の think の前には、(2)とは違って can't がある。can't と think が合わさると、wonder の意味に近くなる。wonder は(4)のように補文に疑問文をとれるので、(12)の can't think も補文に疑問文をとれるのだと考えることができる。次に wonder は、(3)と(4)で見たように、補文に疑問文はとれるが平叙文はとれない。だから(13)の補文は平叙文なので非文になるはずであるが、(主にイギリス英語では)完全に文法的である。(13)を(3)と比べてみると、(13)の wonder の前には don't がある。don't と wonder が合わさると「不思議ではない」という意味になり、疑問文より平叙文との相性がよくなることから、don't wonder が補文に平叙文をとれるのだと考えることができる。

6　過去分詞：完了と受け身のパラダイム

　英和辞書の巻末には必ず動詞の活用表が載っている。そこでは動詞の原形が見出し語になっていて、過去形と過去分詞形が後に続いている。過去分詞は have や be などと一緒に用いられることが多い。

(1)　John ***has*** kissed Mary.
(2)　Mary ***was*** kissed (by John).

動詞 kiss の過去分詞 kissed は、(1)のように have と一緒に用いられると「ジョンがメアリーにキスをした」という完了の意味をもち、(2)のように be と一緒に用いられると「メアリーは(ジョンに)キスされた」という受け身の意味をもつ。このことから「一般に過去分詞は、have と一緒に用いられると完了の意味をもち、be と一緒に用いられると受け身の意味をもつ」といわれてきた。

　しかし、上の一般化は不正確である。というのも、have と一緒に用いられているにもかかわらず受け身の意味をもつ場合((3)を参照)や、be と一緒に用いられているにもかかわらず完了の意味をもつ場合((4)を参照)があるからだ。

(3)　John ***has*** his watch **stolen**.　［受け身］
(4)　Mary ***is* gone** to Canada.　［完了］

(3)は「ジョンは腕時計を盗まれた」という受け身の意味をもち、(4)は「メアリーはカナダに行ってしまった」という完了の意味をもつ(ただし be と一緒に完了の意味で使える動詞は go、do、finish などに限られている)。実は、過去分詞が完了と受け身のどちらの意味をもつかは、**過去分詞の動詞のタイプとその位置の両方**によって決まるのだ。表(5)を見てみよう。

(5)

	他動詞用法の過去分詞	自動詞用法の過去分詞
have に隣接する	完了　(例文(1))	完了　(例文(6))
be に隣接する	受け身　(例文(2))	(完了)(例文(4))
have に隣接しない	受け身　(例文(3))	×　(例文(7))
be に隣接しない	受け身　(例文(8))	×　(例文(9))

「過去分詞の動詞のタイプ」には、自動詞用法と他動詞用法の2種類がある。「過去分詞の位置」には、過去分詞が have や be と隣接しているか否かの2通りある(なお、ここでは have/be と過去分詞の間に副詞が入る場合も「隣接する」と考える)。表のように、組み合わせは全部で8通りあり、完了と受身がきれいに棲み分けられている(例文(6)-(9)は以下で言及する)。

have に隣接する自動詞用法の過去分詞の例は(6)である。一方、have に隣接しない自動詞用法の過去分詞の例は(7)である。

(6) John *has* gone to Canada.　　　　　　[完了]
(7) *John *has* Mary gone to Canada.

(6)は「ジョンにカナダに行かれた」という受身の意味はないが、「ジョンはカナダに行ってしまった」という完了の意味を持つ。一方、(7)には完了の意味(メアリーがカナダに行ってしまった)も受身の意味(メアリーにカナダに行かれた)もどちらもなく、非文法的となっている(なお、(7)の gone を go に替えた John *has* Mary go to Canada. は、「ジョンはメアリーをカナダに行かせる」という使役の意味を持つ)。

次に、be に隣接しない他動詞用法の過去分詞は、(8)のような there 構文の中では許される。しかし、be に隣接しない自動詞用法の過去分詞は there 構文の中でも許されない((9)を参照)。

(8) There *is* a girl kissed (by a stranger).　[受身]
(9) *There *is* a girl gone (to Canada).(cf.(4))

(8)は「少女が(誰かに)キスをした」という完了の意味は持たないが、「少女がキスをされている」という受身の意味を持つ。一方、(9)には完了の意味(少女がカナダに行ってしまった)も受身の意味(少女にカナダに行かれた)もどちらもなく、非文法的となっている。

以上のことがわかると、次の(10)のジョンの方が(11)のジョンよりもハッピーだということがわかるだろう。

(10) John *has* kissed Mary.
(11) John *has* Mary kissed.

7　不定詞：隠れている主語を追え！

不定詞には、(1)の下線部のような to + 動詞の原形からなる **to 不定詞**と(2)の下線部のような動詞の原形のみからなる**原形不定詞**の2種類がある。

(1)　I expected her to swim across the river.
(2)　I saw her swim across the river.

不定詞の「不定」とは、「不定詞の主語の人称や数や時制によって動詞の形が特定されない（＝不定）」という意味である（一方、述語動詞（すなわち定形動詞）では、主語の人称や数や時制によって動詞の形が特定される）。その不定詞の主語であるが、通常表面には現れない。しかし、例えば(3)の不定詞の主語は表面にこそ出ていないが、容易に「私」だと推測できる。

(3)　I have a lot of homework to do.
　　（私にはやらなければならない宿題がたくさんある。）

(3)の登場人物は「私（＝ I ）」だけであるから、不定詞の主語も「私」だと推測できる。これと同様に、次の(4)の場合も登場人物は Bill だけであるから、不定詞の主語も Bill だと推測できる。

(4)　Bill is working hard to buy a ring for his girlfriend.
　　（ビルは恋人に指輪を買ってあげるために一生懸命働いている。）

では、1つの文に登場人物が複数出てくる場合はどうであろうか。

(5)　Bill promised Mary to buy some cakes.
(6)　Bill persuaded Mary to buy some cakes.

(5)と(6)にはともに Bill と Mary の2人が登場している。(5)では Bill が Mary にある約束をしていて、その約束の中身が to buy some cakes（ケーキを買うこ

と）なのである。この場合、BillがMaryに約束をしているのだから、ケーキを買うのは当然Billである。よって(5)の不定詞の主語はBillだと特定できる。一方、(6)ではBillがMaryを説得していて、その説得の中身がto buy some cakesなのである。BillがMaryを説得して何かをさせているのであるから、ケーキを買うのは当然Maryである。よって(6)の不定詞の主語はMaryだと特定できる。つまり(3)-(6)は、隠れている不定詞の主語が文脈や一般常識から特定できる。

しかし、文脈からは特定できない場合もある。(7)を見てみよう。

(7)　　John persuaded Bill (a)to come to the party (b)to please his wife.

まず、不定詞(a)の主語を推測してみよう。(6)の説明と同様に、JohnがBillを説得した中身がto come to the partyであるから、不定詞(a)の主語はBillに特定できる。次に不定詞(b)の主語を推測してみよう。to please his wifeは「彼の奥さんを喜ばせるために」という意味になるが、(7)には候補となる登場人物(男性)が複数出てくるので、不定詞(b)の主語はJohnとBillのどちらでもよさそうである。実際、JohnがBillにパーティーに来るように説得した理由として、(8)も(9)も十分にあり得るであろう。

(8)　　ジョンが自分の妻を喜ばせるため
(9)　　ビルが自分の妻を喜ばせるため

ところが驚くべきことに、事実として(7)の不定詞(b)は(8)の読み方しかできない。つまり、不定詞(b)の主語はJohnしかありえないのだ。このことから、不定詞の主語の特定には、文脈や一般常識による推測以外の要因も関わっているといわざるをえない。つまり、英語の母語話者は、文脈や一般常識による推測が効かない(7)の不定詞(b)のような場合には、文脈などとは独立に必要な統語構造に従って、不定詞の主語を特定しているはずである（詳述は避けるが、JohnとBillと不定詞(b)の構造的な高さ関係が、不定詞(b)の主語の特定に決定的に関与していると考えられる）。

以上のように、不定詞の主語は表面に出てこないため、正しく解釈するためには主語を補わなければならない。文脈や一般常識から主語が推測できる場合もあるが、そういった推測が効かずに統語構造に従って主語の特定をしなければならない場合もあるのだ。

8　動詞の ing 形：動詞の「副業」

　動詞は文のカナメであり、英文にとってなくてはならないものである。そんなカナメである動詞が、実は動詞としての「本職」の他にもいくつかの「副業」をもっていることをみなさんはご存知だろうか。その「副業」とは**形容詞**と**名詞**のお仕事である。

　最初に形容詞としての副業について見てみよう。まず形容詞がよく現れる場所を以下のように下線部で示す。

(1) a.　a <u>kind</u> woman
　　b.　a woman <u>kind</u> to children
(2)　Mary left the room <u>angry</u>.（メアリーは怒って部屋を出て行った。）
(3)　Mary kept <u>silent</u>.
(4)　The concert was <u>fun</u>.

形容詞がよく現れるのは、(1a, b)のような名詞の前後、(2)のような文末、(3)のような自動詞用法の動詞の直後（＝補語）、(4)のような be 動詞の直後などである。このような場所に動詞は**形を変えて現れる**((5)-(8)を参照)。

(5) a.　a <u>sing**ing**</u> woman
　　b.　a woman <u>sing**ing**</u> a song
(6)　Mary left the room <u>smil**ing**</u>.
(7)　Mary kept <u>wait**ing**</u>.
(8)　The concert was <u>mov**ing**</u>.

このような「形容詞の副業」をしている動詞(動詞 **-ing**)は、正式な形容詞とは区別され、伝統的に**現在分詞**と呼ばれている(ただし、現在分詞の「現在」には現在時制の意味はなく、単なる名称に過ぎない)。現在分詞は動詞の副業であるから、時には動詞本来の「素顔」を覗かせることがある。例えば、現在分詞は(5b)の sing**ing** a song のように目的語をとることができるが、形容詞は目的語をとることができない。

　次に名詞としての副業について見ていこう。まず名詞がよく現れる場所を以

下のように下線部で示す。

(9) Bill ate <u>sushi</u> without <u>a knife and fork</u>.
(10) <u>John</u> is <u>a student</u>.

名詞がよく現れるのは、(9)のような動詞や前置詞の目的語、(10)のような主語やbe動詞の直後（＝補語）などである。このような場所にも動詞は**形を変えて**現れる（(11),(12)を参照）。

(11) Bill enjoyed eat<u>ing</u> sushi without <u>using</u> a knife and fork.
(12) <u>Seeing</u> is <u>believing</u>.（百聞は一見にしかず。）

このような「名詞の副業」をしている動詞（動詞 -ing）は、正式な名詞とは区別され、**動名詞**と呼ばれている。つまり、動名詞も動詞の副業名の1つなのである。動名詞も副業であるから、本業の動詞の「素顔」を覗かせることがある。例えば、動名詞は(11)の eating sushi のように目的語をとることができるが、名詞は of を仲介させない限り目的語をとることはできない。

　以上のように、現在分詞と動名詞は現れる場所の分担がきちんとなされていて、ほとんどの場合かち合うことはない。しかし、be動詞の直後ではかち合ってしまう（(8)と(12)を参照）。さらにやっかいなことに、その場所は動詞の「本業」である進行形がくる場所でもあるため、解釈の際には特に注意を要する。下の(13)-(15)の entertaining の解釈の違いがわかるだろうか。

(13) I am **entertaining** my friends. ［進行形］
(14) My favorite thing is **entertaining** my friends. ［動名詞］
(15) The show was **entertaining**. ［現在分詞］

それぞれの英文の主語に着目しながら文全体の解釈を考えていくと、(13)では entertaining my friends は動詞（＝進行形）としての解釈（友達を楽しませている）のみ可能であり、名詞（＝動名詞）や形容詞（＝現在分詞）としての解釈は不可能である。これに対して、(14)の entertaining my friends は名詞としての解釈（友達を楽しませること）のみ可能であり、動詞や形容詞としてとることはできない。最後の(15)は、形容詞としての解釈（面白い）のみ可能であり、動詞や名詞としてとることはできない。

9　動名詞の主語：現れる２つの顔

　動詞の ing 形の一種である**動名詞**（1.8 節を参照）は、次の(1)-(5)のように動名詞の主語を**所有格**で表すことができる。

(1)　　Do you mind **my** smoking?
(2)　　Mother hates **our** eating too fast.
(3)　　I objected to **your** playing with Bill.
(4)　　Mary doesn't mind **his** / **John's** talking loudly.
(5)　　I don't like **her** / **Mary's** going to the theater alone.

(1)の my smoking は「私がたばこを吸うこと」を意味していて、所有格 my が動名詞 smoking の主語を表している。同様に、(2)の our と(3)の your はそれぞれ eating too fast と playing with Bill の主語を表している。動名詞の主語には、代名詞だけでなく(4)の John や(5)の Mary のような名詞の所有格もなれる。
　動名詞の主語は、下の［A］-［C］のように**省略**される場合もある。

(6)　　I like ［A］ going to the park.
(7)　　Thank you very much for ［B］ sending me a letter.
(8)　　His favorite activity is ［C］ reading novels.

(6)の登場人物は I だけであるから、動名詞の主語（つまり［A］）も my だと推測できる。次の(7)の場合も登場人物は you だけであるから、動名詞の主語（つまり［B］）も your だと推測できる。最後の(8)の場合も登場人物は his だけであるから、動名詞の主語（つまり［C］）も his だと推測できる。
　では、１つの文に登場人物が複数出てくる場合はどうであろうか。

(9)　　John punished Mary for ［D］ telling a lie.

(9)では、John と Mary の２人が登場し、「ジョンがメアリーを厳しく罰した」と書かれているが、その理由は John か Mary のどちらかが嘘をついたからであ

る。怒られているのが Mary なので、嘘をついたのも Mary と考えるのが自然である。つまり、文脈から [D] は Mary だとわかる。

しかし、文脈からでは主語が特定できない場合もある。(10)を見てみよう。

(10)　John played chess with Mary without [E] taking food.

(10)にも John と Mary の 2 人が登場している。2 人はチェスをやっているが、熱中しすぎて食事をしていない人がいる。さて、それは誰か。正解は John である。つまり [E] = John である。いいかえると、「メアリーだけ食べていない」という読み(すなわち [E] = Mary)は(10)にはないのである。ようするに、英語の母語話者は、文脈による推測が効かない(10)のような場合には、文脈などとは独立して必要な統語構造に従って、動名詞の主語を特定しているのだ。実はこのメカニズムは、不定詞の主語を特定するメカニズムと同じものである(1.7 節も参照)。

動名詞の主語は、所有格(＝(11))だけでなく**目的格**(＝(12))で現れる場合もある。

(11)　John was angry at **Mary's** getting married to his friend.
(12)　John was angry at **Mary** getting married to his friend.

(11)と(12)の意味はほぼ同じである。しかし微妙な意味の違いがある。所有格を使った(11)では John の怒りの矛先は Mary の行為(彼の友達と結婚したこと)であるのに対して、目的格を使った(12)では John の怒りの矛先は Mary 本人である。実は(11)と(12)のコントラストは、次の(13)と(14)のコントラストと、「注目している対象の違い」という点において非常に似ている。

(13)　John kissed **Mary's** cheek.
(14)　John kissed **Mary** on the cheek.

(13)と(14)の意味はほぼ同じである。しかしここにも微妙な意味の違いがある。所有格を使った(13)は、「ジョンが挨拶として**メアリーの頬に**キスをした」というくらいの意味である。つまり、John は儀礼的に Mary にキスをしただけであり、好意があったからではない。一方、目的格を使った(14)は、「ジョンが好意を持って**メアリーという女性に対して**キスをして、その場所がたまたま頬だった」という意味である。

10　助動詞：形と意味のサポーター

　友達から(1)のようにいわれたら、あなたはどう思うだろうか。

　　(1)　　You **must** be honest.

「ありがとう」とうれしい気持ちになる人もいれば、「どうせ私は嘘つきですよ」と気分を害する人もいるだろう。このように、(1)は聞いた人によって気分に違いが見られる文である。それは一体なぜだろうか。その理由は(1)が曖昧な文だからである。そしてその曖昧性のカギを握っているのが助動詞 must なのだ。
　(1)の曖昧性の解説に入る前に、助動詞の特徴についていくつか見ておこう。助動詞は本動詞とは文法上異なるものである。次の(2), (3)を見てみよう。

　　(2)　a.　You **can** swim. → **Can** you swim?
　　　　b.　John **will** come. → **Will** John come?
　　(3)　a.　You *swim*. → **Swim* you? (cf. **Do** you *swim*?)
　　　　b.　John *comes*. → **Comes* John? (cf. **Does** John *come*?)

(2a, b)のように、助動詞は疑問文では文頭に現れる。一方、本動詞は(3a, b)のように文頭には現れず、その代わりに do(es) が文頭に現れる。次に(4), (5)の否定の文を見てみよう。

　　(4)　a.　You **can** swim. → You **can**not swim.
　　　　b.　John **will** come. → John **will** not come.
　　(5)　a.　You *swim*. → **You *swim* not. (cf. You **do** not *swim*.)
　　　　b.　John *comes*. → **John *comes* not. (cf. John **does** not *come*.)

否定文では、助動詞は(4a, b)のように not の直前に現れるが、本動詞は(5a, b)のように not の直後に現れ、not の直前には do(es) が現れる。以上のように、助動詞と本動詞では文法的な性質が異なっていることがわかる。
　ところで(3)と(5)で現れた do(es) であるが、これも助動詞の仲間である。助

動詞 do(es) は、本動詞が疑問文で文頭に出られなかったり、否定文で not の直前にこられなかったりする場合に使われる。いってみれば、助動詞 do(es) は本動詞のサポーターの役割を演じているのである。

さて、ここで(1)の曖昧文に戻ろう。(1)には次の(6)と(7)の解釈が可能だ。

(1)　You **must** be honest.
(6)　あなたは正直者で**あるに違いない**。　　　　　　　　　［推定］
(7)　あなたは正直者で**なければならない**。　　　　　　　　　［義務］

あなたが(1)を(6)のように解釈すればうれしい気持ちになり、(7)のように解釈すれば気分を害することになる。では、なぜこのような曖昧性が生じるのだろうか。そのカギは助動詞 must が握っている。まず、一般的な助動詞の意味的な働きについて見てみよう。must などの助動詞(**法助動詞**と呼ばれている)には、次の(8)のように客観的な文に主観性を与える働きがある。

(8)　　［助動詞］→［客観的な文］⇒［話し手の主観が入った文］

つまり助動詞は、客観的な文を意味的に補強するサポーターなのだ。must には元々「推定」と「義務」という2つの意味がある。「推定」がサポーターになると(6)の解釈が、「義務」がサポーターになると(7)の解釈が生まれる。

(8)は、must 以外の助動詞を含む文にも適用できる。例えば、may には「推量」と「許可」の意味があるため、(9)のように John leaves tomorrow という客観的な文をサポートすると、「ジョンは明日出発**するかもしれない**」という推量の解釈と「ジョンは明日出発**してもよい**」という許可の解釈が出てくる。

(9)　John **may** leave tomorrow.

また、should には「当然」と「義務」の意味があるため、(10)のように Mary is at work という客観的な文をサポートすると、「メアリーは仕事をしている**はずだ**」という当然の解釈と「メアリーは仕事を**すべきだ**」という義務の解釈が出てくる。

(10)　Mary **should** be at work.

第 1 章「動詞と準動詞」 主要参考文献

◆栗原和生・松山哲也『補文構造』研究社 2001 年
　動詞がとる従属節、つまり補文の種類は実に多彩である。平叙文をとる動詞、疑問文をとる動詞、不定詞をとる動詞、動名詞をとる動詞など枚挙にいとまがない。同書では、どの動詞がどの補文の形をとるのかのみならず、その補文の内部構造までわかりやすく示されている。生成文法的な記述は見られるものの、データに基づいて説明がなされているため理解するのはとくに難しくはない。特に学習英文法書ではあまり深くは触れられることのない仮定法節の構造は、データの豊富さとあいまって非常に興味深い。

◆小野経男『英語類義動詞の構文事典』大修館書店 2007 年
　例えば、日本語の「言う」に相当する英単語を思い浮かべてみよう。say, speak, talk, tell などが頭に浮かぶかもしれない。では、それらの英単語はみな同じ使い方をするのだろうか。答えは No である。それらの動詞の後ろにはどのような語句が続くのか、どのような状況下でならそれらの動詞は適切に使えるのか、同書を読めばそれがはっきりとわかる。例文と表を巧みに組み合わせることで、さまざまな類義動詞の相違が、それこそ「手にとるように」わかるのである。同書によって、英語の学習者は英語の基礎力が身に付き、一方、ことばの研究者は興味深い研究テーマが見つかることは間違いない。

◆ Beth Levin *English Verb Classes and Alternations: A Preliminary Investigation*. University of Chicago Press, 1993.
　動詞の意味は辞書を引けばすぐにわかるが、ある動詞がどの構文に現れ、どの構文には現れえないかを調べるのは容易ではない。英米人はそれらを経験によって習得するが、大人になった日本人が彼らと同じように経験によって習得することなどできない。しかし、同書の巻末の索引を使えば、調べたい動詞が所属するグループ及びそのグループの文法的特徴が即座にわかる。同書はまた、言語研究をしている人にとっても大変有益である。動詞のグループ分けの背後にある原理とは一体何なのか、あるグループだけが特定の文法的特徴をもつのはなぜなのかなど追及すべきテーマに満ち溢れているからだ。

◆荒木一雄・小野経男・中野弘三『助動詞』研究社 1977 年
　古い本である。同書が執筆された時代に、英語の助動詞の観察・分析は 1 つのピー

クを迎えたといっても過言ではない。同書では複雑な助動詞システムを解明すべく、統語的な面と意味的な面の両方からアプローチしている。助動詞の中には時制辞も含まれているため、時制現象についての記述・分析も詳しい。今後助動詞研究がどのように進もうとも、同書で挙げられたデータがきれいに分析されなければならない。

◆奥野忠徳『変形文法による英語の分析』開拓社 1989 年

　第 1 章から第 5 章までは、学校文法でなじみの深い 5 文型と関連させながらさまざまな構文を紹介および分析している。データが豊富であり、英語そのものの勉強にもなる。また、5 文型という分類についての理解も深まっていく。古くから言語学の世界では、5 文型の妥当性を巡っての議論が絶えないが、どのようなデータや構文が問題となるのだろうか。同書を注意深く読めば、5 文型の問題点に読者自らが気づくはずである。

◆長谷川欣佑「第 1 部総論」（長谷川欣佑他『文 1』研究社 2000 年）

　言語には構造がある。その構造は普段目には見えないが、さまざま「統語テスト」からその構造が浮かび上がってくる。例えば do so という代動詞句を使ったテストがある。これによって、動詞とその直後の前置詞句との構造上の関係が明らかになる。同書では、さまざまなテストを用いて言語の背後にある構造を解明している。学習文法書には書かれていない、文法を発見するプロセスを同書でなら十分に味わうことができる。「英文法を知っている」レベルではなく「英文法がわかる」レベルまで導いてくれる一冊である。

◆鷲尾龍一「第 I 部 他動性とヴォイスの体系」（鷲尾龍一・三原健一『ヴォイスとアスペクト』研究社 1997 年）

　日本語では、自動詞と他動詞は形を見ればだいたい区別がつく。例えば、「割れる」は自動詞であり、「割る」は他動詞である。これに対して英語では、自動詞なのか他動詞なのか動詞を見ただけではわからないものが多い。英語の自動詞と他動詞の関係はどうなっているのだろうか。このような謎に、著者は「使役と反使役」など意味的側面から大胆に迫っている。テクニカルになりがちな語彙意味論的分析を、実に平易に噛み砕いて説明している。1 つの構文から他の構文に自然に話題が移っていき、読み終わる頃に読者は英語の意味の世界に深く入り込んでいるに違いない。

◆岩倉国浩「不定詞節・動名詞節」（中島平三（編）『英語構文事典』大修館書店 2001 年）

　学習英文法書等で不定詞・動名詞の基本を一通り理解したら、本事典のそれぞれの項目を参照してほしい。それらを読むと、理論言語学（生成文法）が不定詞・動名詞に関して何を解明しようとしているかがわかる。これまでの研究では、不定詞・動名詞

の構造と不定詞・動名詞の「隠された主語」の中身についてたくさん調べられてきた。そこで得られた知見は、語学としての英語の勉強にも役に立つ。英語の不定詞・動名詞では、主語が現れないことが一般的であるが、日本語も主語をいわない方が一般的である。この点において、英語と日本語は「似ている」といえる。その共通点の背後には共通の原理が隠れているのか、または単なる偶然なのか追及してみるのも面白い。

◆畠山雄二・本田謙介・田中江扶「自動詞の新分類：there 構文、way 構文、同族目的語構文の見地から」(『言語』大修館書店 2006 年)

　最近の言語学では、自動詞は非能格動詞と非対格動詞の 2 種類に分けられるというのが一般的な考え方である。しかし、there 構文、way 構文、同族目的語構文という異なる構文を詳しく調べていくと、非対格動詞は単一グループではなく、2 種類に分類される可能性が見えてきた。便宜上その 2 種類を非対格動詞 A と非対格動詞 B とすると、自動詞は「非対格動詞 A」と「非対格動詞 B+ 非能格動詞」に分類されるのだ。さまざまなデータに基づいて新たな分類が見えてくるプロセスを、本論文によって読者は実体験することができるだろう。

◆ Jane Grimshaw "Complement Selection and the Lexicon," *Linguistic Inquiry* 10, 1979.

　補部(complement)は動詞が要求するものであり、動詞の種類によって現れる補部の形も異なる。例えば wonder や ask などは、John {wondered / asked} what the time was のように意味的に疑問文を要求する。しかし wonder は*John wondered the time とはいえないのに対して、ask は John asked the time ともいえる。このことから、動詞は補部のタイプを意味的に指定しているだけでなく、補文の範疇(節なのか句なのか等)も指定しているのである。この論文は古典ではあるが、最近の理論においても考えなければならない重要なデータがたくさん載っているため、研究者にとっても必読の論文である。

第2章 名詞

1 可算と不可算：「まとまり」という感覚
2 格：配役と配置を決める司令塔
3 主語：主語のもつ二面性
4 形式主語：その正体は省略された名詞句
5 無生物主語：英語がもつ特徴(くせ)
6 目的語：関係を表す概念
7 形式目的語：文法規則を支える小さな巨人
8 目的語の副詞的用法：前置詞が消える理由
9 代名詞：変数の役割をもつ語
10 疑問詞：疑問詞だけでは疑問詞ではない！？

第Ⅰ部　文の基本要素：文の骨格

1　可算と不可算：「まとまり」という感覚

　英語で名詞を使う時には「数」と「量」の区別は外せない。簡単にいうと、個数で数えられるものと、量として測るものをしっかり区別する。その際の基準となるのが「まとまり」という感覚である。

・まとまりがある→数（可算）→不定冠詞が付く／複数形の形：（例）a book, apples
・まとまりがない→量（不可算）→何も付かない裸の形：（例）water, paper

　上の区別は数量を表す形式の違いにはっきりと表れる。例えば、数が多い場合は many books となるが、量が多い場合は much water となる。しかし、ここで注意しないといけないのは、不可算名詞も数えられるということである。例えば、2枚の紙なら two sheets of paper のように数えられる。つまり、ここでいう「可算」とは不定冠詞が付く／複数形の形になれるという形の問題である。

　しかしながら、不定冠詞が付くから可算名詞だというのでは説明にならない。問題は何を基準にして可算・不可算を決めているのかということである。その基準こそが、上述した「まとまり」という感覚である。次の対比を見てみよう。

　　(1)　a.　Have a banana, please.
　　　　b.　Put sliced banana in the salad.

上の(1b)にあるように、切られたバナナは「まとまり」とみなされずに無冠詞で使われる。つまり、「まとまり」という客観的な基準がありながらも、「まとまり」をどう捉えるかは話者の主観的な「感覚」によるのである。

・「可算／不可算」＝客観的な基準（＝「まとまり」）＋主観的な感覚

　上の図式から「可算／不可算」に関して2つのことがいえる。1つは、「傾向」であり、もう1つが「柔軟性」である。「まとまり」という客観的な基準があるため、物理的な外見から「まとまり」が明確である pen や cat などの普通名詞は可算名詞として捉えやすい。一方、目に見えない love や difficulty などの抽象名詞は不可算名詞として捉えられる。これが「傾向」である。しかしながら、主観的な感覚も関係してくるため、「抽象名詞は不可算名詞である」という固定

されたものにはならない。事実、ほとんどの名詞が可算／不可算の両方の形で用いることができる。

(2) a. The story is told in **simple language**.
    b. Manami learned English as **a second language**.
(3) a. Shigeki threw **a stone** at the dog.
    b. The house is made of **stone**.

(2a)にあるように、コミュニケーションの手段としてのことば(language)は抽象度が高いため、「まとまり」のある形状として捉えにくい。そのため不可算名詞となるが、(2b)では英語という「個別言語」としての「まとまり」が認識されるため、可算名詞として扱われる。同様に、(3a)においても、物体として「まとまり」がある石(stone)は可算名詞となるが、(3b)のようにまとまった形が問題とならない、物質(材料)としての石の場合は不可算名詞となる。

しかし、実際のコミュニケーションが成立することからもわかるように、「まとまり」の認識の仕方は「共有」されている。例えば、many **people** は人の数の多さを表すが、The **peoples** of Asia(アジアの**諸国民**)は、人々のまとまり(＝a people)の集まりであるとの「グループ」解釈が共有される。一方、information や advice には「まとまり」という認識がなされない(＝可算名詞になれない)ことも共有されている。主観的な認識が共有されるというのは実に面白い。

最後に、「まとまり」という概念をもう少し深く掘り下げてみることにする。

(4) a. **Time** flies.
    b. You lived in London for **a time**, didn't you?
(5) a. Kanako **slept**.
    b. The light **flashed**.

(4a)は、区切りのない(＝まとまりがない)漠然とした時間(time)について述べているが、(4b)では一定の「期間(＝まとまり)」として認識される時間(a time)について述べている。一方、(5a)の寝る(sleep)という行為には時間的な区切りが感じられないが、ひらめく(flash)という行為は光終わると終了するため、時間的な区切りがある行為である。このように「まとまり」という感覚は、名詞だけではなく、動詞の分類にも適用される汎用性のある概念なのである。

2　格：配役と配置を決める司令塔

　文というドラマのシナリオは、動詞によって決められる。例えば、bite（噛む）なら「AがBを噛む」というシナリオが決まる。問題はその配役と配置である。

(1) a.　The dog bit Nobita.（犬がのび太を噛んだ。）
　　b.　Nobita bit the dog.（のび太が犬を噛んだ。）

上の対比にあるように、噛む行為を行う方は「主格」として動詞の前に置かれる。一方、噛まれる方は「目的格」として動詞の後ろに置かれる。このように、格の種類により、文の中での配役と配置が決定されるのである。

　(1)にあるように、英語では主格や目的格を表す形がない。唯一、代名詞だけが格によって形を変える（例：The dog bit **him**. / **He** bit the dog.）。しかし、形が明確である代名詞でも、配置を変えることはできない（例：**He** hit **him**. / ***Him** hit **he**.）。つまり、英語の格は基本的には以下の形で表される。

　格　＝　配役（文中での意味）　＋　配置（文中での位置）

次に格と前置詞の関係を見てみよう。

(2) a.　**John's** book
　　b.　The roof **of the house**

上の(2a)では John's という所有格の形が用いられ、所有物(book)の前に置かれている。一方、(2b)では、所有格の代わりに所有を表す前置詞 of が使われ、所有物(the roof)の後ろに置かれている。英語の格に関しては、代名詞や(2a)の所有格のように名詞(句)を変化させるパターンより、(2b)のように前置詞を用いるパターンが発展している。さらに次の例を見てみよう。

(3) a.　Mary baked **John** a cake.
　　b.　Mary baked a cake **for John**.

上の(3a)では、目的格（＝与格）の John はケーキを焼いてもらったという受益者

(benefactive)の意味をもち、a cake の前に置かれる((2a)も参照)。一方、(3b)では、前置詞 for(〜のために)が使われることで、受益者の意味がより明確に出ている形をとっている。前置詞が使われる場合は、a cake の後ろに置かれる((2b)も参照)。

このように、前置詞は格の配役(意味的な部分)が形となって表れたものといえる。そして、その場合の配置は関係するものの後ろに置かれる。

同じことが動詞にも見られる。「see(見る)」といった場合、「見るという行為を行う者」と「見る対象」が必要になる(例:I **saw** the moon.)。しかし、同じ「見る」を表す look の場合は「目を向ける」という「方向」の意味に焦点が当てられ、その意味が前置詞 at として表れている(例:I **looked at** the moon.)。これは、形容詞が目的格を与える際に意味に応じた前置詞を用いるのと同じである(例:be **afraid of**, be **surprised at**)。つまり、see と look では、目的格の配役(意味部分)の現れ方(前置詞をとるかとらないか)が異なっているだけである。

さらに、次の対比を見てみよう。

(4) a.　He **rubbed** the wall.
　　 b.　He **rubbed against** the wall.

英語では、同じ動詞が自動詞にも他動詞にも使われることがよくある(1.1 節を参照)。(4)の動詞 rub(こする)は、「こする人」と「こする対象」を必要とする。(4a)のように目的格の位置で名詞句だけが使われた場合、「壁全体をこすった」という意味になる。一方、(4b)のように前置詞 against を使った場合は「壁の一部をこすった」という意味になる。つまり、目的格の「部分読み」の意味が前置詞の形となって表れただけで、(4b)の rub も「他動詞」と捉えられる。事実、「部分読み」しか表さない動詞 knock の場合は、必ず前置詞をともなう。

(5) a.　＊ I **knocked** the door.
　　 b.　I **knocked at** the door.

「ノックする」というのは、「叩く人」と「叩く対象」を必要とする「他動詞」である。しかし、ノックという行為は表面(＝部分)接触を表す動詞であるため、(5b)のように前置詞(at)を用いて表される(＝「部分読み」)。よって、「全体を叩く」という全面接触の読みが出る(5a)の形はとらない((4a)と比較)。

格は文の配役と配置を決め、動詞のシナリオを演出する司令塔なのである。

3　主語：主語のもつ二面性

主語は、文法(構造)と意味の2つの側面から考える必要がある。

(1) a.　They read books (every day).
　　b.　They are likely to read books.

上の(1a)の主語はTheyである。これは、動詞readが「読む人(=主語)」と「読まれるもの(=目的語)」を必要とするという意味から導かれる。つまり、Theyは「意味上の主語」といえる。これに対し、(1b)では、主語がTheyであることはlikelyからは保障されない。なぜなら、*They are likelyとはいえないからである。つまり、(1b)のTheyもreadの意味から保障されるといえる。しかし、疑問文にすると主語と助動詞の倒置を起こす(**Are they** likely to read books?)ことから、They(がある位置)は「文法上の主語」であることがわかる。

このように、「意味上の主語」とは別に「文法上の主語」があることにより、4つのパターンが存在することになる。

① 「意味上の主語」と「文法上の主語」が同じ
　通常、(1a)に示されているように、意味上の主語が文法上の主語でもある。よって、(1a)を疑問文にすると、動詞readの意味上の主語であるTheyが、文法上の主語として、助動詞と倒置を起こす(**Do they** read books every day?)。

② 「文法上の主語」としてのみ機能
　英語の主語位置には、意味解釈には関係しない要素が許される。

(2)　**It** is likely that they will read books.

(2)は(1b)を書き換えたものであるが、それ自体は意味内容をもたない虚辞のitが「文法上の主語」として使われている。このように、主語のもつ二面性により、英語には虚辞が許されるのである。

③ 「意味上の主語」と「文法上の主語」が異なる
　意味的には主語ではない要素が文法上の主語の役割をはたす場合がある。このような意味と形のズレが生じる例を見てみよう。

(3) a. **The vase** broke. (cf. He broke **the vase**.)
　　b. **Mary** was kissed (by John). (cf. John kissed **Mary**.)

(3a)では、the vase（花瓶）は意味的には動詞 break の目的語である（＝壊されるもの）。同様に、(3b)の Mary も意味的には動詞 kiss の目的語である（＝キスされる側）。しかし、(3)を疑問文にすると、両方ともに文法上の主語として助動詞と倒置を起こす（**Did the vase** break? / **Was Mary** kissed by John?）。このように、主語の二面性により、(3a)の自動詞・他動詞の交替や(3b)の受け身文が可能になる。

④「意味上の主語」としてのみ機能

　上の(3b)にあるように、受け身文の by 句（by John）は、文法上の主語ではなく、意味上の主語としてのみ機能している。

　ここで、(3b)の by 句がカッコの中にあるように、受け身文の意味上の主語は文脈等によって省略されることが可能である。さらに、(3a)に関しては、意味上の主語を出すことはできない（＊The vase broke **by John**）。これに対し、(2)にあるように、たとえ意味的には何の役割もはたさなくても、文法上の主語は省略できない。つまり、英語の場合、**必ず文法上の主語が必要である**という文法的特徴をもつことがわかる。

　最後に、主語の意味的特徴を見ておく。

(4) a. **This book** reads＊(easily). (他動詞文：People read **this book** easily.)
　　b. **The target** wasn't hit by many of the arrows.
　　　（能動文：Many of the arrows didn't hit **the target**.）

(4a)の文では、This book が主語のように使われ、「この本は簡単に読める」という意味になるが、easily という副詞がないとダメである。つまり、主語名詞句の属性を表す時にのみ、(4a)のような形が許される。一方、カッコの中の他動詞文の場合（＝this book が目的語の場合）は、「人々がこの本を簡単に読む」という事実を表す。また、(4b)のように、The target が受け身文の主語である場合は、「的に当たった矢が多くない」という、的そのものについての言及である。しかし、カッコの中の能動文の場合（＝the target が目的語の場合）は、「的に当たらなかった矢が多かった」といっているだけで、的にどれくらいの矢が当たったかには言及していない。事実、能動文の後には but many of them hit it（しかし、多くの矢が的に当たった）といえる。このように、主語には、話題としてとり上げられ、属性や出来事が述べられるという意味的特徴があるのである。

4 形式主語：その正体は省略された名詞句

次の(1a)と(1b)は書き換えが可能である。

(1) a. It is difficult to run fast.
　　b. To run fast is difficult.

(1a)では、後続するto不定詞句の内容を「先取り」する形で、itが文頭に置かれている。このようなitは「形式主語のit」と呼ばれている。ここで問題となるのが、何の意味解釈にも関与しない形式主語のitが使われる理由である。この問いに対し、英語は「頭でっかちな文(top-heavy)」を避ける傾向があるという「説明」がなされることがある。つまり、長い主語が文頭で使われるのを避けるために、形式主語のitを文頭に置き、to不定詞句を後ろにもってくるというのである(例：It is difficult **to get a good score in the examination**.)。しかし、この「説明」には問題がある。たしかに(1a)の方が自然な英文ではあるが、(1b)も文法的な文であることには変わりがない。つまり、「長い主語を避ける」というのは、あくまでそういう傾向があるというだけで、形式主語のitが使われる理由にはならない。さらに致命的な問題がある。(1a)の'to run fast'は決して長い主語とはいえない。つまり、短い主語でも後ろに回されるのである。

ここで重要なのは、疑問文の場合には必ずitが使われるという事実である。

(2) Is **it** difficult to run fast? (cf. *Is **to run fast** difficult?)

疑問文において、be動詞と倒置するのが主語位置にある要素である(例：Is he a student?)。つまり、疑問文においてbe動詞と倒置できないto不定詞句は「文法上の主語」ではないのである。ここで、主語位置にくるのは名詞句だけであることを考えると、to不定詞句は名詞句ではないことになる。その証拠に、動名詞(＝名詞句)を使えば問題なく疑問文にできる。

(3) Is **running fast** difficult?

つまり、文法上の主語になれないto不定詞句の代わりに形式主語のitが必要になるのである(この点に関しては「形式目的語」も参照)。

ここで問題となってくるのが、なぜ(1b)では形式主語の it が使われず、to 不定詞句が主語のように用いられているのかということである。この問題を考えるにあたって、to 不定詞句が前置詞句であることが重要になる。「不定詞」というのは、もとは動作名詞のことで、そこに前置詞の to が付いたのがいわゆる to 不定詞である。つまり、**to 不定詞句は前置詞句なのである**。通常、前置詞句は主語位置にこられないが、the place という名詞句が省略され、あたかも主語のようにふるまう場合がある。

(4)　**Under the table** is the best place to hide.
　　　(=**The place under the table** is the best place to hide.)

このように、文脈上わかる名詞句が省略されている場合、一見、前置詞句に見えるものが主語のように用いられる。ここで to 不定詞句の意味を考えてみると、to run は「走るという**行為**(=the act to run)」を表し、to be rich は「金持ちである**状態**(=the state to be rich)」を表す。つまり、「行為」や「状態」という名詞句が省略された前置詞句であるといえる。よって、(1b)の to 不定詞句は(4)の前置詞句と同様に、主語のように振る舞えるのである。
　to 不定詞句を名詞句が省略された前置詞句であると考えると、本節冒頭の(1a)は主語からの外置構文(主語の中にある修飾要素を文末に移動させてできた構文)と捉えることができる。

(5)　a.　**A man** came in **with blue eyes**. (cf. a man with blue eyes)
　　　b.　It [=**the act**] is difficult **to run fast**. (cf. the act to run fast)(=(1a))

両者の共通点は2つある。1つは、両者ともに、主語の名詞句(a man, it(=the act))に関係する前置詞句(with blue eyes, to run fast)が強調のために文末に置かれていることである。もう1つは、両者ともに、使われる述語に制限があるということである。(5a)の主語からの外置構文には、主に存在や出現を表す動詞が使われる(例：come, appear, happen 等)。一方、(5b)の形式主語構文には、主に難易度や可能性を表す形容詞が使われる(例：difficult, easy, impossible 等)。このように、形式主語構文を主語からの外置構文と考えることで、両者の共通点も捉えることができる。
　「形式主語」の it は、単に形式的に置かれたものではなく、to 不定詞句が修飾している「見えない」名詞句の代名詞として機能しているのである。

5　無生物主語：英語がもつ特徴(くせ)

「英語の葉っぱを先に知るのではなく、根っこをまず攻めることが理解の近道になる」とは、夏目漱石の研究者として有名なアラン・ターニーのことばである。では英語の根っことは何かというと、英語がもっている特徴のことである。この英語の特徴がよく表れているものの1つとして、無生物主語がある。

(1) a.　**The book** is on the table.（直訳：その本はテーブルの上にある。）
　　 b.　**What** made Miho say that?（直訳：何がミホにそういわせたの？）

上の文では、the book（本）、what（何）という無生物主語が使われている。しかし、面白いことに、(1a)に対する日本語の直訳は自然なものであるのに対して、(1b)の日本語の直訳が非常に不自然なことがわかる。通常、英語の「無生物主語構文」としてとり上げられるのは、(1b)のように、直訳的に対応する日本語の表現が不自然なものを指す。つまり、無生物主語とは、他言語（ここでは日本語）と対比して浮き彫りにされる英語の特徴ということになる。

では、なぜ(1)のような違いが見られるかを考えてみよう。まず、(1a)は単に「その本はテーブルの上にある」という状況を述べているだけである。このように状況を記述する場合は、無生物の主語を立てることにおいて、日英語間で差がないことがわかる。それに対して、(1b)では「何か(what)」が原因となって「ミホがそれを言う」という結果が生じたことを表している。つまり、「原因」から「結果」に結びつくという「因果関係」を表している。

・因果関係がある場合に無生物主語を使えることが英語の特徴(くせ)である。

このような場合、日本語では原因を表す無生物主語を副詞的に表し、人間を主語にするいい方が自然である。例えば、(1b)の自然な訳は、「なぜミホはそういったの？」となる。他の例も見てみよう。

(2) a.　The rain prevented Yumi from going out.
　　　 （雨のために、ユミは外出できなかった。）
　　　　〈原因〉　　　〈結果(状態)〉

b. <u>This medicine</u> <u>will make you feel better.</u>
（<u>この薬を飲めば、</u><u>（あなたは）気分がよくなるでしょう。</u>）
　〈原因〉　　　　　〈結果（状態）〉

　上の(2)で示されているように、「原因」を表す英語の無生物主語は、日本語では「雨のために」や「この薬を飲めば」のように、副詞句(節)として表されている。そして、結果に当たる部分は、日本語では人間を主語に立て、「ユミは外出できなかった」や「（あなたは）気分がよくなるでしょう」のように、主文として表現されている。つまり、日本語では、原因の部分と結果の部分が切り離され、且つ、結果の部分が主文として焦点が当てられていることになる。
　これに対し、英語では原因と結果を1つの文にとり込み、「原因から結果」という一連の流れに焦点を当てている。(2b)を例にとれば、無生物主語の「薬(this medicine)」をあたかも結果を引き起こす「行為者」として捉え、「気分がよくなる(feel better)」という結果にする(make)という表現形式になっている。

(3)　<u>原因(無生物主語)</u> – (**CAUSE**) – 結果
　　　　　　　　　　〈引き起こす〉

捉えている事態は同じであると考えられるので、その事態の捉え方が日英語で異なるといえる。ここで、英語では道具を主語にした文(**This key** opens the door)までも可能なことから、(3)の捉え方は英語という言語に慣習的に組み込まれているといえる。事態をどういう視点から、どこに着目して捉えるか —— ここに無生物主語を自然に立てられるかどうかのカギがある。
　さらに、上の(3)の捉え方は、多くの英語好みの表現を生んでいる。

(4)　The news surprised me.（その知らせに（私が）驚いた。）

(4)の日本語訳が示すように、日本語では、人間の心理に関する表現は、人間を主語に立てて自動詞を用いる。しかし、英語の場合、(3)のような事態の捉え方をするため、「無生物主語の「その知らせ(the news)」が「私が驚くという結果状態を引き起こす(surprised me)」」という表現形式が自然に使われる。このように、多くの英語好みの表現を生み出す(3)の事態の捉え方こそ、英語の根っこ(特徴)に当たるのである。

6 　目的語：関係を表す概念

次の例を見てみよう。

(1)　The chicken is ready to eat.

上の文は the chicken を eat の主語と考えるか目的語と考えるかで意味が異なってくる。主語と考えた場合は「鳥は（食べ物を）食べる状態にある」という意味になるが、目的語と考えた場合は「その鳥は（それを）食べるにはいい状態にある」という意味になる。このように、目的語（および主語）というのは、文中での他の語との関係を考えた時に、はじめて意味をもつ概念なのである。

英語の場合、基本的には、動詞の前に置かれる名詞句が主語で、後ろに置かれる名詞句が目的語である。ここで動詞との関係を考えてみよう。

(2)　John broke the vase. / John broke his leg.

上の(2)では、主語の John は花瓶を壊した（broke the vase）場合は「主体者」であるが、足を折った（broke his leg）場合は「被害者」である。このように、動詞句（動詞＋目的語）が表す意味によって主語の意味も変わってくることから、目的語と動詞は意味的にも密接な関係があることがわかる。

ここで、動詞が目的語に影響を与える場合について見ていこう。

(3)　a.　Nobuaki loaded **the truck** with **apples**.（場所―移動物）
　　 b.　Nobuaki loaded **apples** into the truck.（移動物―場所）

上の2文は「トラックにリンゴを積んだ」という同じ意味を表しているが、解釈に違いがある。(3a)のように動詞 load の目的語がトラック（移動場所）の場合、トラックがリンゴで一杯になったという意味を含意する。一方、(3b)のように目的語がリンゴ（移動物）の場合は、トラックが一杯になったことまでは含意しない。このように、「一杯になる」のような**全体読み**の解釈がある場合、目的語に場所を表す名詞句がくる。このことを踏まえ、以下の対比を見てみよう。

(4)　a.　Keiko filled / *poured **the glass** with **water**.（場所―移動物）

b.　Keiko *filled / poured **water** into the glass.（移動物―場所）

動詞 fill の場合、目的語に（移動）場所であるグラス（the glass）をとり、移動物である水（water）はとれない（(4a) vs. (4b)）。これは動詞 fill が「一杯にする」という全体読みの解釈をもつため、目的語位置には一杯にされるグラス（＝（移動）場所）しかとらないためである。これに対し、動詞 pour（そそぐ）は移動のみを表し、必ずしも（移動）場所が一杯になったという全体読みの解釈はもたない。よって、目的語には移動物である水（water）しかとれない（(4b) vs. (4a)）。つまり、動詞の意味により、目的語が指定される場合があるのである。
　次に目的語が動詞の意味に影響を与える場合を見ていこう。

(5)　a.　Kazuki wrote the letter in an hour / *for an hour.
　　　b.　Kazuki wrote *in an hour / for an hour.

英語の目的語の大きな特徴として省略可能であるということが挙げられるが、目的語の有無で動詞の相（アスペクト）が違ってくる。目的語（the letter）のある(5a)では、書く（write）という動作が1時間という一定の時間（in an hour）で完了したのであって、1時間（for an hour）継続したのではない。一方、目的語のない(5b)では書くという動作が1時間継続したことのみ表す。これは、目的語の（1つの）役割として、動詞の表す動作の完了を表す働きがあることを示している。事実、「結果の目的語」というものがある。例えば He dug the hole では、掘った（dig）のは地面であり、目的語の穴（the hole）はその結果できたものである。
　さらに目的語の有無は特定化という点で動詞の意味解釈に影響を与える。

(6)　a.　Bill won.（＝ Bill won the game / ≠ Bill won the gold medal.）
　　　b.　Suzy laughed *a laugh / a hearty laugh.

(6a)にあるように、他動詞の win が目的語を省略した場合、解釈としては一般的な試合（the game）に勝ったという解釈しかない。金メダル（the gold medal）のような特定のものを勝ちとったという場合は、目的語の省略は許されない。さらに(6b)にあるように、自動詞の laugh は目的語をとらないが、修飾語をともなう特定の笑い（a hearty laugh）を表す時は目的語として表される。
　目的語は主語や動詞と関係し、文の統語と意味に大きな役割をはたしている。

7　形式目的語：文法規則を支える小さな巨人

　英語の文において、主語や目的語の位置にこられるのは名詞句だけである。しかし、一部の他動詞（思考や判断を表す動詞）は目的語に名詞節（＝that 節）をとることがある。

　　(1)　They say **that we are going to have a warmer winter**.

上の文の太字の部分は名詞節と呼ばれ、他動詞の目的語として機能しているとされているが、それは誤りである。もし上の that 節が他動詞 say の目的語であるのなら、目的語名詞句のように受け身にできるはずであるが、実際はできない。

　　(2)　*****That we are going to have a warmer winter** is said.

これに対して、次の(3)にあるように、目的語にくるのが名詞句（nothing）であれば受け身にできる。

　　(3)　a.　They say **nothing** about it in the contract.
　　　　b.　**Nothing** is said about it in the contract.

つまり、以下の文法規則が存在することになる。

　　|文法規則|　that 節は直接目的語にはなれない。

　では、(1)で that 節が直接目的語ではないのであれば、他動詞 say の目的語は何であろうか。実は(1)の目的語は形式目的語の it なのである。このことは、(1)を受け身にすると明らかになる（(4b) vs. (2)）。

　　(4)　a.　They say that we are going to have a warmer winter.（＝(1)）
　　　　b.　**It** is said that we are going to have a warmer winter.

上の(4b)にあるように、受け身にすると代名詞の it が現れる。受け身で主語になることができるのは目的語だけであることを考えると、(1)は以下の構造をもっているといえる。

(5) They say [it] that we are going to have a warmer winter.

(5)は、他動詞が名詞節（＝that 節）をとる場合、現代英語では表面に現れないだけで、必ず形式目的語の it が必要であることを示している。事実、いくつかの表現においては、この形式目的語の it が省略されずに現れる。

(6) a. I took **it** for granted <u>that you know</u>.
　　　（もちろん君は知っていると思った。）
　　b. I'll see to **it** <u>that you're not bored</u>.（退屈しないようにとり計らう。）

(6b)は前置詞 to の目的語の位置に形式目的語の it が使われている例である。もし(6b)において、形式目的語の it が省略されると、前置詞 to の後に that 節が続く配列になってしまう。しかし前置詞 to の目的語には名詞句しかこられないため、(6b)においては必ず形式目的語 it が必要であることになる。
　以上のことから、上述した文法規則は以下のように書き換えられる。

> **文法規則**　that 節は形式目的語 it を介してのみ目的語になれる。

(5)にあるように、通常、現代英語の他動詞文においては形式目的語が表現されないが、条件次第では表面化する。その１つが受け身になった時であった（(4b)を参照）。他にも、to 不定詞句が目的語になる場合に形式目的語は表面化する。

(7) We found **it** impossible <u>to proceed</u>.（cf. It was found impossible to proceed.）

上の文のカッコの中に示されているように、(7)を受け身にすると it が主語になることから、(7)の it は目的語であることがわかる。つまり、to 不定詞句の場合も形式目的語の it が支えとなることで、動詞の目的語として機能できるのである。
　普段は見えないが陰で文法を支えている ― 形式目的語の it は「小さな巨人」なのである。普段は見えないものが、ある状況になると現れる現象は他にもある。使役受け身の to も、その１つである。

(8) He was made **to** run（← I made him run.）

このように、目に見えない要素によって文法規則は支えられているのである。

8　目的語の副詞的用法：前置詞が消える理由

　「雪はひざの深さだった」―― この日本文を英語にするとどうなるだろうか。実は、この文は「ヒロノリは5歳です」や「タクはそれを5年前にやった」を英語でいえるなら、簡単に書けるのである。

　(1)　a.　Hironori is *5 years* **old**.
　　　b.　Taku did it *5 years* **ago**.

ここで上の文を分析してみよう。まず、品詞の確認をしておくと、old は形容詞で ago は副詞である。つまり、(1a)は「ヒロノリは**年をとっている**（＝Hironori is **old**）」、(1b)は「タクは**前に**それをやった（＝Taku did it **ago**）」という意味をもつことになる。問題は「どれくらい」年をとっていて、「どれくらい」前にやったかという程度である。この程度を表すために「5年（＝5 years）」という名詞句が挿入されている。その結果、(1a)は「5年（分）年をとっている（＝5歳だ）」という意味になり、(1b)は「5年前に」という意味になる。このように、「程度」を表す名詞句は**形容詞や副詞の直前に置かれ**、それらを副詞的に修飾するのである。よって、冒頭の日本文は The snow was *knee* **deep** となる。

　このような名詞句の副詞的用法は「歴史の産物」である。古期英語（Old English）では、名詞の対格（＝目的語）が副詞的に使われていたが、それがそのまま現代英語にもち越されたわけである。一般に、これらは副詞的対格（adverbial accusative）と呼ばれ、現代英語では程度（数量）・時間・距離などを表す表現に限定されている。ここで、動詞とともに使われる例を見てみよう。

　(2)　a.　We stayed（for）*three weeks*.（時間）
　　　b.　We walked（for）*three miles*.（距離）

上に示されているように、名詞句が動詞を修飾する時は、**動詞の後ろに置かれる**。また、カッコの中に前置詞 for があるように、時間や場所を表す副詞句は前置詞句であるのが普通である。ここで、前置詞を用いずに名詞句が動詞を副詞的に修飾する場合、以下の条件が必要になる。

(3) 名詞句が副詞的に使われるには、修飾語(this, next, previous 等)により特定されるか、数量詞(および疑問詞)とともに用いられる必要がある。

上の条件をもとに、普段何気なく使っている名詞句の副詞的用法について見ていこう。

(4) a. I got up early *this morning*. (cf. I get up early **in the morning**.)
　　b. We arrived at the town *the following day / the previous day*.
　　c. *What time* do you get up? — I get up **at 8**.

まず(4a)にあるように、通常は前置詞(in)が必要な場合でも、this のような修飾語をともない特定されることで、前置詞なしで副詞的に用いることができる。同様に、(4b)では、時を表す day が following や previous のような修飾語で特定されているため、名詞句のままで動詞 arrive を修飾している。事実、そのような修飾語がない場合は、前置詞が必要である(例：We arrived there **on the day**.)。この例から、tomorrow や yesterday のような名詞が前置詞なしで副詞的に使用されることも説明できる。なぜなら、tomorrow は the following (or next) day、yesterday は the previous day という特定された時間を表すため、副詞的用法が可能であるからである。さらに(4c)の疑問文の答えにあるように、時間(time)を表すには前置詞(at)が必要であるが、疑問詞 what に修飾されることで、前置詞なしの名詞句のままで副詞的に使われることがわかる。

最後に、前置詞が消える他のパターンを見ておこう。

(5) 　Naoki entered *the room*. (cf. go / run / walk **into the room**)

(5)のカッコの中にあるように、英語で「移動」を表す場合、into のような前置詞を必要とする。しかし、動詞 enter の場合は前置詞を用いないで直接目的語をとる。これは enter がフランス語から輸入した語であるからである。フランス語の場合、動作と方向を一語で表す傾向にある。つまり、enter は go + into が1つになったものである。前置詞を用いない enter は「特殊」なパターンなのである。ちなみに英語では動作と様態を一語で表す傾向にある(例：stroll = walk(動作) + slowly(様態))。

英語においては、前置詞を用いないで名詞句が副詞的に使われるのは、特殊なパターンなのである。

9　代名詞：変数の役割をもつ語

　代名詞とは、その名の通り「名詞(句)の代わり」をするものである。例えば、代名詞の he 自体は「三人称」「単数」「人間」「男性」という情報の集合であり、この情報に合っていれば誰でも指せる。つまり、タカヒコもサトシも Bill も John も全て he なのである。このように、代名詞は数学における変数の役割をはたしているといえるが、あくまで「条件付きの変数」である。中身の情報によって使われる代名詞が決まっている。例えば、「三人称」「単数」「人間」「女性」なら she が使われ、「三人称」「単数」「物」なら it が使われる。人称代名詞がもつ情報を「人称」という点からまとめると、以下のようになる(ここでは代名詞の歴史的な背景は考えない)。

(1) a.　一人称→常に人間、単／複の区別あり、性の区別なし(→ I, we)
　　b.　二人称→常に人間、単／複、性の区別なし(→ you)
　　c.　三人称→人間／物、単／複、性の区別あり(→ he, she, it, they)

上の(1)にあるように、代名詞によってもっている情報は異なるが、それなりの「規則性」がある。例えば、三人称の場合のみ人間と物(人間以外)の区別があり、複数形の場合(they, you, we)は性の区別はしない等である。
　代名詞が「情報の集まり」であることはわかったが、上述した情報以外に、代名詞がどのような情報をもちうるかを見てみよう。

(2)　Takahiro wants to sell his car, and <u>I want to buy (i) it ／ (ii) one</u>.

上の下線部の文では、代名詞の it と one が可能であるが、意味が異なってくる。it の場合は his car を指すため、「私は彼の車(＝タカヒコが売ろうとしている車)が欲しい」ということになる。一方、one の場合は car のみ(＝ a car)を指すため、「タカヒコは車を売りたくて、私は(車を)買いたい」という訳になる。つまり、代名詞の it は特定の車を指すが、one は不特定の車を指す。このように、代名詞は「定・不定」という情報を含むことがある。
　さらに、「定・不定」という観点から代名詞を見ていこう。

(3) a. My father, **who** is over 60, still plays baseball.
　　b. **Who** did Bill see?

(3a)の who は先行詞(=my father)の代わりをしているという点で代名詞である。同様に、(3b)の who も「ビルが見た」という条件に合う人なら誰でも当てはまるという点で代名詞である。しかし、(3a)の関係代名詞 who は my father という「特定」の人物と関係しているのに対し、(3b)の疑問代名詞 who は(この段階では)誰を指すのかは不特定である。つまり、関係代名詞と疑問代名詞の違いは、先ほどの it と one と同様に、「定・不定」という情報の違いであることがわかる。

　ここまでは、代名詞を「情報」という観点から捉えてきたが、ここで、「距離」という点から代名詞を見てみよう。

(4)　Hiroshi thinks that Masayuki likes (i) him / (ii) himself.

上の文において、マサユキも him の候補になりうる(=him のもつ情報に合っている)にもかかわらず、him がマサユキを指せないという事実は、him が同じ文中の要素を指せないことを示している(him はヒロシは指せる)。逆に、再帰代名詞(=「自分自身」を指す代名詞)の himself は、ヒロシも候補になるにもかかわらず、同じ文中にあるマサユキしか指せない。このように、同じ文中にあるかどうかという「距離」が、代名詞が「何を指すか」という点と関係する。

　さらに、次の対比を見てみよう。

(5) a. Because Mary didn't read the book, her friend was angry with **it**.
　　　(=友達はメアリーが本を読まなかったことを怒った)
　　b. Mary didn't read the book, because her friend was angry with **it**.
　　　(=友達がその本を読むことを怒ったので、メアリーは読まなかった)

代名詞の it は文の内容も指せるが、上の対比にあるように「指せる範囲」が異なる場合がある。日本語訳の下線部が it の内容であることからもわかるように、(5a)の it は「本を読まなかったこと」を指すのに対し、(5b)の it は「本を読むこと」を指す。つまり、否定を含む場合と含まない場合があることがわかる。

　代名詞が何の代わりになるかは、代名詞がもつ「情報」とともに、文中における「距離」や指せる「範囲」という点からも捉えなければならないのである。

10 疑問詞：疑問詞だけでは疑問詞ではない !?

疑問文で使われる 5W1H（who, what, when, where, why, how）は疑問詞と呼ばれているが、疑問文だけに使われるものではない。

(1) a.　I know the man **who** is talking on the phone.（関係代名詞）
　　b.　**What** an interesting book this is!（感嘆詞）

つまり、who や what などの語自体が疑問詞であるのではなく、ある統語環境のもとで疑問詞として使われているのである。
　ここで、疑問詞が現れる統語環境について見ていこう。この点に関しては、主節と従属節で異なってくるため、まず、主節の場合から見ていく。

(2) a.　How beautiful **is she**?（疑問文）
　　b.　How beautiful **she is**!（感嘆文）

上の対比に示されているように、主語と動詞が倒置を起こしているかどうかで、文の種類が変わってくることがわかる。このように、主節で疑問詞が使われる場合、主語・動詞の倒置という統語操作が関係してくるのである。ここで、what が主語である時、曖昧な文が生ずることがある。

(3)　　What problems remain? / !

(3) の文は形の上では疑問文にも感嘆文にもなる。これは両者の統語的な特徴が原因である。まず、主語が疑問詞の場合、主語と動詞の倒置は起きない（例：What made him so angry?）。さらに、what を用いた感嘆文の場合、(1b) のように、不定冠詞がある時は「what + a(n) + N（名詞）」という感嘆文独特の形をとるが、(3) のように複数形の場合は主語疑問詞との区別がつかない。よって (3) は、「どんな問題が残っているの？」という疑問文にも、「なんという問題が残っているのか！」という感嘆文にもなる。
　次に、従属節の場合を見ていこう。

(4) a.　He said **how beautiful she was**.（なんて美しいのだろう。）

b.　He wondered **how beautiful she was**.（どれくらい美しいのかな。）

上に示されているように、従属節の場合、主語と動詞の倒置は起きない。そのため、(3)の場合と同様に、従属節だけ見ると疑問文か感嘆文かの区別が形の上ではできないことになる。しかし、間接疑問文の場合、従属節を導く動詞の意味が反映される。次の例を見てみよう。

　(5)　He asked the time.（= He asked what time it was.）

上の文はカッコの中にある間接疑問文でいいかえができる。つまり、動詞 ask のもつ意味（「尋ねる」）により、疑問文の意味が表されるのである。同様に、(4b)の場合も、動詞 wonder のもつ意味（「疑問に思う」）により、従属節は疑問文となる（(4a)の動詞 say は疑問の意味をもたないため、従属節は感嘆文となる）。
　最後に疑問詞の解釈について見ておく。

　(6)　a.　Who bought what?（cf. *What who bought?）
　　　b.　How many people did she decide to hire?

上で見たように、英語の疑問詞は文頭に現れるが、「1つだけ」という制約がある。よって、(6a)にあるように、2つ以上の疑問詞が一文に現れる場合、1つは元の位置にとどまることになる。しかし、解釈上、2つの疑問詞は関連し、(6a)には2つの解釈がある。1つは「ジョンが本を買った」のように、一人に限定した解釈で、もう1つは複数の人を前提とし、それぞれが何を買ったかという解釈である。さらに(6b)にも2つの解釈が成り立つ。1つは、何人雇うことにしたのかという人数（how many people）を聞いている解釈である。もう1つは、疑問詞 how many と people を分ける読みで、「雇うことを決めた人々（people）」が前提としてわかっており、その人達が何人なのか（how many）を尋ねている解釈である。これは more intelligent people の曖昧性と関係している。つまり、more が intelligent people 全体にかかる時は「より多くの」賢い人々になるが、more intelligent と people を分ける場合は「より賢い」人々という意味になる。疑問詞の解釈は統語構造とも関係しているのである。
　「疑問詞」という語が存在しているのではなく、統語環境や統語操作、動詞の意味等により、疑問詞という役割がつくられるのである。

第 2 章 「名詞」 主要参考文献

◆石田秀雄『わかりやすい英語冠詞講義』大修館書店 2002 年
　すでに第 8 版である。タイトルにあるように、わかりやすい。冠詞に関してはさまざまな文法書が出ているが、過去の研究をよくまとめて整理している。説明方法としては認知文法に基づいているが、プロトタイプやコアミーニングをもとに感覚に訴える類の本とは異なり、詳細な分析と分類を行っている。巻末の参考文献も充実している。「可算・不可算」の区別だけではなく、単数と複数、定冠詞と不定冠詞の区別に加え、冠詞に関わるさまざまな問題もとり上げている。認知文法の専門的な分析に関する本としては、Ronald W. Langacker(1991) *Concept, Image, and Symbol: The Cognitive Basis of Grammar* がお勧めである。

◆吉川千鶴子『日英比較　動詞の文法』くろしお出版 1994 年
　発想の違いから日本語と英語を比較した文法書である。英語は格がはっきりとした形で表されないが、日本語では助詞という形で格が表される。本書の中では、格について日英語で比較分析をしている。日本語の格の仕組みから英語の格への理解がより深まるであろう。また、『雪国』や『坊っちゃん』などの文学作品の英訳との比較から、英語らしさ、日本語らしさについても考察を行っている。なお、理論的な観点から格についてまとめられたものとして、Miriam Butt(2006) *Theories of Case* がお勧めである。

◆北川善久・上山あゆみ『生成文法の考え方』研究社 2004 年
　やや専門的ではあるが、タイトルが示すように、生成文法という理論的枠組みの根底にある考え方がわかるように書かれてある。特に、「主語」に関しては、一章分とり上げて考察をしている。いかに「主語」を規定することが難しいかがわかるであろう。「主語」を分析することの理論的意義について知りたい方には、お勧めの一冊である。なお、生成文法の考え方を科学的な見地から具体例を通して説明しているものとして、畠山雄二(2003)『英語の構造と移動現象―生成理論とその科学性―』(鳳書房)がお勧めである。

◆三好助三郎『新独英比較文法』郁文堂 1977 年
　英語を同系の言語であるドイツ語と比較している。ドイツ語を知らなくても、各例文に英語と日本語の対訳があり、随所で独英比較の解説も行っている。形式主語に関しても一章分当てられ、共通点とともに相違点が指摘されている。同系語との比較を通して、英語の特質をより深く知ることのできる一冊である。より専門的な本として、吉田光演(他 4 名)(2001)『現代ドイツ言語学入門―生成・認知・類型のアプローチか

ら―』(大修館書店)がお勧めである。

◆池上嘉彦『英語の感覚・日本語の感覚』NHK ブックス 2006 年
　いわずと知れた『「する」と「なる」の言語学』の著者である。無生物主語に関しての記述は、一般参考書でも必ずとり上げられている(例えば、江川泰一郎 著『英文法解説』を参照)。一般参考書における無生物主語のとり上げ方は、大きく 2 つに分けられる。1 つは「英語の無生物主語は意味の上で副詞句(節)の働きをしている」というもので、もう 1 つは「英語と日本語の発想の違いを表す」というものである。本書では、さらに踏み込んで、「なぜ無生物主語が意味の上で副詞的な働きになるのか」、また「どういう点で、英語と日本語の発想の違いを表しているのか」ということにまで考察を広げている。さらに、無生物主語の分析にとどまらず、英語と日本語を be / have 言語、動詞／前置詞言語等に分けた、興味深い考察も行っている。より理論的な分析を知りたい人には、中右実・西村義樹(1998)『構文と事象構造』(日英語比較選書 5 巻)(研究社)がお勧めである。

◆Beth Levin *English Verb Classes and Alternations: A Preliminary Investigation*. University of Chicago Press, 1993.
　同じ意味(命題)を表す際に異なる形式が用いられるケースを、動詞と構文という観点からまとめている。動詞と目的語の関係に関する記述も多い。詳細かつ広範囲な動詞の分類に基づき、ほとんどの構文を網羅している。この本には研究テーマとなる事例が数多く見受けられる。ぜひ、手元に置いておきたい一冊である。動詞の意味に基づき、構文の分析をしている良書として、R. M. W. Dixon(1991)*A New Approach to English Grammar, on Semantic Principles* も挙げられる。

◆秦 宏一『英語動詞の統語法』研究社 2009 年
　マルチリンガルにして、英語史の達人が書いた本である。記述的側面が強いが、豊富な例文と正確な知識から展開される説明には説得力がある。動詞の時制や相を中心に、動名詞や不定詞等の起源までもが、英語史の知識と他言語との比較をもとに説明されている。「正確さ」を求めるのであれば、最適な本といえる。歴史的な観点から英語の文法を捉えるには、大塚高信(1976)『シェイクスピアの文法』(研究社)がお勧めである。

◆安井 稔『英文法総覧』開拓社 1982 年
　言語学や英語史の知見もとり入れているという点で、他の一般の文法書より読み応えがある。出版年が古く、最近の言語学の知見が入っていないことは確かであるが、一般の文法書であることを考えると、今でも十分ためになる知見が随所に見られ

る。動詞と方向／様態との関係に関しては、Leonard Talmy (2000) *Toward a Cognitive Semantics* (Vol. 2) に詳しくとり上げられている。

◆ 安藤貞雄『続・英語教師の文法研究』大修館書店 1985 年
　全体的によくまとまった文法書である。理論研究も考慮に入れ、うまく構成されている。代名詞に関しても、種類や用法がよくまとめられている。さらに、代名詞とその先行詞(指すもの)との構造的な関係についても解説されているが、この点は一般的な参考書ではあまり扱われていないところである。専門的になるが、it がどういう時に否定辞を含むかという点に関しては、高見健一(2001)『日英語の機能的構文分析』(鳳書房)の第 9 章「日英語の文照応と否定」を参照。

◆ 畠山雄二『ことばを科学する』鳳書房 2003 年
　疑問詞を記述的に捉えるのであれば、一般文法書で十分である。しかし、一歩踏み込んで理論的に見てみたいなら、本書がお勧めである。生成文法の歴史は疑問文分析の歴史といっても過言ではないが、X' 理論に基づき、疑問文の理論的意義および構造をわかりやすく説明してある。疑問詞の解釈に関して専門的に見たい場合は、西垣内泰介(1999)『論理構造と文法理論―日英語の wh 現象―』(くろしお出版)がある。

第Ⅰ部　文の基本要素：文の骨格

第3章　冠詞と形容詞

1　定冠詞：共通の話題をつくろう！
2　不定冠詞：相手に正体を明かすな！
3　無冠詞：無冠詞に無関心ではいられない！？
4　数量詞（Ⅰ）：数量表現の不思議な世界
5　数量詞（Ⅱ）：落ち着きのないコトバ
6　形容詞の限定用法：前からかけるツヨミ
7　形容詞の叙述用法：名詞とのビミョウな関係
8　前置修飾と後置修飾：マエとウシロの不思議
9　形容詞の順序：語順の決定原理
10　分詞の形容詞的用法：形容詞への転身

1　定冠詞：共通の話題をつくろう！

　英語には「冠詞」と呼ばれるものがあり、名詞(から構成されるまとまり)の前に置くということを教わる。冠詞とは、いわば名詞が被る「冠」であり、名詞の存在を誇示するものであるといえる。その冠には二種類あり、その1つが定冠詞の 'the' である。本節ではこの the の本質を考えてみることにしよう。

　定冠詞の本質は、**話し手(＝自分)と聞き手(＝相手)との間で話題が共有されているときに使われる**、というものである。例えば、次の文では、

　(1)　John wrote a book. *The* book is interesting.

話し手が前文で book という話題をもち出し、話し手と聞き手の間に共通認識ができあがったので、2つ目の文では the book といういい方をしているのである。
　このように、話し手と聞き手の間で共通の話題づくりができたときに the が使われるのである。したがって、話し手と聞き手の間で共通の話題づくりが既にできあがっていれば、先行する文脈は特に必要なく、the を使うことができる。次の例を考えてみよう。

　(2)　a.　Susan went to the post office yesterday.
　　　 b.　Please call me when you leave the room.

例えば(2)は、話し手と聞き手の間で、周囲の状況や文脈、習慣行動などから「郵便局といえば、あの郵便局」、「部屋といえば、あの部屋」というように、共通認識ができあがっており、特定化できる場合に許容される。したがって、話し手と聞き手の間で何かしらの共通認識や話題づくりができている場合に、名詞に定冠詞を被せるのである。**いわば定冠詞は、名詞に話し手と聞き手が認識できる「色」をつけ、話し手と聞き手の絆の印なのである。**「定冠詞は特定のものを指す」といういわれ方がよくされるが、それはまさに、「話し手と聞き手の間で共通認識や話題づくりができている場合に定冠詞が使われる」という説明から導かれるものである。
　この「話し手と聞き手の間の共通認識」という定冠詞の本質は、特定の共通認識がある場合だけではなく、一般的な共通認識がある場合にも定冠詞が使用

されることを説明できる。例えば、(3)の例を考えてみよう。

 (3) the sun, the moon, the world, the President, the horizon, the first, the capital of Japan

(3)の単語は誰でも知っているものであり、太陽といえば、あの太陽というように、一般的な共通認識ができあがっているので、こうした単語の前に定冠詞が置かれるのである。「唯一のものには the をつける」とよくいわれるが、それはたった1つしかないために、変えようがなく、共通認識が最もできやすいものだからである。したがって、定冠詞の本質から自然に導かれるのである。

 定冠詞の本質を理解すると、一見不思議に思える使い方にも説明がつく。例えば、同格の that 節や後置修飾が続く場合に定冠詞がつけられることがある。

 (4) a. I know the fact that John likes Mary.
     (＝John likes Mary. I know the fact.)
   b. The book I bought yesterday is interesting.
     (＝I bought a book yesterday. The book is interesting.)

これは(1)の逆パターンである。つまり、後置要素が話し手と聞き手の間の共通認識を後付けでつくっているのである。したがって、括弧内の文章のように書き換えられる。この the は、あたかも聞き手に対して「これから共通の話題をつくりますよ」という合図をしているのであり、定冠詞の本質をひとひねりした使い方である。しかし、その本質は何も変わっていないのである。

 このように、定冠詞は名詞に特定の色をつけることで、話し手と聞き手との間に共通の認識や話題をつくるのであるが、最後に、**定冠詞が「まとめ役」をはたす**場合を考えてみよう。例えば、次の例を見てみよう。

 (5) the Philippines, the 1970s, the Japanese citizens, the Rockies

群島や年代など、ある集合を表す複数名詞の前に定冠詞が置かれるが、この定冠詞はその構成メンバーを1つにまとめているのである。あたかも、定冠詞が糊(のり)のような役割をはたし、集合全体を総称的に表すのである。これは個々の名詞を結びつけるという**定冠詞の文法的な機能**であると考えられる。したがって、定冠詞の理解にはその意味的本質とその他の用法を分けて考える必要がある。

2　不定冠詞：相手に正体を明かすな！

　英語では日本語とは違い、可算名詞が単数を表す場合、不定冠詞の 'a(an)' を名詞の前に置くということを教わる。例えば、次の例を見てみよう。

(1) a.　I read *an* interesting book yesterday.
　　b.　*A* boy came to my house.

一般的な文法書を見てみると、不定冠詞の用法が列挙されている。文法的に単数名詞の前に置くのだから、不定冠詞が '1' (= one) の意味を表すことは単純明快である。しかし、この不定冠詞の本質とは一体何なのであろうか。ここではそれを考えてみることにしよう。
　不定冠詞は、話し手(＝自分)と聞き手(＝相手)が話をしているなかで、聞き手の頭の中にないであろうと思われるものを話し手が述べるときに使われる。いいかえると、**聞き手に名詞の正体がわからないと思われる時に、話し手は可算名詞に a(an) を付ける**のである。例えば、私が(1a)の文を、読者である皆さんにいったとしよう。その際、話し手である私は、聞き手である皆さんが、私が昨日読んだ面白い本がいったい何なのか、わからないと思っているのである。したがって、話し手と聞き手の間に共通認識がない場合に、話し手は不定冠詞を使うのである。たとえていうならば、**不定冠詞は名詞に特定の色をつけず、無色透明**にしてしまうのである。だから相手にはわからないのである。
　この本質を知ると、「はじめて話題にのぼる名詞の前に不定冠詞がつく」という説明がよく理解できるのではないだろうか。はじめて話題にのぼるとは、話し手が聞き手に話題をふることであり、聞き手にとって知らない話題が話し手から提供される場合である。したがって、不定冠詞が使われるのである。
　この不定冠詞の本質を知ると、不定冠詞が任意のものを表したり、種類一般を表すという事実に説明を与えることができる。例えば、(2)と(3)を見よう。

(2) a.　A car has four wheels.
　　b.　A pen will do.
(3) a.　A beaver builds a dam.
　　b.　A dog runs faster than an elephant.

不定冠詞のついた名詞は、聞き手にとって無色透明で、特定化されていないわけであるから、(2)では車やペンであれば何でもよい、ということになる。つまり、車やペンに属するものであれば何でもよく、その中から1つを取り出しているのである。したがって、不定冠詞は任意のものを表すことができる。(3)にも同様の説明が与えられる。つまり、特定化されず、ビーバーやダム、犬や象であれば何でもよいということになる。任意のものを表すことができるので、(3)のように、不定冠詞は種の総称を表すことができるのである。

不定冠詞のついた名詞は聞き手にとって無色透明であるので、話し手が聞き手に名詞の正体を明かさないための手段であるともいえる。(4)を見てみよう。

(4) John wants to marry a Norwegian.

(4)を聞いた人は、ジョンが結婚したいと思っているノルウェー人が誰だかわからない。話し手の頭の中には、そのノルウェー人が特定の人物である場合もあれば、そうでない場合もあるが、少なくとも聞き手にはそのノルウェー人がいったい誰だかわからないのである。したがって、不定冠詞を使うことで、話し手は聞き手に名詞の正体を明かさずにすむのである。

最後に、「不定冠詞は可算名詞の前に置かれる」という文法的なルールから不定冠詞の本質を考えてみることにしよう。可算名詞の前に置かれる、ということは、本来可算名詞ではないものの前に不定冠詞が置かれた場合、その名詞は不定冠詞によって可算化される、いいかえると、具体化されることになる。例えば、(5)を考えてみよう。

(5) a. The museum bought a Picasso.
b. I would like to have a beer.

(5)では、不定冠詞によってPicassoとbeerという名詞が可算化され、その結果、具体化されることになる。Picassoという名詞が不定冠詞によって可算化され、具体化されると、例えば、その名詞は画家ピカソが描いた「1つの作品」となる。同様に、beerが可算化され、具体化とされると、例えば、それはカンやコップに入った「一杯のビール」となる。**このように不定冠詞は抽象的で数えられない名詞に形を与え、それを具体化する役割をはたすことができるのである。**

このように、不定冠詞は名詞を無色透明にしたり、名詞を可算化することで形を与え、具体化するという機能をその本質としてもっているのである。

3　無冠詞：無冠詞に無関心ではいられない⁉

　英語では、名詞の前に冠詞が置かれ、特に可算名詞の場合には、定冠詞か不定冠詞を置かなければならない。しかし、名詞の前に冠詞が置かれない場合がある。ここではこの「無冠詞」の本質について考えてみることにしよう。

　無冠詞というものを考える場合、**名詞の特性により 2 つに分けて考える必要がある**。まず、不可算名詞（数えられない名詞）の場合を考えてみよう。

(1) a.　Blood is thicker than water.
　　b.　Knowledge in youth is wisdom in age.

物質名詞（blood, water）や抽象名詞（knowledge, youth, wisdom, age）のような不可算名詞の場合、基本的には数えることができないので、不定冠詞の a(an) をつけることはできない。さらに、話し手と聞き手との間で話題となってはおらず、特定化された名詞でない場合、定冠詞をつける必要もない。したがって、不可算名詞の場合、その性質から、無冠詞名詞が可能となるのである。

　次に、可算名詞（数えられる名詞）の場合を考えてみよう。可算名詞の場合、それが複数形になり、不特定に種全体を表す場合には、定冠詞も不定冠詞もつかない用法が可能となる。例えば、次の例を見てみよう。

(2) a.　I like dogs better than cats.
　　b.　Leaves turn red in fall.

複数形は名詞が複数あることを表しており、単数を表す不定冠詞と相反するので、不定冠詞はつかない。また、話し手と聞き手との間で話題となってはおらず、特定化された複数名詞ではない場合、定冠詞もつかないのである。

　無冠詞の本質を探る上で興味深い例というと、それは、本来可算名詞であるはずのものが、不定冠詞も定冠詞も伴わない場合である。次の例を見てみよう。

(3) a.　John went there by bus.
　　b.　I did not go to school yesterday.

(4) a. John is in hospital now.
　　b. They were at table then.

(3)の bus や school、(4)の hospital や table は可算名詞とされ、通例不定冠詞か定冠詞のどちらかをつけなくてはならない。では、なぜ無冠詞で問題ないのだろうか。

　その答えは、**無冠詞は不定冠詞とは逆の役割をはたすからである**。不定冠詞は名詞を可算化することで具体化する機能をもっているが、**無冠詞は名詞を非具体化、つまり抽象化する役割をその本質としてもつのである**。(3)では、1台2台と数えられる乗り物としての「バス」や、1棟2棟と数えられる建物としての「学校」ではなく、移動手段としての「バス」や授業・教育の場としての「学校」を表しているのである。したがって、無冠詞は可算名詞を抽象化し、その目的や機能に焦点をあてるのである。つまり、無冠詞によりそのハードではなくソフトがクローズアップされるのだ。その結果、抽象名詞と同様に、不定冠詞がつかないのである。(4)の名詞についても同様である。

　無冠詞の本質を知ると、次のような文にも自然な説明を与えることができる。

(5) a. John is captain of the team.
　　b. Mary was appointed chairperson.

名詞が動詞の補語になる場合、冠詞が省略され、その職能(地位や身分)に焦点があてられるといわれる。これはまさに、冠詞をつけないことで、名詞が抽象化され、その名詞のもつ機能がクローズアップされるためである。

　同じように、次の2つの文にも差が生じることになる。(6)を考えてみよう。

(6) a. Man is mortal.
　　b. A man is known by the company he keeps.

(6a)では、「人」を抽象化し、人をその機能の点から捉えているのに対し、(6b)では、個別的・具体的な「人」という捉え方をしているのである。

　このように、無冠詞というのは、可算名詞から具体性を奪い取ってしまうことにより、その抽象的な機能をクローズアップさせるのである。この本質を知り、無冠詞名詞を眺めてみると、冠詞の有無の重要性をよくわかっていただけるのではないだろうか。

4　数量詞（Ⅰ）：数量表現の不思議な世界

　英語には、他の言語と同じように、数や量を表す一連の表現がある。これらは数や量を表すことばなので「数量詞」と呼ばれている。次の文を見てみよう。

（1）a.　*Some* people ate the cake.
　　　b.　*Every* student must take this class.

（1a）では、ある「人の集合」の中から一部の人を取り出し、その人たちがケーキを食べた、と述べている。同様に、（1b）では、ある集合の中にいる「学生」の全てを取り出し、その学生たちがこの授業を履修しなければならない、といっているのである。このように、**数量詞というのは名詞が表す集合全体の中から、一部あるいは全部を取り出す**役割をはたしており、some や many のように一部を取り出す数量詞を「存在数量詞」、every、each、all のように全部を取り出す数量詞のことを「普遍数量詞」と呼んで区別している。では、数量詞は単に数や量を表すだけなのであろうか。本節では数量詞の不思議を考えてみたい。
　次の文を考えてみよう。どのような意味が読みとれるであろうか。

（2）a.　Someone loves everyone.
　　　b.　Every boy kissed some girl.

皆さんはこれらの文が曖昧であることに気がついたであろうか。例えば（2a）では、「誰にでも、その人を愛してくれる人がいる（例えば、花子は太郎に愛され、保子は次郎に愛され、綾子は三郎に愛され…）」という解釈と、「誰か一人（例えば、太郎）が全ての人を愛している」という解釈である。同様のことは、存在数量詞と普遍数量詞が入れ替わった（2b）についてもいえる。つまり、「誰か一人の女の子に、全ての少年がキスをした」という解釈と、「全ての少年が一人一人異なる女の子にキスをした」という解釈である。
　では、なぜこのような曖昧性が見られるのであろうか。それは数量詞のもつ意味によると考えられる。例えば、（2a）を考えてみよう。every には、それが修飾する名詞を「個々」に捉える場合と、1つの「集合」、つまり「全体で1

つ」として捉える場合がある。前者の場合、個々に対応して誰か(someone)が存在することになるので最初の読みが生じるのである。一方、後者の場合、名詞を全体集合として捉え、それに対して「誰か」は一人存在することになるのでもう1つの読みが生じるのである。したがって、everyの意味に応じて、someoneが複数人必要になる場合と、一人だけ必要になる場合が出てくるのである。しかし、いずれの場合にも、everyoneの'one'とsomeoneの'one'の間に一対一の関係があることに注意したい。(2b)の曖昧性も同様である。

このように考えると、(3)には(2)とは異なり曖昧性がなく、逆に(4)には曖昧性があることが説明される。

(3) a. Someone loves Mary.
　　b. John kissed some girl.
(4) a. The committee members recommended someone.
　　b. The students in this class hate some teacher.

(3)では、MaryやJohnは単数の読みしかもたず、例えば「あらゆるメアリー」や「あらゆるジョン」のような複数の読みを許さない。したがって、someoneとsome girlは単数の読みしか許されないのである。一方、(4)では、文の主語(the committee membersとthe students in this class)は複数名詞で、その個々の成員を表す読みと、成員全体を1つとして表す読みの両方が可能である。主語に数量詞がないにもかかわらず曖昧なのは、複数名詞が「every＋名詞」と同様に、成員を「個々」に捉える解釈と、成員をひとつにまとめて「全体で1つ」として捉える解釈があるからである。したがって、例えば(4a)では、「委員会を構成する個々の委員が各々違う人を推薦した」という意味と、「委員会全体で一人の人を推薦した」という意味が出てくるのである。(4b)も同様である。

これまで数量詞(とそれに類する名詞)の意味の曖昧性が文の曖昧性を生じさせることを見たが、**文法的な制約を受ける**ことも忘れてはならない。例えば、

(5) a. Someone believes that everyone ate well.
　　b. Someone seems to love everyone.

(5b)とは異なり、(5a)は曖昧ではなく、「誰か一人」の解釈しか許さない。(5)の対比から、「時制文」が数量詞の解釈を決定する領域であることがわかる。

5　数量詞（Ⅱ）：落ち着きのないコトバ

　数量詞は、他のことばには見られない、文法的に奇妙な性質をもつことばである。この数量詞の奇妙さを考えるために、次の例を見てみることにしよう。

(1) a.　The children *all* have been vaccinated.
　　b.　The children have *all* been vaccinated.
　　c.　?The children have been *all* vaccinated.
(2)　*All* (of) the children have been vaccinated.

(1)の例文は全て(2)と同じ意味を表している。しかし、(1)では意味的に主語の一部であるはずの数量詞 all がまるで文の中で「浮遊」し、主語から出ていってしまったかのようである。このように、**数量詞には文中で浮遊する性質があるが**、この本質とは一体どのようなものであろうか。

　まず、数量詞の中にも浮遊しないものもある。例えば、次の例を見てみよう。

(3) a.　*The students {*many / some / three*} came to the party.
　　b.　The guests will {*all / each / both*} make a speech.

(3a)に示すように、一部の数量詞は浮遊できない。(1)／(3b)と(3a)を比べてみると、「全て」のような「普遍数量詞」と「多くの」や「いくつか」のような「存在数量詞」の違いであることがわかる。したがって、**「数量詞」ということばの中で、普遍数量詞が落ち着きのない部類に入り、浮遊できるのである。**

　しかし、興味深いことに、普遍数量詞であっても、いつも浮遊できるわけではない。次の例文(4)を考えてみよう。

(4) a.　*The teacher praised the students *all / each*.
　　b.　*John gave the boys *all / each* a book yesterday.
　　c.　*The teacher solved the problem with the students *all / both*.

(1)とは異なり、直接目的語や間接目的語、さらに前置詞の目的語からは数量詞

は浮遊できない。では、主語から数量詞が浮遊している(1)と、そうでない(4)の違いはいったい何であろうか。

　主語は文中で、動詞や形容詞などの述語と一緒になって「主語は〜である」という意味関係を表している。文法の世界では、これは「叙述関係」と呼ばれており、文構造の基本を成すものである。一方、直接・間接目的語や前置詞の目的語と述語との間には、この関係は存在しない。このことから、**数量詞が浮遊できる名詞は、叙述の関係にある名詞（つまり主語）** ということができる。浮遊した数量詞は名詞のいわば分身であると考えることができるので、**数量詞と述語の間にも、叙述の関係が存在する**ことになる。したがって、数量詞は述語の左側に現れるのであり、右側は許されない。この理由は、英語では、叙述関係にある主語は述語の左側にしか文法的には生じないからである。

　しかし、次の例を見てみよう。これはどのように説明されるのだろうか。

(5) a.　I believe the soldiers *both* to have left.
　　b.　I found the chairs *all / both* comfortable.

文意を考えてみると、目的語(the soldiers, the chairs)とそれに続く語句との間に叙述関係があることがわかる。いいかえると、(5)の目的語は、それに続く語句の意味上の「主語」の役割をはたしているのである。つまり、(5a)では「その兵士両方が去った」、(5b)では「そのイス全て／両方が座り心地がよい」という叙述関係が成り立ち、(6)のようにいいかえられるのである。

(6) a.　The soldiers *both* left.
　　b.　The chairs are *all / both* comfortable.

したがって、(6)で数量詞の浮遊が許されるのと同じ理由で、(5)では目的語からの浮遊が許されるのである。

　最後に、数量詞が浮遊できる場所を考えてみよう。述語の左側に置かれることは先に述べたとおりである。(1)を見ると、浮遊した数量詞が出現しているのは動詞の前、つまり副詞が出てくる場所と同じであることがわかる。したがって、**数量詞の浮遊先は述語の左側の位置で、副詞が出てくる位置**といえる。

　数量詞は意味的にも文法的にもとても面白い性質を示すが、数量詞を通して文法を眺めてみると、文法の奥深さがもっとよくわかるのではないだろうか。

6　形容詞の限定用法：前からかけるツヨミ

　形容詞は名詞を修飾し、名詞の種類を具体化する役割をもつ品詞である。例えば、(1)の例文を考えてみよう。斜字体の単語が形容詞である。

(1) a.　I bought a table.
　　b.　I bought a *white* table.
　　c.　I bought a *round white* table.

(1a)では、単に「テーブル」といっているのに対し、(1b)と(1c)では形容詞がつくことでテーブルの種類が具体的になっている。さらに、(1b)よりも(1c)の方がテーブルの種類が狭められ、より具体的になっている。このように、形容詞は名詞の種類を狭める働きをするのであるが、どのような特徴をもっているのだろうか。ここでは「限定用法」と呼ばれる形容詞の用法を考えてみよう。

　形容詞の限定用法とは、**名詞の前に置き、名詞を直接的に修飾する**形容詞の使い方のことである。例えば(1b, c)では、white と round という形容詞が名詞 table の前に置かれている。文法的な見方をすると、限定用法の形容詞は、名詞の始まりを合図する冠詞や所有格と名詞の間に挟まれた位置に置かれる。いいかえれば、文法上、この位置は限定用法の形容詞の「専用」位置である。

　限定用法の形容詞は、名詞を前から直接的に修飾することを見た。このように形容詞が限定用法で用いられると、形容詞は**名詞の「恒常的性質」や「恒常的分類」を表す**という意味的特徴をもつ。次の例を見てみよう。

(2) a.　They are *kind* people.
　　b.　This is a *useful* dictionary.
(3) a.　*Wise* men do not say such a thing.
　　b.　A *barking* dog seldom bites.

例えば(2a)では、彼らは恒常的に、つまり常に「親切な人々」であり、(2b)では「常に役に立つ辞書」という意味を伝えているのである。(3)も同じように理解することができる。このように、限定用法の形容詞は名詞の前に置かれ、名詞の恒常的性質や恒常的分類を表す役割をはたしているのである。

限定用法の形容詞は、修飾する名詞によって多義性や曖昧性が生じることがある。例えば次の(4)の例を考えてみよう。どのような意味であろうか。

(4)　She is a *beautiful* writer.
(5) a.　She is a writer and she is beautiful.
　　 b.　She writes beautifully.

(4)は、「美しい作家」(＝(5a))という意味と「書き方が美しい」(＝(5b))という2通りに解釈できる。writer という名詞は、動詞 write に -er という動作の主を表す接辞をつけてつくられたものであるが、この場合、-er 側を修飾する読みと、write 側を修飾する読みの2通りの読みで曖昧さが生じるのである。
　動詞に -er をつけてつくられる名詞は、このように意味的に曖昧になるのだが、意味的に一方の読みしかない場合もある。例えば、次の(6)を見てみよう。

(6)　John is a *hard* worker.
(7) a.　*John is a worker and he is hard.
　　 b.　John works hard.

worker のような名詞は、-er 側を修飾する読みは意味的におかしくなってしまう。したがって、(7b)のように work 側を修飾する意味しかないのである。
　同様の曖昧性は、限定用法の形容詞の後に等位接続詞によって名詞が並んでいる場合にも見られる。次の例文を見てみよう。どのように曖昧なのだろうか。

(8)　I saw *young* men and women.
(9) a.　I saw young men and young women.
　　 b.　I saw women and young men.

(8)は形容詞 young が men と women の両方を修飾する解釈(＝(9a))と men のみを修飾する解釈(＝(9b))がある。したがって、形容詞には、等位接続詞でつながれた名詞の一部分を修飾する場合と、その名詞全体を修飾する場合があり、文意が曖昧になるのである。
　このように、限定用法の形容詞は、名詞の「恒常的性質」や「恒常的分類」を表す意味的特徴をもち、名詞全体やその一部を修飾するのである。

7　形容詞の叙述用法：名詞とのビミョウな関係

　形容詞には限定用法の他に、「叙述用法」という使い方がある。次の(1)を見てみよう。(1)は叙述用法の形容詞の例を示したものである。

(1) a.　John **is** *happy*.
　　b.　The leaves **turned** *red*.
　　c.　I **found** the book (to be) *interesting*.

文法的には、叙述用法とは、be 動詞を代表とする第 2 文型の動詞や、find のような第 5 文型の動詞の補語位置に現れる形容詞の用法のことである。ここでは、主に形容詞の限定用法と対比させながら、形容詞の叙述用法を考えてみよう。
　叙述用法の大きな特徴は、(1a, b)に観察されるように、動詞を挟んで名詞と修飾関係をもつことである。したがって、限定用法とは異なり、修飾する名詞との間に「距離」が存在し、**叙述用法は名詞を間接的に修飾する**ことになる。
　この間接的な修飾は、限定用法とは異なる意味的特徴をもたらす。限定用法が名詞の「恒常的性質」や「恒常的分類」を表すのに対して、**叙述用法は名詞の「一時的な状態」を表す**ことが多い。例えば、次の例を考えてみよう。

(2) a.　Those sticks are *sharp*.
　　b.　Those are *sharp* sticks.

叙述用法の(2a)では、この文が発せられる段階で棒が「一時的に鋭い」ということを表すのに対して、限定用法の(2b)では、棒の内在的な性質として「恒常的に鋭い」ということを表している。したがって、何かしらの理由で棒が偶然鋭くなっているような場合には、(2b)は不適切な文となってしまう。
　さらに、このことは次の例文からも確かめられる。(3)を考えてみよう。

(3)　　Who can read this riddle?
　　a.　Oh, John is *clever* enough (to do it).
　　b.　Oh, John is a *clever* enough boy.

(3)の問いの答えとして、一般的な文脈では、(3a)は適切な答えであるが、(3b)は不適切な答えである。その理由は、「このなぞを解く」ために必要な賢さは一時的なもので十分であり、恒常的な賢さを必要としていないと判断されるからである。したがって、(3b)よりも(3a)の方が適切となるのである。

叙述用法が一時的性質を表すことを見たが、名詞の恒常的な性質を表す形容詞が叙述用法として使われる場合がある。例えば、次の例はどうだろうか。

(4) a.　John is *tall / intelligent / handsome*.
　　b.　John is (a) *tall / intelligent / handsome* (man).

tall などの形容詞は、一時的な性質を表しているとはいいがたい。しかし、(4a)は(4b)のように限定用法が略された形と考えることができる。したがって、**見かけは叙述用法でも、背後に限定用法が隠れているので適格になる**。

叙述用法は名詞と距離を置くことで、名詞を間接的に修飾するが、次に目的語補語として生じる叙述用法を考えてみよう。例えば、次の例文はどのようなニュアンスの差を伝えているだろうか。

(5) a.　I find the chair *comfortable*.
　　b.　I find the chair to be *comfortable*.

(5)は(1c)と同様に、形容詞が叙述用法として用いられ、目的語補語として機能している。表面的には、(5a)と(5b)の差は to be があるかないかであるが、(5b)に比べて(5a)の方が to be がない分、名詞により近く、関係がより直接的になっている。したがって、(5a)は、例えば私がその椅子に座ってみて、実際に体験をした上で座り心地がよいというニュアンスを伝えている。一方、(5b)では、名詞との関係が to be の介在により、より間接的となる。その結果、例えば、クチコミや客観的測定の結果から判断して、椅子が座り心地がよいとのニュアンスを伝えている。このように、**目的語補語としての叙述用法では、名詞と形容詞の間にある距離が離れれば離れるほど、両者の関係はより間接的になり、伝えるニュアンスも異なってくるのである。**

まとめると、形容詞の叙述用法は修飾する名詞と距離を置くことで、名詞を間接的に修飾し、限定用法とは異なる意味やニュアンスを伝えているのである。

8　前置修飾と後置修飾：マエとウシロの不思議

　形容詞の限定用法は、形容詞を名詞の前に置き、その名詞を修飾する用法である。これは前から名詞を修飾するので「前置修飾」と呼ばれている。一方、形容詞を名詞の後ろに置いて、その名詞を修飾するのが「後置修飾」と呼ばれる使い方である。以下の例を見てみよう。

(1) a.　John owns a car [*similar* to mine].
　　b.　They discussed an issue [*related* to American politics].

(1)では、similar と related が、それぞれ car と issue という名詞を後ろから修飾している。では、この後置修飾の特徴とは何であろうか。この節では前置修飾と後置修飾を対比させながら、後置修飾の特徴を考えてみることにしよう。
　まず、文法的な特徴から考えてみよう。形容詞が後置修飾で用いられる場合、それは形容詞が**一語ではなく、複数の語になっている**(＝句を成している)**場合**である。例えば、(1)は(2)のように、前置修飾にすることはできない。

(2) a.　*John owns a [*similar* to mine] car.
　　b.　*They discussed a [*related* to American politics] issue.

この「複数の語」というのは、形容詞が何かしらの「補語」を引き連れている場合である。「補語」というのは、形容詞を意味的に補完する語句のことで、(1)では to mine と to American politics の部分が補語である。一方、補語でなければ、複数の語であっても前置修飾が可能となる。次の例を見てみよう。

(3) a.　John owns a [very *big*] car.
　　b.　They discussed an [extremely *important*] issue.

(3)の形容詞は、それぞれ very と extremely をともない、(2)と同じように複数の語である。しかし、(2)とは異なり、very や extremely は形容詞の補語ではなく、程度を表す「副詞」である。したがって、(3)では前置修飾が可能となる。

前置修飾と後置修飾の文法的な使い分けを見た上で、形容詞が前置修飾も後置修飾も可能な場合の例を通して、両者の意味的違いを考えてみよう。興味深いことに、後置修飾は形容詞の叙述用法と同じ意味的特徴をもつ。つまり、**一般的に「一時的な状態」を表す**のである。例えば、次の例を見てみよう。

　　(4)　the rivers *navigable* / the boats *afloat* / students *present* /
　　　　 tools *available* / the house *ablaze*

例えば、the rivers navigable とは、「一時的に運行可能な川」という意味にしか解釈されない。一方、the navigable rivers という表現は前置修飾で、限定用法となるので、「常に運行可能な川」と解釈される。したがって、一時的な状態や性質を表す形容詞は、後置修飾が可能となり、前置修飾と意味的な対立をつくり出すのである。この説明から、恒常的な状態や性質を表す形容詞は後置修飾が不可能となることもわかる。(5)の例を考えてみよう。

　　(5)　*a man *very tall* / *a student *wise* / *a number *even*

SFの世界であれば話は別であろうが、ごく普通の状況下で「一時的に」背が高くなったり、頭が良くなったりすることは考えられないので、(5)は奇妙な解釈を生んでしまう。したがって、後置修飾が不可能となるのである。
　では、このマエとウシロの不思議はなぜ生じるのだろうか。それは**形容詞の限定用法と叙述用法の差と同じ**なのである。限定用法の形容詞は、冠詞や所有格と名詞の間に挟まれた位置に置かれる。冠詞や所有格が名詞の始まりを示しているとすると、この形容詞は名詞の中枢に入り、名詞と緊密な関係をもつことになる。したがって、その名詞が内在的にもつ状態や性質が強調されることになり、その恒常的な状態や性質を表すのである。一方、後置修飾の場合、形容詞は名詞の周辺部に位置することになり、名詞と密接な関係をもつことはない。その結果、名詞の内在的状態や性質を強調するのではなく、恒常性とは反対の、その一時的な状態や性質を表すのである。前節で考えた叙述用法の形容詞も、動詞を挟んで名詞とは対極の位置に置かれていることに注意してほしい。
　このように、形容詞は名詞のどこに置かれるかにより、名詞の状態や性質の恒常的側面を強調するか、一時的側面を強調するかが異なるのである。形容詞と名詞の位置関係は、文法の重要性を改めて認識させてくれるものである。

9　形容詞の順序：語順の決定原理

限定用法の形容詞は、(1)のように名詞の前にいくつか置かれる場合がある。

(1) a.　Mary bought a *funny red* hat.
 b.　A *rich American* entrepreneur came to visit us.

(1)では、funny と red、そして rich と American という形容詞が名詞 hat と entrepreneur の前に置かれ、名詞を修飾している。英語では、形容詞が2つ以上名詞の前に置かれるとき、(2)のように順序を替えられる場合と、(3)のように替えてしまうと不自然になったり、さらには完全におかしくなってしまう場合がある。

(2) a.　a *thin dark* face
 b.　a *dark thin* face
(3) a.　a *little old* blue dress
 b.　*an *old little* blue dress

では、形容詞の順序はいったいどのように決まるのだろうか。ここでは形容詞の順序を決定する原理について考えてみることにしよう。

　形容詞の順序は、大抵の場合、形容詞の文法的特性ではなく、**その意味的特性によって決定される**といえる。例えば、次の例を考えてみよう。

(4) a.　the two *typical large* country houses
 b.　#the two *large typical* country houses

(4b)よりも(4a)の方が形容詞の順序はより自然である。これは、田舎の家は大きく、それが典型であるからであり、田舎の家が典型的で、それが大きいというわけではないからである。このように、形容詞の意味的な特性がその並び方に大きな影響を与えるわけであるが、形容詞の順序をその意味分類に基づいて一般的な形で示すと(5)のようになる。(6)はそれを示した具体例である。

(5)　　冠詞類―［数詞―強調―典型的形容詞―新旧―色―分詞―国籍―材

料]—名詞
(6) a. the [*intricate old interlocking Chinese*] designs
   b. a [*small green carved wooden*] idol
   c. his [*heavy new*] responsibilities
   d. the [*two complete*] idiots

限定用法の形容詞は、冠詞や所有格、数量詞などの冠詞類と名詞の間に挟まれた位置に生じるが、この冠詞類のすぐ後ろには、数を表す数詞がくる。次に強調を表す certain や sheer, それに complete などの形容詞がくる。その後ろには「典型的形容詞」が置かれる。この部類に入る形容詞は、比較級をつくったり、程度の副詞によって修飾されたり、be 動詞や seem などの第2文型動詞の補語になったりするなど、形容詞を特徴づける文法的特徴を全てもっている形容詞のことで、(5)に示す意味分類に属さない形容詞のことである。このように、形容詞はその意味に応じて他の形容詞との位置関係(つまり順序)が決まるのである。

　では、形容詞の意味的特性がなぜ(5)のような順序を決定することになるのであろうか。その答えのカギを握るのは、**名詞と形容詞の位置関係**である。前置修飾の形容詞は名詞を前から直接修飾する。そうであれば、**名詞との関係が強く、名詞をより具体的にすることができる形容詞ほど、名詞に近い位置に置かれる**ことになる。つまり、具体性が強いものほど名詞の近くに置かれることになり、具体性が低いものほど名詞から離れた位置に置かれることになる。例えば、材料と数詞の形容詞を比べた場合、材料の形容詞の方が、数詞の形容詞よりも具体性が強く、名詞を色濃く修飾することができる。この説明は(5)の順序を説明するのみならず、(5)で「典型的形容詞」としてくくられている形容詞の順序をも説明できる。(2)とは異なり、(4)では、(4a)に比べて(4b)は不自然に感じられる。これは typical と large を比べた場合、large の方が typical よりも具体性が強く、(田舎の)家の特徴をより色濃くすることができるからである。一方、(3b)は(3a)に比べはるかに不自然であり、その不自然さは(4b)よりも大きく感じられる。それは 異なる意味的特徴をもつ形容詞同士が順序を入れ替えてしまっているからである。つまり、(5)の順序を入れ替えてしまうと、不自然さの程度が大きくなり、完全におかしくなってしまうのである。

　このように、2つ以上の形容詞が名詞の前に置かれる場合、その意味的特性によってその文法的な並び(=順序)が決定されているといえるのである。

10 分詞の形容詞的用法：形容詞への転身

　英語には現在分詞と過去分詞という2種類の分詞がある。準動詞の1つである分詞は、文法上それだけで文をつくることはなく、他の要素と一緒に用いられることで、文の中で特定の機能をはたしている。ここでは名詞とともに用いられる分詞の役割について考えてみたい。まず、次の例を見てみよう。

(1) a.　*Written* languages are more difficult than *spoken* languages.
　　b.　I got up early to see the *rising* sun.
(2) a.　English is a language [*spoken* all over the world].
　　b.　The boy [*playing* tennis over there] is my brother Tom.

(1)と(2)において、分詞が現れる位置は形容詞が現れる位置と同じである。したがって、分詞は文の中で名詞の前や後ろに置かれることで、形容詞と同じ働きをし、名詞を修飾する役割をはたすのである。では形容詞として用いられる分詞はどのような特徴をもっているのだろうか。それを考えてみよう。
　まず、分詞が形容詞と同じ役割をもつということは、**文法的には形容詞と同じ制約に従う**ことになる。例えば、形容詞は一語の場合には、名詞を前から修飾し、複数の語から成る句を形成している場合には後ろから名詞を修飾するのが基本である。分詞の形容詞的用法も同様の制約に従うことは、(1)と(2)の例からもわかる。(1)では、written、spoken、rising といった一語の分詞が前から後続する名詞を修飾しているのに対して、(2)では、spoken all over the world と playing tennis over there が、spoken と playing を中心とした句をつくっており、その結果、後ろから前の名詞を修飾しているのである。
　次に、分詞が表す意味関係の特徴について考えてみたい。次の例文を見てみよう。(3)はいったいどのような意味をもつのであろうか。

(3)　The man writing the book is a linguist.

分詞の部分(writing the book)はさまざまな意味関係を表すことにお気づきだろうか。例えば、以下のように書き換えられる意味関係を表しているのである。

(4) The man (who writes / is writing / wrote / was writing / will write / will be writing the book) is a linguist.

解釈の曖昧性は準動詞一般にあてはまることであり、準動詞の 1 つである分詞も例外ではない。よく現在分詞を用いた分詞の形容詞的用法は進行形の意味に対応するといわれているが、(4) から明らかなようにそれは正しくない。さらに、このことは進行形が通例不可能とされる状態動詞も、分詞の形容詞的用法が可能であるという事実からも裏付けられる。(5) の例を見てみよう。

(5) a. This is a liquid with a taste resembling that of soapy water.
　　　(a taste which *is resembling / resembles that of soapy water)
　　b. John has a friend living in Paris.
　　　(a friend who *is living / lives in Paris)

resemble や live は状態動詞で通例進行形にはならないが、分詞の形容詞的用法としては何も問題がない。したがって、**現在分詞＝進行形の意味ではない。**

　分詞が名詞を修飾する形容詞と同じ位置に現れることで形容詞と同様に用いられることを見た。**分詞の中にはその形容詞的用法が転じて完全に形容詞化してしまったものも存在する。**例えば、形容詞化した分詞の特徴として、本来形容詞しか現れない位置に出現できることがある。次の例を見てみよう。

(6) a. The book is very interesting.
　　b. The book is more interesting than that one.
　　c. The book seems interesting.

(6) の例は、interesting という分詞が、① very による修飾を受けること、②比較級をつくれること、③ seem などの動詞の補語になれることを示している。これらは形容詞の典型的な特徴であり、こうした文法的特徴をもつ分詞は、品詞の上で完全に形容詞化されていると考えることができる。interesting をはじめ、surprising / surprised や frightening / frightened などの分詞もこの部類に入るのであるが、**こうした分詞が辞書に形容詞として登録されていること**からも、本来の分詞から形容詞へと完全に転身していることがわかる。

第 3 章「冠詞と形容詞」主要参考文献

◆Randolph Quirk, Sidney Greenbaum, Geoffrey Leech, Jan Svartvik *A Comprehensive Grammar of the English Language*. Longman, 1985.

　本書はその名が示すとおり、包括的な英文法書である。本章で取り上げた冠詞や形容詞を含め、英文法全般を扱っている。伝統文法に基づき、英語の姿を記述的に明らかにした良書である。出版から20年以上が経過し、確かに古いものではあるが、現在でも十分に通用する英文法書である。実例を把握し、それとともに英文法の知識を得たい（深めたい）と思う読者には最適の書といえる。文法書として読むことができるのみならず、必要な箇所を部分的に調べるなど、参考書としても活用できる文法書である。

◆Talmy Givón *English Grammar: A Function-Based Introduction I, II*. *John Benjamins*, 1993.

　本書は言語の「機能」に着目しながら、英文法全般を概観している書物である。現代言語学の視点を取り入れ、例文を通して英文法の実例がよく示されている。英語による解説文も明快に書かれており、著者の文法観がよく提示されている。読者は目から鱗の知識を得られるはずである。1巻、2巻共に参考文献が付されており、読者はその文献を手がかりに、機能に基づく文法の面白さを追究していくことができる。

◆R. M. W. Dixon *A Semantic Approach to English Grammar*. Oxford University Press, 2005.

　本書はその名が示すように、意味的な側面から英文法に迫るものである。著者は文法と意味の相関関係を追究し、意味に基づいて単語の異なる文法的性質を明らかにしている。本章のテーマである形容詞に関しては、形容詞をその意味に基づき11の種類に分類できることが紹介されている。そして、それが形容詞の一連の形態的特徴や文法的特徴を決定したり、形容詞の順序に関係していることが明らかにされている。同書は、意味に基づく文法の重要性と有用性を明快に、そして説得力をもって示している。わかりやすい英語で書かれており、読者は同書を通して文法の背後にある意味的な裏づけを理解することができる。

◆安藤貞雄『現代英文法講義』開拓社 2005 年

　本書は、著者のこれまでの英文法研究を集大成した書物である。同書は伝統文法に基づくものであるが、現代言語学の研究成果もわかりやすく解説しながら、英文法の姿を明らかにしようとしている。英文法を掘り下げたいと思っている学生や一般読者のみならず、英語教師や文法研究者もその対象としている。読者がそれぞれの目的やレベルに応じて活用することのできる英文法書である。著者の知見が存分に発揮され

ており、読者はきっと新しい視点を得ることができるであろう。

◆岸本秀樹・菊地 朗『叙述と修飾』研究社 2008 年
　本書は生成文法を中心とする最近の言語学研究の成果を取り入れ、叙述と修飾を明快に論じている。解説はとても丁寧に書かれているので、生成文法の知識がなくても読むことができる。「形容詞」は修飾要素の1つであるが、同書は形容詞をはじめとして、本章では扱わなかった他の修飾についても論じている。したがって、形容詞とともに他の修飾についても理解を深めたいと思っている読者には格好の書物といえる。

◆安井 稔・秋山 怜・中村 捷『現代の英文法 7 ：形容詞』研究社 1976 年
　本書は現代英語の形容詞を対象とした、最も包括的な書物である。伝統文法へ注意を払いながら、生成文法の枠組みの中で形容詞を包括的に論じている。形容詞の一般的特性を論じることから始まり、形容詞の統語的・意味的特徴が例文とともに明快に、そしてわかりやすく解説されている。補語として文を伴う形容詞の構造や、形容詞（および副詞）と密接に関わる比較構文についても論じられている。形容詞の全体像をある程度深く知りたいと思っている読者には格好の一冊である。

◆荒木一雄・安井 稔（編）『現代英文法辞典』三省堂 1992 年
　本書はその名が示すように、英語の「文法書」ではなく、「辞典」である。アルファベット順に項目が整理されており、1つのテーマに関して多角的な視点から知識を得られるように工夫されている。辞書で単語の意味を調べるように、英文法や言語学のキーワードから文法を深めていくことができるものである。解説はとても丁寧に書かれており、1つのテーマで完結するので、文法書一冊を読み通すことが苦手な読者にも最適であろう。

◆影山太郎（編）『日英対照　形容詞・副詞の意味と構文』大修館書店 2009 年
　本書は品詞としての形容詞や副詞を単に論じるのではなく、「事象」（つまり出来事や動作、状態などのこと）を言語として表現しようとする枠組みの中で、形容詞や副詞の構文的・意味論的本質を明らかにしようとしている。形容詞的受身文や形容詞の形態論など、本章では扱えなかったテーマが取り上げられており、別の角度から形容詞への理解を深めるには格好の書である。一般の読者にとって内容は高度であるが、一般的な文法書とは異なる新しい知識を得ることができるであろう。

◆久野 暲・高見健一『謎解きの英文法：冠詞と名詞』くろしお出版 2004 年
　本書はその名が示すように、英語の学習者が文法に関して不思議に思ったり、迷ったりしてしまうことを解決してくれる書物である。「文法書」というよりも、むしろ「文

法読本」といったほうがよいかもしれない。同書を読んでみると、著者たちの活き活きとした講義を聞いているような感じがする。読み終えると、英文法に関してすっきりとした感覚が得られる書物である。まさに謎解きをしてくれる一冊である。コラムも付け加えられていて、楽しみながら読むことができる。

◆神尾昭雄・高見健一『談話と情報構造』研究社 1998 年
　本書は談話と情報構造の観点から、さまざまな文法現象を考察している。第二部第3章では、情報構造と文の伝達機能の面から数量詞の浮遊が論じられている。そこでは、数量詞浮遊の特徴が解説されており、情報構造に基づく説明が提案されている。数量詞浮遊は生成文法の枠組みの中で活発な研究が行われてきているが、読者は同書を通して、数量詞の浮遊には情報構造の視点が重要であることを理解できるであろう。数量詞浮遊に関する日英語の違いも紹介されており、母語である日本語に見られる数量詞浮遊の特徴についても知ることができる。

第4章 時制

1. 時間と時制：この似て非なるもの
2. 過去時制：過去形か過去形じゃないか、それが問題だ
3. 現在時制：現在にこだわるな！
4. 未来（Ⅰ）：英語の時制に未来はあるか
5. 未来（Ⅱ）：be going to か will か
6. 時制の現れ方：隣接する(助)動詞と融合せよ！
7. 時制の一致：時制を過去方向にシフトせよ！
8. 動名詞と不定詞の時間：隠れた時間を見つけよ！
9. 時を表す副詞節内の現在形：なぜ will は使えないのか
10. Before 節の時間：爆弾は爆発したのか

第Ⅱ部　文の補助要素：文の筋肉

1　時間と時制：この似て非なるもの

　現在という時間は、過去の時間とも未来の時間とも異なる。だから現在が過去や未来の代わりになることなどあり得ない。こんなことは誰でも知っている、当たり前のことである。しかし**時間**の話が**時制**の話に変わると、現在が過去や未来の代わりになれる。このことは案外知られていない。

(1)　So yesterday, we*'re* just driving home and we *see* the Brazil Nut so we *stop* and *chat*.
（そして昨日私たちは車で家に向かっていると、ブラジルナッツの木が見えたので車を停めておしゃべりした。）

(2)　Last week I*'m* watching 'Newsnight' on television when suddenly there*'s* a terrific explosion.
（先週テレビで Newsnight を見ていたら、突然大きな爆発が起こった。）

(1)では yesterday が(2)では last week が含まれていることからわかるように、時間的には過去の事を表している。しかしこの過去の出来事は、イタリック体で示されているとおり、動詞の過去時制（＝過去形）ではなく現在時制（＝現在形）によって表されている。つまり**現在形は過去の出来事も表すことができるのだ。**ところで(1)と(2)では、過去の出来事が今まさに目の前で起こっているかのごとく生き生きと描写されている。(1)と(2)の動詞をすべて過去形に代えてももちろん文法的である。しかし、それらを過去形に代えてしまうと、現在形のときのような生き生きとした描写はもはや得られない。
　実は、現在形は未来の出来事も表すことができる。次の例を見てみよう。

(3)　She *is* president until next May.
（彼女は今度の5月まで大統領である。）
(4)　The next high tide *is* around 4 this afternoon.
（次の高潮は午後4時頃になるでしょう。）

(3)は until next May が(4)は around 4 this afternoon が含まれていることから

もわかるように、時間的には未来の出来事を表している。しかしこの未来の出来事は、イタリック体で示されているとおり、動詞の現在形によって表されている。このことから**現在形は未来の出来事も表せる**ことがわかる。

さらに、現在形は過去・現在・未来という区分を超えた、いわば「時間を超えた世界」のことも表すことができる。次の例を見てみよう。

(5) The sun *rises* in the east.
（太陽は東から昇る。）
(6) Two plus two *is* four.
（2たす2は4です。）

(5)の「太陽が東から昇ること」や(6)の「2＋2＝4」は普遍的な真実である。いいかえると、(5)や(6)は昨日や今日や明日など、特定の時間でのみ成り立つような一時的な現象ではない。実際に時を特定する副詞を、例えば(5)に入れてみると、(7)のように非文になってしまう。

(7) ＊The sun rises in the east {yesterday, now, tomorrow}.

このことから**現在形は、過去・現在・未来という時間区分を超えた領域をも表すことができるのである**（なお英語の現在形が、なぜ過去や未来といった時間区分を超えた領域を表すことができるのかについては、「4.3節　現在時制」の項目を参照）。

以上のことから、時間と時制には「ズレ」があることがわかった。ではここで時間と時制の違いが何なのかを明らかにしよう。一言でいうと、**時間とは言語の外側にあるもの**(つまり言語とはまったく独立しているもの)であり、**時制とは言語の内側にあるもの**(つまり文法の一部)である。別のいい方をすると、時間はどのような言語を話す民族にもまったく同じように流れている、いわば普遍的なものである。これに対して時制は言語ごとに現れ方が違う、つまり個別的なものである。英語では、ほとんどの動詞が現在形と過去形で区別されている。つまり英語は時制が「見える」言語である。しかし、例えばインドネシア語などは動詞に現在形と過去形の区別はない。つまりインドネシア語などは、時制が「見えない」言語といえる。しかし、当然のことながら、英語話者にもインドネシア語話者にも平等に時間は流れているのである。

2　過去時制：過去形か過去形じゃないか、それが問題だ

　時間と時制は違う(詳しくは4.1節を参照)。だから、時間が過去／現在／未来のように3つに分けられるからといって、時制も過去／現在／未来のように3つに分けられるとは限らない。そもそも英語には未来時制はない(詳しくは4.4節を参照)。つまり、英語の時制には過去と現在しかないのである。よって、この時点で過去／現在／未来という3区分が英語の時制では成り立たないことになる。

　時間では、過去の方が現在よりも明らかに長い。過ぎ去った「現在」がすべて過去に変わっていくからである。一方時制では、逆に現在形の方が過去形よりも広い範囲で使われている。というのも、過去形は過去という時間しか表せないが、現在形は現在という時間だけを表しているのではないからだ。時制がどの時間を「守備範囲」としているのかを図で示したものが(1)である。

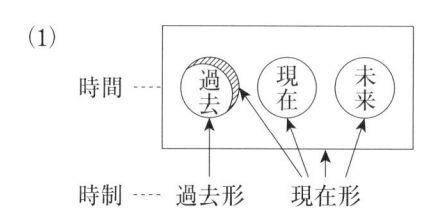

(1)　　　　　時間 ---- 過去　現在　未来

　　　　　　時制 ---- 過去形　現在形

　(1)で示されているように、過去形は過去という時間の大部分を守備範囲としている。これに対して、現在形は現在という時間だけでなく、過去形の守備範囲以外を守備範囲としている。いいかえると、「現在時制と過去時制は守備の点ではお互いが補い合っているが、守備範囲では現在形の方が過去形より圧倒的に広い」ということである。このことを考えると、英語の時制全体を捉えるには、(2)のように守備範囲の狭い過去形を基準にするとスッキリする。

(2)　a　過去形
　　　b　過去形じゃない形(＝現在形)

　(2b)については4.3節で詳しく説明するとして、以下では(2a)の過去形の守備範囲の中身について詳しく見ていくことにしよう。

　過去形は、動作を表す動詞(＝動作動詞)と一緒に用いられると、過去の動作

を1つの出来事として表すことができる((3)を参照)。また、be 動詞などの状態を表す動詞(＝状態動詞)と一緒に用いられると、過去の状態を表すことができる((4)を参照)。

(3) The eruption of Vesuvius **destroyed** Pompeii.
（ヴェスヴィオスの噴火がポンペイを破壊した。）
(4) Archery **was** a popular sport for the Victorians.
（アーチェリーはヴィクトリア朝の人々に人気のあるスポーツだった。）

さらに過去形は、動作動詞と一緒に用いられると、過去の習慣的な動作を表すことができる((5)を参照)。

(5) I usually **rode** my bicycle to school.
（私はたいてい自転車で通学した。）

ところで、(3)にも(5)にも動作動詞の過去形が用いられているが、解釈はそれぞれ「過去の出来事」と「過去の習慣」と異なっている。このような解釈上の違いは、文脈によるものである。例えば(6)を見てみよう。

(6) a. I **got** up at six this morning.
b. I **got** up at six every morning.

(6a)は this morning という時間の情報によって、「私は今朝6時に起きた」という「過去の出来事」の解釈が得られる。一方、(6b)は every morning という時間の情報によって、「私は毎朝6時に起きていた」という「過去の習慣」の解釈が得られるのである。以上が過去形の守備範囲である。
　最後に、英語の過去形には(7)のような「丁寧の過去」という用法がある。

(7) I **wanted** to ask your advice.（ご助言をいただきたいのですが。）

(7)で使われている過去形は、過去という時間とは何の関係もない。むしろ、現実の時間と関係をもたせないことで間接的になり、控えめで丁寧な表現になっているのだ。ところで、日本語にも「丁寧の過去」がある。レストランでウエーターが「ご注文は以上でよろしかったでしょうか」というが、その中の「た」がまさにそれであり、お客様に対する控えめで丁寧な表現を生み出している。

3 現在時制：現在にこだわるな！

　英文法書の現在時制の項目には、実にたくさんの用法が紹介されている。その中には「現在時制は過去も表す」や「現在時制は未来も表す」など、意味がすぐにはピンとこないものや、「現在時制は現在という時間を超越する」など、はっきりいって意味不明なものまである。これでは「現在時制の現在っていったい何なんだ」と憤慨する人が出てきてもおかしくない。では何が問題なのか。実は「現在時制」というネーミングそのものが、多くの誤解を生み出している諸悪の根源なのだ。では何と呼べばよいのか。答えは「非過去時制（＝非過去形）」である。なぜそう呼ぶ方がよいのか、以下で詳しく見ていこう。

　まず、英語の時制には未来時制はない（詳しくは4.4節を参照）。つまり、過去時制（＝過去形）と現在時制（＝現在形）の2つしかない。だから、この2つの時制で過去―現在―未来という時間帯をカバーしなければならない。このうち、過去形の「守備範囲」は極めて狭く、過去の時間帯（の一部）しかカバーしていない（詳しくは4.2節を参照）。つまり、それ以外の時間帯はすべて「現在形」がカバーしていることになる。このことから、「現在形」という名前がいかに不適切かがわかるだろう。よって以下では、従来の「現在形」を「過去形ではない時制」という意味の「非過去時制（＝非過去形）」と呼ぶことにする。そうすると、英語の時制の体系は(1)のように非常にシンプルにまとめられる。

(1) a.　過去形
　　 b.　非過去形（＝従来の「現在形」）

以下では、非過去形の守備範囲について詳しく見ていくことにする。

　まず、非過去形の守備範囲を図示すると(2)のようになる。

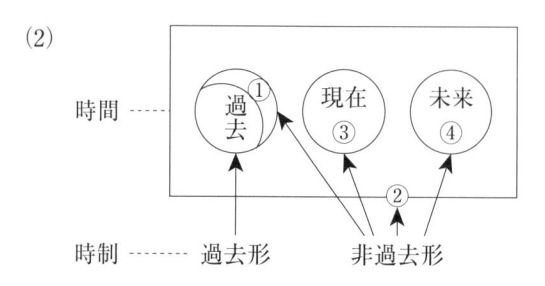

(2)

時間 ┄┄ 過去① 現在③ 未来④

時制 ┄┄ 過去形　非過去形②

(2)からわかるように、過去形で表すことのできる時間帯以外は、全て非過去形が占めている。以下、①〜④に現れる非過去形の具体例を見ていこう。

　①は**過去の時間帯の一部**を表している。過去形には、過去の出来事を、あたかも目の前で起こっているように生き生きと伝える働きはない。その代わりに非過去形がこの働きを担っているのだ。次の(3)と(4)が①の領域の具体例であり、それらの動詞の形は、一般には「歴史的現在形」と呼ばれている。

 (3) Caesar **leaves** Gaul, **crosses** the Rubicon, and **enters** Italy.
   (シーザーはゴールを出発し、ルビコン川を渡りイタリアに入る。)
 (4) Lincoln **stands** with his head bowed.
   (リンカーンは頭を垂れて立っている。)

②は**過去・現在・未来のどの時間帯にも属している部分**である。例えば次の(5)や(6)のような普遍的な真理や、(7)や(8)のような習慣などを表す文などがこの領域の例である。

 (5) Water **consists** of hydrogen and oxygen.
   (水は水素と酸素でできている。)
 (6) The sun **rises** in the east and **sets** in the west.
   (太陽は東から昇り西に沈む。)
 (7) We **go** to Kyoto every year.(私たちは毎年京都に行く。)
 (8) John **drinks** heavily.(ジョンは大酒飲みだ。)

③は**現在の時間帯に属している部分**である((9), (10)を参照)。

 (9) This soup **tastes** delicious.(このスープはおいしい。)
 (10) I **have** a headache.(私は頭が痛い。)

④は**未来の時間帯に属している部分**である。英語には未来時制はないので、非過去形が未来の時間帯もカバーすることになる((11), (12)を参照)。

 (11) When **is** the next full moon?(次の満月はいつですか。)
 (12) The plane **leaves** for Alaska at eight o'clock tonight.
   (飛行機はアラスカに向けて今夜8時に出発します。)

4 未来（Ⅰ）：英語の時制に未来はあるか

　私たちの時間は過去から現在、そして未来へと流れていく。しかし時制もそうだとは限らない。驚くかもしれないが、**英語の時制には未来形がないのである**。たしかに、英語には(1)に挙げるような未来を表す表現はいくつもある。

(1) a. John **will** leave tomorrow.
　　b. John **is going to** leave tomorrow.
　　c. John **is to** leave tomorrow.
　　d. John **is leaving** tomorrow.
　　e. John **leaves** tomorrow.

(1a)は will、(1b)は be going to、(1c)は be to を使い、未来の出来事を表している。さらに(1d)のような現在進行形、(1e)のような現在時制（＝現在形）を用いても未来を表すことができる。しかしこれらの文は、未来を表しているだけであって、時制が未来というわけではない。このことは、(1a)から(1e)の(助)動詞がすべて現在形（＝非過去時制）であることから明らかであろう（(1a)の will も現在形であることに注意してほしい。なお過去形は would である）。つまり、**英語には未来を表す表現はあるが、未来時制はないのだ**。

　未来を表す表現の中で、(1a)のように助動詞 will を使った場合と、(1d)のように現在進行形を使った場合とでは、次の例に見られるような興味深い違いが見られる。

(2) a. *John **will** leave yesterday.
　　b. John **will** leave tomorrow.
　　c. *John **will** leave at this very moment.
(3) a. *John **is leaving** yesterday.
　　b. John **is leaving** tomorrow.
　　c. John **is leaving** at this very moment.

(2a)と(3a)からわかるように、未来を表す文の中に過去を表す yesterday などは

現れない。一方、(2b)と(3b)からわかるように、未来を表す tomorrow なら現れる。ここまでは助動詞 will の場合も現在進行形の場合もまったく同じである。ところが、(2c)と(3c)からわかるように、at this very moment（まさにこの瞬間）が文中に含まれる場合において、両者に違いが出てくる。現在進行形は、「未来に向けて心構えをしたり準備をしている」という意味をもつので at this very moment といっしょに使える。一方、助動詞 will は、未来に注目しているが「まさにこの瞬間」にはほとんど注目していない。よって at this very moment とはいっしょに使えないのである。

さらに、未来を表す現在進行形が過去時制、すなわち過去進行形になると、おもしろさが倍増する。まず(4)を見てみよう。

(4) a.　John **was leaving** tomorrow.
　　 b.　John **was leaving** yesterday.

事実としては、(4a)も(4b)も文法的である。(4a)は「ジョンは明日出発する予定を立てていた」という、いわば「過去から見た未来」の意味である。一方、(4b)には2通りの解釈がある。1つは「ジョンは出発する予定を昨日立てていた」であり、もう1つは「ジョンは［昨日出発する予定］を立てていた」である。つまり、John was leaving には、tomorrow と yesterday のいずれも共起できるのである。では、John was leaving に tomorrow と yesterday の両方を「同居」させることは可能なのであろうか。答えはイエスである。

(5)　Yesterday John **was leaving** tomorrow.

(5)は文法的な文である。その意味は「ジョンは明日出発する予定を昨日立てていた」である。(5)では、John was leaving のもつ「過去から見た未来」の意味が色濃く出ている。「過去から見た未来」の「過去」を yesterday が、「未来」を tomorrow が際立たせているのが(5)の例なのである。

以上見てきたように、英語の時制には未来形はないが、未来を表す表現ならいくつもある。しかし、それぞれの未来表現には固有の意味があるため、(1a)から(1e)がどれもまったく同じような文脈で使えるわけではないことに注意しなければならない（(1a)と(1b)の違い、すなわち will と be going to の違いについては 4.5 節を参照）。

5　未来（Ⅱ）：be going to か will か

　英語の未来を表す表現の中には、be going to を用いた文（＝(1)）と will を用いた文（＝(2)）がある。

(1)　I **am going to** leave next week.
(2)　I **will** leave next week.

be going to と will はともに未来の時間を表しているので、(1)と(2)の間に大きな意味の違いはない。しかし be going to と will には、それぞれの「個性」があることを忘れてはならない。
　例えば、あなたが占い師に自分の将来を占ってもらっている場面を想像してみよう。占い師の前に座ったあなたが、もし(3)のようにいわれたら、その発言は予言とはいえない。しかし、もし(4)のようにいわれたら、それは（当たるかどうかは別にして）予言だといえる。

(3)　You **are going to** have a baby.
(4)　You **will** have a baby.

be going to は**現在に注目して**将来のできごとを述べる時に用いる。つまり(3)は、占い師が**現在**あなたのお腹が大きいのに気づいて、このままでいくとゆくゆくは赤ちゃんが生まれるだろうということを述べたにすぎない。つまり予言とはいいがたい。一方、will は**未来に注目して**将来のできごとを述べる時に用いる。つまり(4)は、現在あなたが妊婦であるかどうかは外見上わからない状況で、**未来のことを述べたものであり、まさに予言といえる**。
　このような、現在に注目するか未来に注目するかの違いは、次の(5)と(6)の文法性の違いにも大きく関わっている。

(5)　*If you accept that job, you **are** never **going to** regret it.
(6)　If you accept that job, you **will** never regret it.

(5)と(6)の条件節(if節)は「もしあなたがあの仕事を引き受けたら」という意味であるが、「仕事を引き受けるかどうか」は未来の話である。どうなるかわからない未来の話を、**現在**の時点で「絶対に後悔しない」などとは通常考えない。(5)が不適切な理由は、現在に注目する be going to を用いたことによる。これに対して、後悔するかしないかは、仕事を引き受けた後—つまり**未来**の時点—で決まるものであるから、未来に注目する will を用いた(6)が適切となるのである。

次に(7)と(8)を見てみよう。

(7) The rock **is going to** fall.
(8) The rock **will** fall.

(7)と(8)はともに「岩が落ちてくるだろう」という意味をもつ。(7)はこのままで問題がないが、(8)はネイティブスピーカーには何らかの「違和感」を感じるようである。より正確には、「(8)には何かが足りない」と感じるらしい。いったい何が足りないのか。実は(8)の「違和感」の原因は、**will が注目している時間**にある。その前に(7)から考えてみよう。(7)は現在に注目する be going to が用いられている。(7)の文を見聞きした人は、**現在**の状況(例えば崖の端に大きな岩がはみ出した状態であるなど)を想像して(7)を理解することになる。こういった現在の状況は、一般的にはそれほど苦労せず想像できる。一方(8)では未来に注目する will が使われている。(8)の文を見聞きした人は、**未来**の状況を想像しなければならない。現在の状況を頭に描くのと違って、未来の状況を頭に描くのは容易なことではない。つまり、(8)に足りないものとは、未来の状況設定である。もし(8)に状況設定に役立つ条件文や文脈などがついていれば、「違和感」など感じさせない十分適切な文となる。

以上のように、be going to と will はともに**未来**を表す時に使われるものの、be going to には**現在に注目する**、will には**未来に注目する**という「個性」があることがわかった。なお、冒頭で(1)と(2)には大きな意味の違いはないと述べたが、実は細かなニュアンスの違いはある。(1)には、現在の時点で来週の出発を決めている、つまり(1)をいう以前から来週の出発について考えているというニュアンスがある。一方(2)には、来週の行動を単に述べているだけであり、(2)をいう以前から来週の出発を決めているというニュアンスはまったくないのである。

6 時制の現れ方：隣接する(助)動詞と融合せよ！

英語の述語動詞または助動詞には、時制が必ず現れなければならない。

(1) John {**eats** / **ate**} an apple.
(2) John {**will** / **would**} eat an apple.
(3) *John **eat** an apple.

(1)では、動詞 eats が現在形(＝現在時制)を、ate が過去形(＝過去時制)を表している。(2)では、助動詞 will が現在形を、would が過去形を表している。一方、(3)では eat が何の時制も表しておらず非文(法的)となっている。では、時制が文中に現れさえすればそれでよいのかというと、必ずしもそうではない。

(4) *John {**will eats** / **will ate** / **would eats** / **would ate**} Mary.

(4)では助動詞と動詞のそれぞれに時制が現れているが、このように時制が複数現れると非文になってしまう。
　一見複雑そうな英語の時制であるが、そのシステムは実はとても単純だ。

(5) 英語の語順：時制辞―(助動詞)―動詞
(6) 時制のルール：時制辞は隣接する(助)動詞と融合しなければならない。

英語の語順は元々(5)のようであるが、(6)のルールに従って「目に見える」形になっている。例えば(1)は元々、［現在 -eat］あるいは［過去 -eat］という形をしていたが、時制辞(現在／過去)が隣接する動詞(eat)と融合した結果、それぞれ eats と ate になった。(2)は元々、［現在 -will］あるいは［過去 -will］という形をしていたが、時制辞が隣接する助動詞(will)と融合した結果、それぞれ will と would になった。(3)は、動詞が何の時制辞とも融合していないので、(6)のルールに抵触し非文となっている。次に(4)を考えてみよう。(6)のルールから、時制辞は、隣接する助動詞(will)とは融合しても隣接しない動詞(eat)とは融合しない。つまり eats や ate にはならない。よって(4)は非文となっているのだ。

ここで、時制辞と動詞が隣接していない(7)のような場合を考えてみよう。

(7)　John **時制辞** <u>not</u> **eat** an apple.

(7)において、時制辞と動詞(eat)は、それらの間にnotがあり隣接していないので融合できない。よって、このままでは非文になってしまう。しかし、ここで「救済措置」がある。ダミーの助動詞であるdoを挿入し、時制辞と融合させてしまうのである。その結果、(8)のような文法的な文になる。

(8)　John {**does** / **did**} not eat an apple.

doの挿入は、(助)動詞と融合できない時制辞を救うための救済措置なので、救済の必要がない場合にはdoを挿入することはできない。よって、次の(9)と(10)は非文となる(ただし(10)はdoesに強勢を置けば文法的になる)。

(9)　*John **did will** eat an apple.
(10)　*John **does eat** an apple.

実は、(6)のルールは英語の時制だけでなく、日本語の時制にも適用できる。

(11)　日本語の語順：動詞―(助動詞)―時制辞
(12)　ジョンはリンゴを**食べ**(られ)**た**。
(13)　*ジョンはリンゴを**食べ**<u>さえ</u>**た**。
(14)　ジョンはリンゴを食べさえ**し**た。

日本語の語順は、英語の語順とは「逆」である(正確にいえば「鏡像関係」にある。(11)と(5)を比較せよ)。(12)から見ていこう。「食べ(られ)た」は、時制辞「た」が隣接する(助)動詞「食べ(られ)」と融合してできたものである。ところが、時制辞と動詞の間に助詞の「さえ」などがある場合には、時制辞と動詞は隣接しないため融合できない。その結果、(13)のように非文になってしまう。しかし、日本語にも英語の「doの挿入」に相当する「「し」の挿入」という救済措置がある。ダミーの動詞「し」を挿入し時制辞と融合させることで、(14)のような文法的な文が得られるのである。

7　時制の一致：時制を過去方向にシフトせよ！

　例えば、「メアリーが妊娠していることをジョンが今聞いている」という場面を想像してみよう。この状況は(1)のように表現できる。

　　(1)　　John **hears** that Mary **is** pregnant.

今度は「メアリーが妊娠していることをジョンが過去に聞いた」という場面を想像してみよう。この場合、通常英語では、(2)のように主節の動詞の時制（過去形）に合わせて、目的語節（従属節）の動詞の時制を現在形から過去形に変える。

　　(2)　　John **heard**（過去形）[that Mary **was**（過去形）pregnant].
　　(3)　　[Mary が妊娠している（現在形）こと] を John が聞いた（過去形）。

しかし、日本語では(3)のように主節の動詞の時制に目的語節の動詞の時制を合わせる必要はないので、英語の(2)の操作は不思議に思える。
　(2)に見られる、主節の動詞の時制に影響を受けて目的語節の動詞が本来とは異なる時制に変わる現象を「時制の一致」と呼ぶ。**この現象は英語にはあるが日本語にはない。**「時制の一致」の詳しいルールは(4)である。

　　(4)　　主節の動詞の時制が**過去形の場合にのみ**、目的語節の動詞の時制を**過去方向に 1 つシフトせよ。**

(4)のルールは、(2)だけでなく、次の(5)の「メアリーが妊娠していたことをジョンが過去に聞いた」という場面を表現する際にも適用される。

　　(5)　　John **heard** that Mary **had been** pregnant.

(5)では、主節の時制が過去形のため、目的語節の時制が過去形から過去方向に 1 つシフトした**過去完了形**に変わっている。
　ところで(4)の「時制の一致」のルールであるが、このルールで特に重要なの

は、過去方向にシフトされるのが目的語節の動詞の**時制**であって**時間ではない**ということである。まず(6)を見てみよう。

(6) John said that Harry was leaving tomorrow.

(6)の主節の動詞の時制は過去形(said)であり、それにともなって目的語節の動詞の時制も過去形(was)になっている。つまり「時制の一致」が起きている。もし(6)の was が過去の時間を表しているのなら、未来を表す tomorrow と共起できないはずであるが、実際は可能である。このことから、(6)の目的語節の動詞の時制は過去形にシフトしているが、**時間は過去にシフトしていない**ということがわかる。(6)に見られる時制と時間の関係を整理すると表(7)のようになる。

(7)

	主節の動詞	目的語節の動詞
時制	過去形	現在形→過去形
時間	過去	未来

「時制の一致」における時制と時間のズレは、次の(8)にも現れている。

(8) *John said that Harry would leave for New York yesterday.
    (cf. John said that Harry would leave for New York tomorrow.)

(8)の主節の動詞の時制は過去形(said)であり、それにともなって目的語節の助動詞の時制も過去形(would)になっている。つまり「時制の一致」が起きている。もし(8)の目的語節の過去形が時間の点でも過去であるのなら、過去を表す yesterday が同じ目的語節に現れても文法的なはずである。しかし事実としてはそれは許されない。このことから、(8)の目的語節の助動詞の時制は過去形であるが、時間は過去にシフトされず未来のままであることがわかる。つまり、「時制の一致」でシフトされるのは、**時制だけ**であり、**時間はそのまま変わらない**ということである。

以上をまとめると次の2点になる。(ア)英語には「時制の一致」と呼ばれる現象があり、そのルールは(4)である。(イ)「時制の一致」を正しく理解するためには、時制と時間の区別が必要である(4.1節も参照)。

8 動名詞と不定詞の時間：隠れた時間を見つけよ！

　動名詞や不定詞には**時制の区別がない**。つまり、動名詞や不定詞には過去形や現在形がないのである。しかし**時間の区別はある**。次の対比を見てみよう。

(1) a.　I remember **watering** the flowers.
　　b.　I remember **to water** the flowers.

(1a)は「私は花に水をやったのを覚えている」という意味であり、花への水まきは過去のことであると解釈される。これに対して(1b)は「私は花に水をやるのを忘れていない」という意味であり、花への水まきは未来のことであると解釈される。このような時間の解釈の違いは、(1a)と(1b)の remember の直後の動詞の形の違いからきている。この形の違いは**時制の違いではなく時間の違い**である。(1a)のような動名詞(watering)は過去の時間を表し、(1b)のような不定詞(to water)は未来の時間を表している。同じような例を以下で見てみよう。

(2) a.　I forgot **sending** you an e-mail.
　　b.　I will never forget **to send** you an e-mail.
(3) a.　I regret **telling** you my address.
　　b.　I regret **to tell** you that I don't want you to know my address.

(2a)は「あなたにeメールを送った」という**過去**のできごとを「私が忘れた」という意味なのに対して、(2b)は「あなたにeメールを送る」という**未来**の出来事を「私は決して忘れない」という意味である。同様に、(3a)は「あなたに自分の住所をいった」という**これまでのできごと**を「後悔している」という意味なのに対して、(3b)は「自分の住所をあなたに知られたくない」という話を、**これから**伝えなければならないことが「残念だ」という意味である。

　さて、今度は次のような状況を考えてみよう。John という若者がいて、Mary と交際したいと思っている。もし現在 Mary が誰か(例えば Bill)のことが好きなら、今告白してもおそらく無駄であろう。しかし、Mary の Bill への好意がもし過去のものであれば、今が告白するチャンスかもしれない。では、次の(4a)と(4b)のどちらの John なら Mary に告白する可能性が高いだろうか。

(4) a.　John believes Mary to **love** Bill.
　　b.　John believes Mary to **have loved** Bill.

(4a)の意味は「ジョンは［メアリーがビルのことが好きだ］と思っている」であり、一方(4b)の意味は「ジョンは［メアリーがビルのことが好きだった］と思っている」である。(4b)の have loved は現在完了形の形をしているが、**過去の時間を表している**。つまり、(4b)において、Mary が Bill が好きだったのは過去のことであるので、(4b)の John なら Mary に告白するかもしれない。なお、(4a)と(4b)はそれぞれ(5a)と(5b)のような、時制を前面に出した文に書き換えることもできる。

(5) a.　John believes that Mary **loves** Bill.
　　b.　John believes that Mary **loved** Bill.

最後に、**裏に隠れている時間**が**表に出ている時制**に影響を与える興味深い例を紹介しよう。皆さんは次の2文の意味の違いがおわかりだろうか。

(6) a.　I remember **telling** John that Mary **loved** Bill.
　　b.　I remember **to tell** John that Mary **loved** Bill.

(6a)の意味は「私はジョンに［メアリーはビルが好きだ］といったことを覚えている」である。一方(6b)の意味は「私はジョンに［メアリーはビルが好きだった］というのを忘れていない」である。ここで注目すべきは、that 節内の動詞 loved である。(6a)と(6b)において loved の形はまったく同じである。しかし(6b)の loved は時制も過去形であり時間も過去を表しているのに対して、(6a)の loved は時制こそ過去形であるものの時間は現在である。では、(6a)ではいったい何が起きているのか。それは「時制の一致」である(時制の一致については4.7節を参照)。時制の一致とは、通常、主節の動詞の過去時制に従属節の動詞の時制を一致させることをいう。しかし、(6a)の主節の動詞(remember)の時制は現在形なので時制の一致は起きないはずだ。実は(6a)の動詞 loved は、動名詞 telling の表す**時間の過去**と一致して過去時制になっているのである。つまり、過去という時間も「時制の一致」を引き起こす場合があるということだ。時間と時制は異なる概念だが、このような「コラボ」を見せることもあるのだ。

9　時を表す副詞節内の現在形：なぜ will は使えないのか

　when 節には、名詞節と形容詞節と副詞節の 3 つのタイプがある。when 節が未来の出来事を表し、名詞節や形容詞節として用いられている場合には、when 節内に will が現れる（それぞれ(1)と(2)を参照）。しかし、時を表す副詞節として用いられる場合には、when 節内に will が**現れてはいけない**（(3)を参照）。ここから(4)の一般化が得られる。

(1)　I don't know <u>when Mary will come home</u>.
(2)　You will live to see the day <u>when the country will be an economic superpower</u>.
(3)　I will leave <u>when they {arrive / *will arrive}</u>.
(4)　時を表す副詞節（when 節）内では、will を使ってはいけない。

時を表す副詞節内で will が使えない理由は、この項目の後半で説明するとして、以下では(4)を知っていれば、次の(5)と(6)の意味の違いがわかることを指摘しておこう。

(5)　Tell me <u>when Mary **will** come</u>.
(6)　Tell me <u>when Mary **comes**</u>.

まず(5)の when 節内には will が現れているので、この when 節は副詞節ではないことがわかる。さらに、直前に修飾する名詞がないので形容詞節でもない。よって、(5)の when 節は名詞節だと特定できる。名詞節は動詞の目的語になることができるので、(5)の when 節は tell の目的語の役割を担っている。よって(5)の意味は、「メアリーがいつ来るか（を）教えて」であることがわかる。一方、(6)の when 節も未来について言及しているようであるが、when 節内には will が現れていない。このことから、(6)の when 節は副詞節だと特定できる。この副詞節は動詞 tell を修飾しているので、(6)の意味は「メアリーが来たら教えて」であることがわかる。つまり、(4)を知っていれば when 節のタイプ（名詞節か形容詞節か副詞節）がわかり、最終的に when 節の意味がわかるのである。

ではここで、時を表す副詞節内では、なぜwillが使えないのかについて考えてみよう。英文法書によっては、「副詞節(when節)が未来を表していることが明らかな場合に、わざわざwillを用いるのは冗長的だから」という説明がなされることもある。また、(3)のarriveや(6)のcomesが「未来を表す現在形」などと呼ばれることもある。しかし、どちらも本質を捉えていない。というのも、「時を表す副詞節」は、そもそも現実の「時(＝時間)」など表してはいないからだ。より具体的にいうと、未来を表していないことはもちろんのこと、現在も過去も表してはいないのである。つまり**「時を表す」副詞節というのは、過去―現在―未来という現実の時間軸上にはない**のだ。いいかえると、副詞節の内容は現実の時間からは独立しているのだ。だから、(未来)時間を表すwillと一緒に使えないのである。もちろん「時を表す」副詞節にwill(**時間**)が使われないといっても、**時制**は現れなければならない(時間と時制が異なることに注意(4.1節を参照))。このような場合には、守備範囲の広い(つまりデフォルトの時制である)**現在時制(＝現在形)**が選ばれる(現在形の守備範囲については4.3節の図(2)を参照)。現在形は(7)-(9)のような、when節以外の「時を表す」副詞節にも現れる。

(7) He won't write to her *until* he {**has** received / ***will** have received} a letter from her.

(8) He will have received a letter from her *before* he {**writes** / ***will** write} to her.

(9) The shopkeeper will leave *after* he {**has** locked up / ***will** have locked up}.

ところで、上で見た「現実の時間軸上にない」副詞節とは、いい方を変えれば、「(現実から離れた)仮定の世界を表す」副詞節ともいえる。そうであるなら、仮定(や条件)を表す副詞節内にもwillは現れないはずである。実際(10)のような仮定(や条件)を表すif節内では、willは使えない(5.7節も参照)。

(10) That dog will come, if you {call / *will call} his name.

以上の理由で、時や条件を表す副詞節内にはwillが現れないのである。

10 Before 節の時間：爆弾は爆発したのか

　(1)は、(2)のようないいかえが可能なことからもわかるように、「ジョンの出発時間の方がメアリーの到着時間よりも早いこと」を表している。

(1)　John left before Mary arrived.
(2)　John left and then Mary arrived.

次の(3)も、(4)のいいかえが可能なことからわかるように、「ジョンがヘルメットをとった時間の方が爆弾が爆発した時間よりも早いこと」を表している。

(3)　John took off his helmet before the bomb exploded.
(4)　John took off his helmet and then the bomb exploded.

では、(3)の took off his helmet を(5)のように removed the fuse に換えるとどうなるのだろうか。

(5)　John removed the fuse before the bomb exploded.

(5)には、「ヒューズ(信管)を取り除いた時間の方が爆弾が爆発した時間よりも早い」という解釈は**ない**。というのも、爆弾からヒューズを取り除けば、そもそも爆発など起こりえないからだ。このことは(5)が(6)のようにはいいかえられないことからもわかる((5)はむしろ(7)のようにいいかえられる)。

(6)　*John removed the fuse and then the bomb exploded.
(7)　If John had not removed the fuse, the bomb would have exploded.

つまり、(1)や(3)の before 節内の出来事は**実際に後で起こる**のに対して、(5)の before 節内の出来事は**実際には起こらない**という重大な違いがある。便宜上、(1)や(3)の before 節を「事実の before 節」、(5)の before 節を「反事実の before 節」と呼ぶことにする。この2種類の before 節の違いは、いったいどこ

からくるのであろうか。決め手となる基準は(8)である。

(8) 主節の出来事が、before 節内の出来事の実現を妨げるか否か。

(8)で、**妨げる**場合には「反事実の before 節」の解釈になり、**妨げない**場合には「事実の before 節」の解釈になる。

　ここで、(5)の例をもう一度見てみよう。爆弾はヒューズを取り除けば爆発しない。このことを知っていれば、(5)において主節の「ジョンがヒューズを取り除いた」という出来事が、before 節の「爆弾が爆発する」という出来事の実現を**妨げる**と容易に考えられる。よって、(5)の before 節は「反事実の before 節」の解釈となり、爆弾は爆発しなかったことになる。次に(3)の例を見てみよう。(3)において、主節の「ジョンがヘルメットをとった」という出来事が、before 節の「爆弾が爆発する」という出来事の実現を**妨げるとは普通は考えられない**。よって、(3)の before 節は「事実の before 節」の解釈になる。つまり、爆弾は爆発したことになる。(1)の例も(3)と同様で、主節の「ジョンが出発した」という出来事が、before 節内の「メアリーが到着する」という出来事の実現を**妨げるとは普通は考えられない**ので、「事実の before 節」の解釈になる。なお、「事実の before 節」内の出来事は**必ず実現する**ため、(1)に but she didn't arrive を付け加えると(9)のように不適格な文になる。

(9) *John left before Mary arrived, but she didn't arrive.

以上を踏まえて、次の(10)の解釈を考えてみよう。

(10) John escaped before he served his term.

実は(10)は曖昧文で、「事実の before 節」の解釈も「反事実の before 節」の解釈も可能である。(10)の主節の「ジョンが脱走した」という出来事が、before 節の「刑期を務め上げる」という出来事の実現を**妨げたと考えない**場合には、(10)の before 節は「事実の before 節」の解釈（ジョンは(何度か)脱走したことはあったが刑期を務め上げた）になる。一方、(10)の主節の出来事が before 節内の出来事の実現を**妨げたと考えた**場合には、(10)の before 節は「反事実の before 節」の解釈（ジョンは脱走したので刑期は務め上げなかった）になる。

第 4 章「時制」主要参考文献

◆細江逸記『動詞時制の研究』泰文堂 1932 年

　古い。確かに古い本である。図書館で見つけた本書の表紙は色あせ、ところどころ印刷が薄くなっていた。しかし本書の内容は今も全く色あせることはない。著者は、現代英語のみならず古英語や中英語までをも射程に入れ、時間と時制が全く異なる概念であることを説いている。多くの精選された珠玉のデータを見るだけで、著者の主張が自ずと浮かび上がってくる。なるほど、確かに時間と時制は違う。

◆安藤貞雄『英語教師の文法研究』大修館書店 1983 年

　書名が示すように、本書は中学、高校、高専、大学などの現場で教鞭をとる英語教師のために書かれたものである。なるほど、整理されて提示された文法事項は、そのまますぐにでも現場の授業で役に立つであろう。しかし本書の価値はそれにとどまらない。学生は本書によって授業では習わなかった英文法の本質に触れることができ、大学院生および研究者はさらなる研究テーマを見つけるためのアイディアブックとして活用できるだろう。

◆Rodney Huddleston and Geoffrey K. Pullum *The Cambridge Grammar of the English Language*. Cambridge University Press, 2002.

　本書は 1842 ページある大型の英文法書であり、その中の動詞の項目に時制に関する記述がある。情報量の多い本にもかかわらず、例文の取り扱いはきめ細やかであり、特定の理論に依存しないわかりやすい説明がなされている。まずは一読して、そして折に触れて参照する、リファレンスブックとして利用されるとよいであろう。

◆Bernard Comrie *Tense*. Cambridge University Press, 1985.

　どの言語にも時制はあるのだろうか。英語を学び始めたときに誰もが一度は抱く素朴な疑問である。この疑問に対して、言語類型論を専門とし世界中のさまざまな言語を調査している著者が、私たちにヒントを与えてくれる。本書では、過去も現在も未来も動詞の形が変わらない言語が紹介されている。このような言語で相手に時間を正しく伝えるにはどのようにしたらよいのだろうか。素朴な疑問は尽きない。

◆Norbert Hornstein *As Time Goes By*. MIT Press, 1990.

　英語の時制の勉強をしていると必ずぶち当たる壁がある。それが「時制の一致」である。日本語にはない「怪奇」現象の正体は、一体何なのだろうか。著者は、古典的な時制の理論であるライヘンバックの理論をさらに発展させ、「時制の一致」に対して新たなアプローチで迫っている。実は、本書を読んでも「なぜ日本語に時制の一致が

ないのか」に対する答えは見つからない。しかし、本書を十分に理解すれば、その答えのヒントはつかめるはずである。初学者はそれだけで十分である。研究者はそのヒントをもとに論文が書けるであろう。

◆三原健一『時制解釈と統語現象』くろしお出版 1992 年
　主節と従属節を含む文では、それぞれの節に時制を表す表現が含まれている。それゆえ、主節と従属節で記述されている事態がどのような順序で起こっているのかが常に問題となる。母語話者は、その「複雑な」作業が瞬時にできるが、非母語話者にはそれは難しい。もし隠れた原理があるのなら、それを知って母語話者のように瞬時に正しい解釈をしたいものである。実は、本書でその「隠れた原理」のベールが解き明かされている。「視点の原理」と呼ばれるその原理は、複雑に絡みあっているように見える主節と従属節の時制現象を、ものの見事に解きほぐしてくれる。そればかりではない。その原理は、英語と日本語に見られる時制現象に関する相違点に対してもすっきりとした説明を与え、時制現象が他のさまざまな統語現象や統語構造と深くかかわっているという示唆をも与えてくれる。

◆中右実『認知意味論の原理』「第 3 部　時間の文法」大修館書店 1994 年
　英語に未来時制はあるのだろうか。学生にそう尋ねれば「当然あります。will がそうです」と答えるに違いない。しかし、それは「当然」なことなのだろうか。著者は、未来時制があるという一般的に仮定されている学説を根本から調べ直している。その丁寧で綿密な作業はあたかもドキュメンタリー番組を見ているようである。著者の冷静かつ客観的な議論が、読む者を本当の時制の世界に誘ってくれる。

◆Renaat Declerck *The Grammar of the English Tense System.* Mouton de Gruyter, 2006.
　全部で 846 ページあり、しかもすべて時制関係である。しかし、本文の説明はとても親切で丁寧である。専門用語にはすべてわかりやすい説明が与えられており、まったくの初学者であっても一歩一歩確実に前に進むことができるようになっている。説明の中で特に重要なところは、背景が水色になっているなど印刷の点でも工夫が見られ読みやすい。特定の理論を仮定していないこともあり、現象の説明に入る前のわずらわしさが感じられない。ページ数は多いが章立てが細かくなされているので、知りたい項目に容易にアクセスできる。時制で困った時にすぐ手に取りたい一冊である。

◆澤田治美『視点と主観性：日英語助動詞の分析』「第 6 章　日英語主観的助動詞とテンス」ひつじ書房 1993 年
　英語の時制を理解する 1 つの手段として、普段からなじみのある日本語の時制を参

考にするのは得策であろう。本書では、日本語と英語の助動詞が、時制の影響を受ける場合の対照研究を行っている。研究書ではあるが、内容は専門的な知識がなくても理解できるよう工夫されている。また、読み終わると時制についてだけでなく助動詞についても相当の知識をもつことができるようにもなっている。外見上まったく共通点がなさそうな英語と日本語の時制表現だが、その背後には同じルールが隠れていることが解き明かされる。

◆Naoaki Wada *Interpreting English Tenses*. Kaitakusha, 2001.

　本書は、著者が筑波大学に提出し、博士(言語学)の学位を与えられた論文がもとになっている。これまでの重要な先行研究を検討した結果、どの分析にも重大な不備があることを指摘し、これまでにない時制の理論を提案している。本書は、狭義の時制理論だけではなく、意味論や語用論などの関連領域をも射程に収めている。すなわち、これまでの理論を超えた視野の広い一般的な枠組みを提唱している。博士論文がもとになっているため、確かに内容が高度であり、初学者が簡単に読めるものではない。しかし、提示されたさまざまなデータは、現場の先生方にとっても興味深いものであろう。また、本書は、時制の研究者にとって、重要な先行研究であると同時に超えなければならない高く険しい山となるだろう。

第Ⅱ部 文の補助要素：文の筋肉

第5章 相と法、そして副詞

1 進行形（Ⅰ）：時間の幅を見つけろ！
2 進行形（Ⅱ）：でも幅だけの話じゃない
3 現在完了：あくまで時制は現在
4 過去完了と未来完了：過去にスライド、未来にスライド
5 仮定法過去（Ⅰ）：パラレルワールドへ
6 仮定法過去（Ⅱ）：でもSFだけじゃない
7 仮定法現在：「～すべし」の世界
8 副詞（Ⅰ）：文の内と外、さらにもっと外
9 副詞（Ⅱ）：時制と仲良し
10 副詞（Ⅲ）：すぐ隣にいなくても大丈夫

1　進行形（Ⅰ）：時間の幅を見つけろ！

　現在進行形は be に動詞の ing 形を付けてつくり、「〜しているところです」という意味になると教わる。(1a, b) ともこの公式通りに「彼は歩いている」「彼は壁を叩いている」と訳せて、確かに行為が進行している。

(1) a.　He is walking.
　　b.　He is hitting the wall.

しかし (1a) と (1b) では 1 つ違いがあるのにお気づきだろうか。「彼は歩いている」では、1 回の「歩く」行為の途中を表している。ところが「壁を叩いている」は、1 回の「叩く」行為の途中でない。「叩く」は何回も起こっている。
　どうしてこんなことになるかといえば、walk と hit では動詞がもともと表す行為の性質が違うからである。「行為・動作が進行中」であるということは、時間的な幅をもって行為・動作が行われている、ということである。「歩く」行為はもともと時間的な幅をもっているから、その真ん中あたりを取り出してみても幅があることになる。始めと終わりを気にせずにこの幅だけを眺めれば、まさに進行中の行為を見ているわけである。

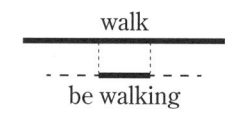

$$\underset{\text{be walking}}{\overline{\underset{\text{walk}}{}}}$$

ところが「叩く」とは点的でこのような幅がない。しかし点といえども、いくつも集まればちゃんと時間的な幅ができる。

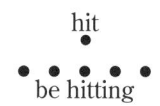

$$\underset{\text{be hitting}}{\bullet\bullet\overset{\text{hit}}{\bullet}\bullet\bullet}$$

ようするに、「動作・行為が進行中」であるためには何らかの幅がなければなら

ないが、もとの動詞の性質によってその幅のとり方が違ってくる。
　これは、「～しているところです」という日本語訳がうまくいかない進行形でも同じことである。(2)はどういう意味だろうか。

　　(2)　He is dying.

「彼は死んでいるところです」では何か変だ。「今にも死にそうだ、死にかかっている」が正解。
　(2)は(1a, b)と違うように思えるかもしれないが、時間の幅ということで考えると実は同じである。「死ぬ」というのはやはり点的だが、これを終着点と見なせばその終着点に至るまでの時間的な幅をわずかながら見出すことができる。be dying は、この幅を表しているわけである。

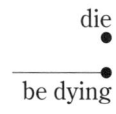

```
                  die
                   •
         ─────────•
            be dying
```

(3)も同様である。やはり leave は点的であるから時間の幅をもっていないが、be leaving はそこへ至るまでの幅を表している。だからこそ「明日出発する予定である」という近い未来を表すことになるのだ（ただしあくまで近い未来のみ）。(4.5節も参照。)

　　(3)　He is leaving tomorrow.

状態動詞は一般に進行形と相性が悪いのだが、(4)では「だんだんと母親に似てきている」という意味で be resembling が OK になっている。

　　(4)　She is resembling her mother more and more these days.

これは、時間の幅を思いっきり長くとってその幅の内部でだんだんと変化している、と捉えているのだ。

2 進行形（Ⅱ）：でも幅だけの話じゃない

　5.1節では、動詞の性質によって時間的幅のとり方が違ってくる例を見たが、同じ動詞でも時間的幅のとり方は1つと限らない。既に見たように、walk は動詞自体が時間的幅をもっているから、(1a)のようにそのまま進行形がつくれる。ところが(1b)では時間的幅が「今週」とずっと長くなっている。まさか1週間ずっと歩き続けているわけはないから、「今週は歩いて通っている」と歩く行為が繰り返されている**習慣**の解釈になる。

　(1)　a.　He is walking to school now.
　　　b.　He is walking to school this week.

このように長い時間幅をとると、「進行」でなくなり動作・行為の「反復」を表すことになる。そして「反復」からさらに独特なニュアンスがでてくる。
　(2)は「(会うたびに)いつも僕のあら探しを繰り返す」→「いつも僕のあら探しばかりしている」と反復を強調する意味になり、「困ったもんだ」という含みがでてくる。

　(2)　He is always finding fault with me.

つまり、進行形とは進行を表すために時間的幅をとる必要があるのだが、幅をとった結果として進行とは違う意味合いがでてくることもあるのだ。
　とはいえ、「進行」は進行形にとってやはり重要な意味である。(3)に見られるように、be＋形容詞は一般に進行形にできない。動作・行為の「進行」を表すとは、いわば動作・行為を状態のように捉え直すことになるのだが、(3a)はそもそも状態を表している。状態をさらに状態化させることはできないのだ。

　(3)　a.　Nancy is tall.
　　　b.　*Nancy is being tall.

ところが一部の形容詞では進行形ができてしまう。

(4) a.　Nancy is kind.
　　b.　Nancy is being kind.

どうしてなのかを理解するために、「進行」が「一時性」を含意することに気付いてもらいたい。「今〜している」というのは、「今だけ〜している」ということでもある。いつもしていることならば、わざわざ進行形を使って「今〜している」という必要はないはずだ。そしてこの「一時性」を強調した結果、(4b)は「ナンシーは今のところ一時的に親切にしている」という意味になる。(3b)で背の高さは一時的に変えたりできないが、親切な行為を一時的にすることは可能だから、こういう違いが生じるのだ。なお(4a)はナンシーが普段から親切な人だという意味になるから、よく考えれば(4a)と(4b)では kind の意味が微妙に違っていることになる。
　さて(5)はどうだろうか。「彼女に秘密を打ち明けるのならば、自分から災いを招くようなものだ」と訳される。

(5)　If you confide in her, you are asking for trouble.

「〜しているようなものだ」という解釈は、これまで見てきた進行形のどの用法とも違い、反復でも一時性でも説明がつかなさそうである。
　実はここで -ing 形に注意してほしい。進行形とは確かに -ing 形を使うが、-ing 形はもう1つ別のところで使われる…そう、動名詞である。そこで asking for trouble を動名詞的に訳すと「災いを招くこと」となる。主語を「あなたのしていること」と補って考えると、「あなたのしていることは、災いを招くこととイコールである」→「あなたは災いを招くことをしていることになる」となって「自分から災いを招くようなものだ」へとつながるのだ。このように(5)の「行為解説」の用法は、-ing 形が動名詞的性質ももっているものとして考えると理解できる。もはや純粋な進行形ではないのだ(1.8節も参照)。

3　現在完了：あくまで時制は現在

　現在完了とは過去に起こった出来事や状態が、何らかの意味で現在につながりをもつことを表し、継続・完了・経験・結果の4用法がある、と教わる。

(1)　a.　She has been sick since last Friday.（継続）
　　　b.　I've just finished my homework. 　（完了）
　　　c.　I've been to the United States once.（経験）
　　　d.　He has gone to the United States. 　（結果）

しかし過去時制とどう違うの？　起こったのはやっぱり過去のことじゃないの？　と思えるだろう。
　ところで現在完了とはどうやってつくるんでしたか。もちろん「have＋過去分詞」である。そしてこの形の時制に注意してもらいたい。(2a)でwasは過去形であるが、(2b)では…そう、hasというのは現在形である。

(2)　a.　She [was] sick last Friday.
　　　b.　She [has been] sick since last Friday.（＝(1a)）

つまり、現在完了とはあくまで現在時制の一種なのである。そしてここにこそカギがある。haveの現在形に過去分詞（＝過去の出来事）を埋め込んだ形になっているからこそ、起こったのは過去のことであっても現在につながりをもつ、という意味が出てくるのだ。
　(1a)の「継続」では、このことがすぐわかるだろう。病気である状態が、先週の金曜からずっと続いていて現在も病気であるのだから、しっかりと現在につながっている。(2a)の過去形だったら、現在は治ってぴんぴんしていることだろう。
　次に(1b)の「完了」だが、つい今しがた終えたばかりのことだから、その影響が現在に及んでいる、というのもまあわかる。
　(1c)の「経験」はどうだろうか。10年前にアメリカに行ったのならば、その出来事自体は遠い過去のことである。「継続」や「完了」と違って現在時に全然

引っかからないじゃないの？　と思うだろう。しかし「そういう経験をしたことがある」と捉えるならば、「経験が**ある**」のはやはり現在のことである（「経験が**あった**」では違う意味になることに注意）。

　(1d)の「結果」でも、アメリカに一週間前に旅立ったのならそれは過去の出来事じゃないか、と思えるだろう。しかし過去形で He went to the United States last Friday. とやったなら、単に先週の金曜日にアメリカに行ったというだけで、今は日本に戻っていても構わない。ところが(1d)は「アメリカに行ってしまって、今はここにいない」という意味になるのだ。つまりアメリカに行った結果の状態（＝ここにいない）が現在まで続いていることになる（こうなると「継続」に似てくることにお気づきだろうか）。

　ようするに、出来事が起こった時点は過去のことであっても、あくまで現在時制として捉えている、ということが肝心なのだ。だからこそ、はっきりと過去のある時点を表す副詞（yesterday, last Friday 等）を現在完了と一緒に用いることができないのである。

(3) a.　John *went* to the United States *last Friday.*
　　b.　*John *has gone* to the United States *last Friday.*

また「現在へのつながり」といっても、あまりこのことばだけを見ていて理屈をこねまわさない方がいい。次の例を考えてみよう。

(4) a.　*Bell has invented the telephone.
　　b.　Bell invented the telephone.

ベルとは電話の発明者のことである。彼の発明のおかげで現代の我々は電話の恩恵にあずかっているのだから、現在まで影響が及んでいることになる。だったら現在完了が正しいはずじゃないか、と言いたくなる。ところが(4b)のように過去形を用いなければならない。なぜか。

　実はこの例では、主語のベルがとっくに亡くなっている。死んだ人のことを述べるのには過去形を使うしかない、とこういうわけなのだ。つまり、現在完了とはどこまでいってもあくまで現在時制の完了形なのである。

4 　過去完了と未来完了：過去にスライド、未来にスライド

　5.3節で見たように、現在完了とは既に起こったことを現在へつながっているものとして捉えており、あくまで現在時制である。「現在」とは伸縮自在で結構長い期間を表すこともできるから、過去に起こったことでも捉え方次第で現在時制の範囲に収まるのはそうおかしなことでない（4.2節 - 4.3節を参照）。
　さてこのような捉え方を、そのままそっくり過去の時点にスライドしてみることができる。

(1) a.　She [has been] sick since last Friday.
　　b.　She [had been] sick in bed for a week by then.

(1a)は現在完了で、病気である状態が現在までずっと続いているという「継続」を表すが、(1b)では病気である状態が、過去のある時点までずっと続いておりやはり「継続」である。このように現在時制の捉え方をそっくり過去の時点にスライドしたものが過去完了であり、「had＋過去分詞」の形になる。そして現在完了と平行して、「継続」以外にも「完了」「経験」「結果」がちゃんとあるのだ。

(2)　She had just gone out when I reached her home.　（完了）
(3)　I had never been to the United States back then.　（経験）
(4)　He had already left for the United States by the time I arrived at the airport.　（結果）

過去完了は文句なしに過去時制だから、今度は堂々と過去のある時点を表す副詞を付けられる。この点、現在完了の時より気が楽である。

(5) a.　*John has left for the United States *last Friday*.
　　b.　John had left for the United States *last Friday*.

しかし、現在完了の捉え方を過去の時点にスライドできるのならば、反対方向にスライドすることもできるのでは…と思った人は勘がいい。そう、未来の時

点にスライドしたら今度は未来完了になるのである。(6)では病気の状態が「今度の金曜」という未来の時点まで「継続」している。

 (6) She [will have been] sick in bed for a week this Friday.

このように「will + have + 過去分詞」で未来完了をつくることができるが、やはり「継続」以外に「完了」「経験」「結果」を表すことができる。

 (7) She will have just gone out when I reach her home. （完了）
 (8) If I go to Texas next month, I will have been to the United States five times. （経験）
 (9) If you don't hurry, he will have left for the United States before you arrive at the airport. （結果）

ようするに、過去完了と未来完了は現在完了の基準となる時点を過去と未来へスライドしたものと思っておけばだいたいはいい。
 なぜだいたいかというと、実は過去完了の中にはこのようにスライドしたものではないものもあるからである。次の例の had borrowed は4つの用法のどれにもあてはまらない。

 (10) I lost the book which I [had borrowed] from Tom.

単に「本を借りた」時点が「本を無くした」時点よりもさらに過去であるという順序関係を表すためにこの形になっている。過去よりさらに過去へと繰り上げるためには、英語にはこの形しかないのだ。
 つまり、上で見た過去完了では [have been] を過去にスライドして [had been] になったのに対して、(10)では [borrowed] からさらに1つ繰り上げた結果 [had borrowed] になったのである。

第5章　相と法、そして副詞

5　仮定法過去（Ⅰ）：パラレルワールドへ

　パラレルワールドということばがある。SFではこの現実世界とは別にまったくそっくりにできたもう1つの世界があるという考え方をすることがあるが、その別世界のことである。誰でも子供の頃、パラレルワールドに行けたらいいな〜と何度も思ったことだろう。

　ところでパラレルワールドに行きたくなるのは子供の時だけに限らない。明日晴れたらピクニックに行こう、と取り決めたら(1)のようにいう。

(1)　If it *is* fine, we *will go* on a picnic.

ところが当日になったらどしゃ降り状態。こういう時は大人であっても「あ〜あ、晴れてたらピクニックに行くんだけどな」とぼやきたくなる。これはまさにパラレルワールドのことを語っていることになる。すべて現実世界と同じにできていて目の前の天気だけが違っている、という（ちょっと都合のよい）パラレルワールドである。そして英語でこのパラレルワールドのことを語る場合に(2)のようにいう。

(2)　If it *were* fine, we *would go* on a picnic.

(2)ではイタリック体の動詞の形が(1)と違っているが、どうしてそうなのかはもうわかるだろう。そう、もしも(1)とまったく同じいい方をしていたら現実世界のことと区別がつかなくなってしまう。これはパラレルワールドの話ですよ、とわかるような目印が必要だ。その目印とするために、たとえ現在のことに関することでも、英語では動詞の形を過去形に繰り上げているのである。つまり仮定法過去とは「パラレルワールドの現在」のことなのだ。

　このようにパラレルワールドを合図するはっきりとした目印があれば、同時に現実世界はそうなっていないといっているに等しいことにもなる。だから(2)のパラレルワールド版を聞けば、(3)の現実世界版も直ちに理解できることになる。

(3) It *is* raining, so we *can't go* on a picnic.

ようするに、(2)と(3)が互いに書き換えられるというのは、同じ事柄をこの現実世界から見ているか、それともパラレルワールドへ行ってそこの話をしているかの違いなのだ。

さてパラレルワールドは、現在の状況に対してしか想像できないものではない。過去のことを思いだして「あの日晴れていたら、ピクニックに行けたんだけどな」とぼやくこともできる。このパラレルワールドを表現するとなると、(2)をそのまま使うわけにはいかない。動詞と助動詞が過去形になっているように見えるが、これはパラレルワールドの目印であり、これだけでは「過去」を表せないからだ。「パラレルワールドの過去」を表すには、さらにもう1回時制を繰り上げなければならず、その結果(4a)のようになる。これが仮定法過去完了である。ちなみに現実世界版は「現実世界の過去」だから、(4b)のように(3)から1回だけ繰り上げた形にすればよい。

(4) a. If it *had been* fine, we *would have gone* on a picnic.
    b. It *was* raining, so we *couldn't go* on a picnic.

ところで(2)や(4a)では if 節が「ここからパラレルワールドに入りますよ」とパラレルワールドへの入り口を示している。しかし主節にちゃんと目印があればそれだけでパラレルワールドのことだとわかるから、if 節がないこともよくある。また if 節がなくても、前後をよく見れば入り口はなんとなくわかるものである。例えば、(5)では「彼女をアメリカ人と間違えるだろう」という状況がパラレルワールドのこととわかるから、そこへつながりそうな入り口を探すと、不定詞節がそれっぽい。実際に「彼女が話すのを聞けば」と条件のように訳すとうまくいく。同じように、(6)では主語に入り口が隠れており、やはりここを条件のように訳すと「真の紳士だったら」となり、「そんなことはいわなかったであろう」とうまくかみあう。

(5) To hear her talk, you *would* mistake her for an American.
(6) A true gentleman *would* not have said such a thing.

6　仮定法過去(Ⅱ)：でも SF だけじゃない

　パラレルワールドの話は、自分に都合のいいような世界のことについてしやすい。「この現実世界では飛べないけれど、パラレルワールドでは飛べるんだ」のように。

(1)　I wish I could fly like a bird.

ところで、こういう例文ばかり見ていると、いかにも仮定法とは「非現実」、つまり現実から遠くかけ離れた「絶対にあり得ない状況」のことなのだと思えてしまうかもしれない。しかし、パラレルワールドはもっと現実に近いところにもあるのだ。

　慣用表現とされる would like to (〜したいものだ) を思い出してもらいたい。実は仮定法過去の形式をしているが、どうしてなのだろうか。そういえば、「この本を借りたい」というのに(2a)よりもより丁寧な(2b)の方を使いなさいと教わったけれども、「丁寧さ」が「絶対にあり得ない状況」を表す仮定法とどうつながっているのかな？　と不思議に思う人もいることだろう。

(2)　a.　I *want* to borrow this book.
　　　b.　I *would like* to borrow this book.

どうして仮定法過去を使うと丁寧になるのかといえば、次のような発想でパラレルワールドのことを語っているからである。「私はこの本を借りたい。でもこれは私にとって都合のよいパラレルワールドでのことです(→こちらの現実世界ではダメでも構いません)」。これなら、相手に対して断る余地を残している。

　これは would like to に限らない。一般に依頼をする場合に助動詞を仮定法過去にするとより丁寧になる。

(3)　a.　*Can* you pass me the salt?
　　　b.　*Could* you pass me the salt?

(3a)は「私に塩を渡せますか。(→渡せるなら渡してください)」と依頼をしているのだが、(3b)はさらに「でもこれは私にとって都合のよいパラレルワールドのことです(→こちらの現実世界ではあなたが渡すことができなくても構いません)」という発想が加わっているのだ。

　申し出の場合でも似たようなことになる。

(4)　Would you like a coffee?

「あなたはコーヒーを飲みたいですか?(→飲みたいなら差し上げます)でもこの申し出は私の思っているパラレルワールドでのことです(→こちらの世界では実はあなたは飲みたくないかもしれません)」という発想である。これなら、相手は飲みたくなければ「いえ、結構です」と答えやすくなる。

　ようするに依頼したり相手の意向を聞く際に、それが「自分の思い通りになるパラレルワールド」もしくは「自分の考えた通りに事が運ぶパラレルワールド」でのことだと断っておけば、相手にとっては現実世界では違いますよと返事する(＝NO という)ゆとりが生じることになり、強制や押し付けにならなくなる。つまり、現実世界とは異なるパラレルワールドが「絶対にあり得ない状況」というよりは「そうでなくても構わない状況」になっている。

　また仮定法過去を使うと、次のように「もう～すべき時間です」という意味になることもある。

(5)　It is time you went to bed.
(6)　It is high time we were leaving.

(5)は「(パラレルワールドでは)よい子はもう寝ているわよ」、(6)は「まだ行きたくないけど、(パラレルワールドでは)おいとましてますよね」となる。つまりここではパラレルワールドが「(話し手にとって)こうあるべき状況」を表している。現実世界とのズレを強調しながら、現実世界でもそうなるべきだといっているのだ。その結果、現実世界がパラレルワールドに一致していくことになる。

7　仮定法現在：「～すべし」の世界

次の例文の動詞の形に注意してもらいたい。

(1) a.　I propose that George *run* for mayor.
　　b.　They suggest that Mary *be paid* a modest salary.

一見、三人称単数現在形に見えるが、(1a)では runs でなく run となっているし、(1b)では is paid でなく be paid となっている。もちろんこれはミスプリではない。

　イギリス英語では次のように should が出てくるので、かつては(1b)は(2)から should が省略されたものだといわれていた。

(2)　They suggest that Mary should be paid a modest salary.

しかし、アメリカ英語では省略もなにも should が出てこないのである。そこで should が省略されたのでなく、最初から動詞の原形が現れている現象だと認められるようになった。このように that 節の中で動詞が原形になることを仮定法現在という。

　どうして動詞が原形になるのだろうか。(1a)は「私はジョージが市長に立候補すべきだと提案する」、(1b)は「彼らはメアリーがちゃんとした給与を支払われるべきだと提案している」という意味で、ようするに「～すべし」という意味が共通している。実際に仮定法現在が生じるのは、主節の動詞または形容詞が提案・勧告・要求・必要などを表す場合(propose, suggest, request, insist, be necessary)であり、いずれも「～すべし」もしくはそれに似たような意味を表しているのだ。

　that 節が「～すべし」状況を表しているとなると、三人称単数現在の -s が付かないのは何となくわかるだろう。(1a, b)で runs や is paid としてしまったら、その状況が現実に起こっているということになってしまう。しかしまだ起こっていないことだからこそ「～すべし」なのである。そして、動詞の原形とは行為の内容だけを表して、現実世界でいつその行為が起こったかを問題にしていないからこそ、「～すべし」の意味と動詞の原形がうまくかみ合うのだ。

こういうわけなので、仮定法現在は同じく仮定法と呼ばれてはいるが、一見したところ仮定法過去／過去完了とはかなり違う。5.5節と5.6節で見たように、仮定法過去／過去完了は現実世界と異なるパラレルワールドのことである。つまり現実に起こったこと・起こっていることを下敷きにして、それと矛盾するような状況をつくりあげている。ところが仮定法現在では、ただこれからこういう状況が現実世界で「起こるべし」といっているだけだ。

　しかしまるで関係はないのだろうか。ここで3つの仮定法の関係を整理するために直説法にもおでまし願おう。直説法とは現実世界のことを直接語るいい方、ようするに仮定法でない普通のいい方のことである。現実世界で既に起こっていることを表すために使うのは直説法過去／現在である。

　仮定法過去完了は直説法過去のパラレルワールド版、そして仮定法過去は直説法現在のパラレルワールド版である。仮定法現在は？　現実世界で「起こるべし」ことだから現実世界の未来にあたると考えることができる。

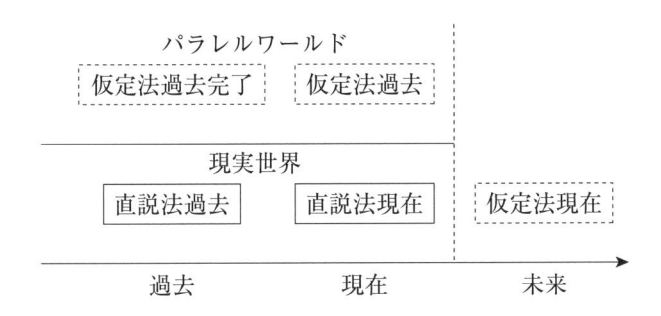

```
              パラレルワールド
        ┌──────────┬──────────┐
        │仮定法過去完了│ 仮定法過去 │
        └──────────┴──────────┘
   現実世界                  ┊
   ┌──────────┬──────────┐  ┌──────────┐
   │ 直説法過去 │ 直説法現在 │  │ 仮定法現在 │
   └──────────┴──────────┘  └──────────┘
  ──────────────────────────────────────→
      過去         現在         未来
```

ここでさらに次のことに気づいてもらいたい。現実世界の未来で起こるべきことも、すでに現実世界で起こったことのパラレルワールドも、問題となっている状況が現実に起こっておらず話し手が心の中で考えているだけ、という点では一緒なのだ。

　このように考えれば、3つの仮定法は現実世界で起こっていないことを過去から未来へ順に並べたものだということになる。仮定法現在はパラレルワールドのことではないが、やはり仮定法過去／過去完了とつながっているのだ。

8　副詞（Ⅰ）：文の内と外、さらにもっと外

　副詞というと形容詞に -ly を付けたもの、とだけ思っている人が多いかもしれない。そして(1)の例では、日本語訳を careful「注意深い」から carefully「注意深く」に変えればそれでもうおしまい、と思えるだろう。

　(1)　　John opened the box *carefully*.

ここで carefully は動詞句［open the box］にかかっているのだが、このように動詞句にかかっている副詞は、確かにわかりやすい。
　しかし副詞には動詞句にかからないものもある。probably という副詞を考えてみよう。この副詞は文の最初か主語の後に現れる。

　(2)　a.　*Probably*, John lost the game.
　　　　b.　John *probably* lost the game.

carefully と比べてみるとその特徴がはっきりする。carefully は否定の対象になれる。(3a)で否定されているのは「注意深く」である。また疑問文にも現れることができる。

　(3)　a.　John didn't open the box *carefully*.
　　　　b.　Did John open the box *carefully*?

ところが、probably は否定の対象にならない。(4)は、否定された文に対して「たぶん」といっており、「たぶん」が否定されているのではない。また、(5)に見られるように、疑問文とは相性が悪い。

　(4)　a.　*Probably*, John didn't lose the game.
　　　　b.　John *probably* didn't lose the game.
　(5)　a.　**Probably, did John lose the game?
　　　　b.?*Did John *probably* lose the game?

carefully は動詞句にかかるから文の一部である。ところが probably は文全体を対象として、その状況が「たぶん」事実だろうという判断を表している。いわば(6a)のように、文の外側に probably という膜がかかっているようなものだ。だからこそ、(6b)のようにいいかえることもできる。

(6) a. [*Probably* [John opened the box *carefully*]].
　　 b. [It is probable [that John opened the box carefully]].

ところで frankly という副詞は一見したところ probably と同じように見える。文の最初に現れるし、否定の対象にならないからだ。

(7) a. *Frankly*, John lost the game.
　　 b. *Frankly*, John didn't lose the game.

ところが frankly は後に疑問文がきても構わない。そして probably と一緒に現れることができるのだが、その場合には必ず frankly が先にくる。

(8)　 Frankly, did John lose the game?
(9) a. *Frankly*, John *probably* lost the game.
　　 b. * *Probably*, *frankly*, John lost the game.

ここでも副詞が何を修飾しているかをよく考えてみればよい。(7a)は(10)でいいかえられ、ようするに、話し手が「これから私は率直に言います」と断っている。つまり John lost the game という文の内容にかかっているのではなく、その文を発する際の前置きの一部なのである。

(10)　 *If I speak frankly*, John lost the game.

だから probably はあくまで主文にくっついているが、frankly はその主文とは別の文を成していると考えてよい。そのため frankly は必ず probably より前に現れる。このように、副詞はいろいろなところにかかることができるのだ。

▶▶▶ 第5章 相と法、そして副詞　113

9　副詞（Ⅱ）：時制と仲良し

　副詞が何にかかっているかは、その場所でだいたい見当がつく。例えば(1a, b)ではそれぞれ動詞句と文の隣に現れている。だからこそ、(1a)では動詞句を修飾していて、(1b)では文を修飾していることがわかる。

(1) a.　John [opened the box] *carefully*.
　　b.　*Probably* [John left].
(2)　John *probably* left.

しかし、それならなぜ、probably は(2)のように主語の後にも現れるのだろうか。
　実は厳密にいうと、この位置は「主語の後」ではないのだ。助動詞がある場合は、その助動詞と動詞の間に現れる。

(3) a.　John has *probably* left.
　　b.　John will *probably* have left by now.

だから正確には、「一般動詞のすぐ前、助動詞がある場合は助動詞のすぐ後」に現れていることになる。そしてこれらの位置にはある共通点があるのにお気づきだろうか。実はいずれも「時制を表す要素」のすぐ隣なのだ（(2)では left、(3)では has と will）。（「時制を表す要素」については、4.6 節も参照。）
　ここで時制の働きを思い出してもらいたい。時制とは、動詞の原形が表す行為・出来事がいつ起こる（起こった）かを表す。そして既に起こったことは事実であり、起こっていなければ事実でない。だから時制とは結局、「事実であるかどうか」を表す働きをしていることになる。
　次に probably の働きを思い出してみよう。話し手が、文の表す内容を「たぶん」事実だろうと判断する、ということだった。これはつまり、文の表す内容（ジョンが去った）が 100％そうだと言い切れないが、事実である可能性が割と高いと判断する、ということだ（あまり高くなければ perhaps になる）。
　このように考えると、つながりが見えてくる。ある行為・出来事が「**事実かどうか**」を表す時制と、「**事実である可能性**」がどれくらいあるかを述べてい

る probably とが隣り合っていれば、うまくかみ合うのだ。例えば(3a)は「has（事実です）+ probably（割と高い可能性で）+ left（去ったということが）」、(2)は「probably（割と高い可能性で）+ left（去ったということが事実です）」といっていることになる。このように、時制を表す要素を修飾することによって、結果的に文全体にかかるのと似たようなことになるのである。

　さて、やはり同じ位置に現れる別の副詞のグループがある。sometimes や always は、一般動詞の前(4)か、助動詞と動詞の間(5)に現れる。

　　(4)　　He {*sometimes / always / usually / often*} eats out.
　　(5)　　He will *sometimes* eat out.

これらの副詞は「頻度の副詞」と呼ばれる。「頻度」とは、行為・出来事がしょっちゅう起こるのか、時々しか起こらないのか、というようなことである。例えば(4)でこれらの副詞は「外食する」という行為がどれくらい頻繁に起こっているかを表しているのだ。

　さてここまで読んだら、何となく話が見えてくるだろう。行為・出来事が「**いつ**起こるか」を表す時制と、「どれくらいの頻度で**起こるか**」を述べる sometimes とは非常になじむのだ。例えば(5)は、「will（起こるだろう）+ sometimes（それほど高くない頻度で）+ eat out（外食することが）」ということになる。つまり probably は「事実である可能性」を、sometimes は「出来事が起こる頻度」を表すから、いずれも時制と仲良しなのである。

　ついでにもう1つおまけ。sometimes は頻度がそれほど高くないが、もっと頻度を高くしたものが often, usually, always である。逆に頻度を低くしたら seldom になる。そこからさらにもっと低くしていったら…しまいにはゼロになる。これが never（決して〜ない）である。

　　(6)　a.　He *seldom* eats out.
　　　　 b.　He *never* eats out.

「never は not と同じじゃないの？」と思っていた人は、このことに気づいてほしい。そう、never とは sometimes や always と同じく頻度の副詞なのである。だからこそ動詞の前に現れるし、否定の not(He does *not* eat out)と違って、動詞に三人称単数現在の -s が付くのである。

第5章　相と法、そして副詞

10　副詞(Ⅲ)：すぐ隣にいなくても大丈夫

　副詞が実際に修飾している対象のすぐ隣にこない例は probably や sometimes の他にもある。まず、wisely や foolishly はやはり文全体を修飾しており(1)のように文の最初に現れることができるのだが、(2)のように助動詞と動詞の間に現れることもできる。

(1)　*Wisely / Foolishly*, he has declined the offer.
(2)　He has {*wisely / foolishly*} declined the offer.

ここで大事なのは、誰が wise や foolish と判断しているか、という点だ。それはそう、話し手である。つまり、文が表している出来事が既に起こった(＝事実である)ものとした上で、その事実に対する話し手のコメントを表しているのだ。(3)のように wisely / foolishly が文の残りから浮き上がっているように考えるとよいだろう。

(3)　**wisely / foolishly**　　　←話し手のコメント
　　　［He has declined the offer］　←事実

だから(2)は、「彼はその申し出を断ったけど、それは賢明なことだ／バカなことだ」のように2つの部分に分けて日本語に訳すとよい。
　今度は次の例を見てみよう。

(4)　He has {*rightly / mistakenly*} declined the offer.

(4)を「彼は正しく／間違ってその申し出を断った」とすると、わかったようでわからないような…。実はこれも先ほどと同じように考えればよい。誰が right や mistaken と判断しているかといえば、やはり話し手である。だから rightly / mistakenly をいったんのけておいて、それが話し手の判断であるように訳すと「彼はその申し出を断ったけど、それは正しい／間違いだ」となる。このように、wisely や rightly は文の表す「事実」に対して「話し手の判断」を表すから助動

詞と動詞の間に現れることができる、と覚えておけばよい。

　ただし副詞といってもいろいろある。副詞が実際に修飾している対象のすぐ隣にこないもう1つの例として only が挙げられる。

　　(5)　John only drinks beer.

(5)は強勢をどこに置くかによって解釈が変わってくる。(6a)のように beer に強勢を置くと「ビール」だけを飲む、という意味になる。(6b)では「飲む」だけ、となる。例えば「ジョンはビールを単に飲むだけで、楽しんではいない」というような場面が当てはまるだろう。(6c)はどうだろうか。drinks と beer の両方に強勢が置かれているから(実際には beer の方が強くなる)、「ビールを飲む」だけ、となる。例えばマリファナを吸ったり、ギャンブルをしたり、というところまではいかない、というような場面を思い浮かべればよい。

　　(6)　a.　John only drinks BEER.
　　　　b.　John only DRINKS beer.
　　　　c.　John only DRINKS BEER.

このように only は対象とするもののすぐ左にくるとは限らないが、だからといって「いい加減だな」といってはいけない。(7)のように drinks beer(ビールを飲む)という1つのまとまりをくくってみると、いずれの場合も only はこのまとまりの左側にきているのがわかるだろう。only はこのまとまりの範囲内になら影響を及ぼせるのだ。実際にどこを「〜だけ」の対象とするか(=焦点)は強勢で決まる。

　　(7)　John only [drinks beer].

このように only ではその影響を及ぼせる範囲(=作用域)と焦点の二段構えになっているために、only が実際に修飾する対象からちょっと離れることがあるのだ(even や also でも同じことがいえる)。

第5章　相と法、そして副詞

第 5 章「相と法、そして副詞」主要参考文献

◆江川泰一郎『英文法解説』第三版　金子書房 1991 年
　この章に限らず、日本人が英文法をマスターしたかったらまずはこの本を読むべし、と断言できる。「英文法の大事なところは全部ここで学んだ」と遠い昔を思い出す英語の専門家も多いことだろう。不朽の名作である。日本語で書かれているために海外では知られていないが、そのレベルは海外の学者の文法書にひけをとらない。また日本語で書かれているからこそ、英語で書かれた英文法書にはない持ち味があり、日本人にしかその真の価値がわからない本だともいえる。

◆毛利可信『英語の語用論』大修館書店 1980 年
　Part I で語用論とは何かの説明をし、Part II では語用論の知見を活かしてさまざまな英文法の問題を見事に解き明かしている。進行形による行為解説の詳しい説明がある（10 章）が、それ以外にも発話行為論の考え方を応用して if 条件文、法の助動詞、否定文などを分析しており、「高度な英文法」とはこういうものなのか、と思わせてくれる。非常にいいアイディアがつまっており、この本がやや埋もれた感のあるのが残念なくらいである。

◆安井 稔（編）『［例解］現代英文法事典』大修館書店 1987 年
　まず 1 つの例文を取り上げて、それが英語学的にどういう意味をもつかを解説していくという、ちょっと変わった事典。助動詞・時制・相についてわかりやすい記述があるが、それ以外の項目もそれぞれ簡潔な説明になっており、読みやすい。英文法が好きな人にとっては、パラパラとめくってみたら面白い話があったのでついつい読んでしまうという、「読む事典」的な使い方ができる本。例文中心で英文法のウンチクを蓄えたい人にとってオススメといえる。

◆岩本遠億（編）『事象アスペクト論』開拓社 2008 年
　主に日本語を対象として、編者が長年かけてつくり上げてきた事象投射理論が展開されている。かなり高度なアスペクト理論であり、上級者向け。しかし 1 章には、金田一（1950）から始まる日本語のアスペクト研究の流れと、Vendler（1967）から始まる英語のアスペクト研究の流れとが非常によくまとめられている。日本語学の人にも英語学の人にも、レベルを問わず、この章は非常に参考になる。

◆Zeno Vendler "Verbs and times," *Linguistics in Philosophy*. Cornell University Press, 1967.
　進行形を理解するためにはアスペクトを理解しなければならない。そして英語学の

世界では動詞のアスペクトに関しておびただしい数の論文・研究書が書かれているのだが、それらを辿るとすべてこの論文に行き着く。この論文で発表されたアスペクトによる分類はその後いろいろな修正を経ているのだが、今読んでも「なるほど、すべてはここから始まった」ということを実感できる。学部生でも十分に読める内容なので、興味をもたれた方は是非読むべし。

◆Marc Moens and Mark Steedman "Temporal ontology and temporal reference," *Computational Linguistics* 14, 1988.
　動詞の語彙的アスペクトと文法的アスペクト(完了形、進行形)との複雑な絡み合いを、非常に明快に説明している。著者は理系の人たちなのだが、複雑な数式に頼ることなく現象の本質を解き明かしてくれている論文なので、文系の人でも十分に読める。アスペクトをもっと知りたい人にはオススメの論文である。

◆Carlota S. Smith *The Parameter of Aspect*. Second edition. Kluwer Academic Publishers, 1997.
　アスペクトに関する本は数多くあるが、英語のアスペクトについて詳しく知りたい人にはこの本がイチオシである。言語事実を丁寧に観察しているので、読み進めるうちに「そうなのか！」というような発見を何度もすることができるだろう。また形式意味論も使っているが極端な形式主義に走っておらず、しっかりと中身のある議論が展開されている。本格的にアスペクトを勉強してみたい人にとっては非常に読み応えのある本である。

◆中右 実「文副詞の比較」『日英語比較講座 第 2 巻 文法』大修館書店 1980 年
　近年の言語学では、副詞が統語的にさまざまな階層に分かれているという考えが流行っている。しかし実は、ずっと以前からその根本的なアイディアに通ずることをいっていたのがこの論文の筆者である。特に独自のモダリティ論から副詞の分類に切り込んでいくその手法は非常に革新的で、現在でもさまざまな文副詞の分類を考える上で非常に参考になる。同じ筆者の『認知意味論の原理』(1994 年、大修館書店)と併せて読むと、このことがさらによく理解できる。

◆Thomas Ernst *Towards an Integrated Theory of Adverb Position in English*. Indiana University Linguistics Club, 1984.
　題名にある通り、副詞が文中のどの位置に生じられるか、また同じ副詞でも違う位置に生じたらどのように意味が変わってくるかを徹底的に調べた研究である。非常に広範囲にわたる副詞を扱っており、「副詞にはこんなにいろいろな研究のトピックがあるのか！」と思わせてくれる。あまり理論に偏っていないので、ある程度の生成統語

論の知識があれば読める。

◆Thomas Ernst *The Syntax of Adjuncts*. Cambridge University Press, 2002.
　同じ著者がさらに研究を重ねた結果をまとめたもの。こちらの方が完成度という点では上であるが、その分難しい。十数年経った間に理論がいろいろと進んだために、それを反映して事実観察よりも理論上の議論が結構ある。ミニマリストや形式意味論の知識がまったくないとちょっと歯が立たないかもしれない。しかし統語論と意味論の両方に目配りした本格的な副詞の研究としてはこの本がイチオシである。

第6章 態と否定

1 態：英語の文はジャンケン
2 能動態と受動態：主役と脇役を切り替えよ！
3 受動態にできない動詞：対称性を見抜け！
4 二重目的語構文と受動態：グッドラック！
5 与格構文と受動態：近い方を選べ！
6 群動詞の受動態：前置詞に注意せよ！
7 否定極性表現：相性の悪い場所は避けよう！
8 否定の作用域：文の切れ目を見つけよ！
9 否定疑問文：2種類を使い分けよ！
10 二重否定：日本語とのズレを見分けよ！

第Ⅱ部　文の補助要素：文の筋肉

1　態：英語の文はジャンケン

　英語の態には、**能動態**と**受動態**の2つがある。この2つの違いを、子供たちが遊んでいる状況を想定しながら考察しよう。最近アメリカから日本に来たティアラは、近所のサオリと友達になり、ジャンケンを教わっている。まず、サオリは、図(1)に見るように、ティアラに右手で「パー」の仕草をして見せた。

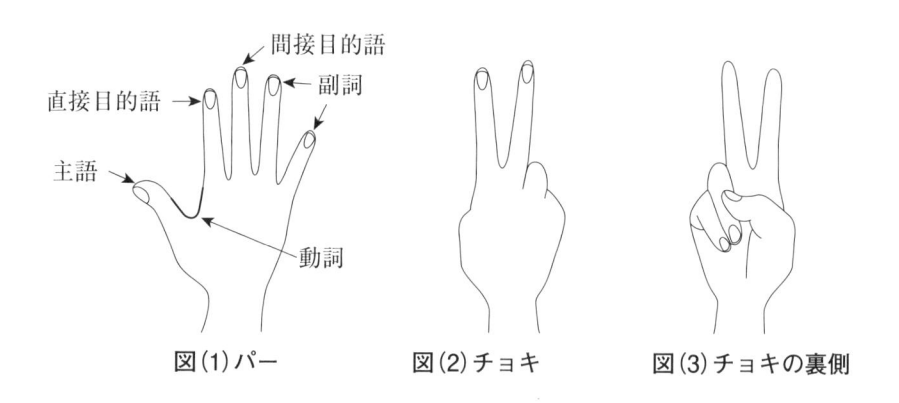

図(1)パー　　図(2)チョキ　　図(3)チョキの裏側

（ラベル：主語、直接目的語、間接目的語、副詞、動詞）

　この図(1)は、英語の能動態にたとえることができる。まず、1番はじにある親指が他の指から離れて目立っている。この目立つ親指が、英語の「主語」(S(ubject))に相当すると考えよう。さらに、図(1)では、親指と人差し指の間がVの文字に見える。これを、英語の能動態の「動詞」(V(erb))と考えよう。すると、英語の能動態では、主語の右に動詞が生じる。例えば、次の英文(1)では、主語 Saori の右に動詞 laughed が生じている。

(1)　Saori laughed.

　次に、図(1)のVの右にある指を見よう。Vのすぐ右には人差し指があり、さらにその右には中指がある。英語では、動詞のすぐ右の人差し指が「直接目的語」に対応し、さらにその右の中指が「間接目的語」に対応すると考えよう。ここで直接目的語とは、「ティアラにジャンケンを教えた」という日本語の「ジャンケンを」という表現に見るような、動詞の表す動作の対象(Theme)となる表現

である。一方、間接目的語とは、「ティアラに」という表現に見るように、動詞の表す動作の着地点（Goal）を表す表現である。ここで中指が人差し指より少し長い点に着目しよう。英語の間接目的語も、次の英文(2)に見るようにtoという前置詞をもつ分だけ直接目的語より長い表現となる。

(2)　　Saori taught janken　*to* Tiara.
　　　　親指　　V　人差し指　　中指

次に受動態を、チョキの図(2)を見ながら考察しよう。この「チョキ」の手の形においては、親指が消えている。この手を裏返しにすると、図(3)となる。親指が、薬指と小指と一緒に隠れて目立たなくなっている。ここで、図(1)に見るように、薬指と小指が英語では副詞表現に相当すると考えよう。すると、チョキの図(2)は、英語の受動態にたとえることができる。つまり、**英語の能動態の文を受動態にすると、目的語が1番はじの「新たな目立つ要素」となり、受動態の主語となる**。一方、能動態の主語は、byを伴い「目立たない」要素となる。例えば、(2)の能動態の文を受動態にすると、次の英文(3)に見るようにby句は目立たなくなり省略可能となる。

(3)　　Janken was taught to Tiara (by Saori).

次に、能動態と受動態の文の意味の違いを考察しよう。主語は、それに後続する表現について叙述する解釈をもつ。例えば、能動態の文(2)はサオリについて語り、受動態の文(3)はジャンケンについて語る叙述文である。

最後に、受動態の文の注意点を見よう。まず、図(3)に見るように受動態では能動態の主語に相当する親指が、他の副詞表現を表す指より前面に置かれる。前置詞byでマークされた能動態の主語も、受動態においては英文(4)に見るように時や場所の副詞表現よりも前に置かれる。

(4)　　Janken was taught to Tiara *by Saori* in the park yesterday.

さらに、受動態の主語は常に省略可能ではない点にも注意が必要である。動詞の表す動作が「作成」の意味を表す場合（例えば、create, bake, build 等）、次の英文(5)に見るように、通例by句は省略されない。

(5)　　The house was built *(by the carpenter).

▶▶▶　第6章　態と否定　　123

2　能動態と受動態：主役と脇役を切り替えよ！

　能動態と受動態の違いを、テレビドラマの状況を想定しながら考察しよう。ドラマでは、場面の主人公寄りにカメラが向けられる。一方、場面の脇役には、カメラが向けられずに場面の背景となる。時には、画面に登場しないことさえある。英語の文も同じだ。**文頭の主語位置は主役のためにある。話し手は、主語位置を占める人物にカメラを向けている。**

　この点を、夫婦がテレビドラマを観ている場面を想定しながら考察しよう。夫婦が観ているドラマでは、主人公の男性ジョエルが浮気をした場面が映し出されている。浮気の現場を見た恋人役の女性ミヤは激怒し、男性を激しく問いつめた。このドラマの場面をみた妻のサダコは恋人役の女性に共感して、次の能動態の文(1)を述べた。ここでは、カメラは恋人役の女性ミヤに向けられ、ミヤが主語位置に生じている。

(1)　<u>Miya</u> is criticizing Joel.
　　　↑ 話し手のカメラ

この発言を聞いた夫のタダオは、次の受動態の文(2)を述べた。ここで受動態が用いられているのは、夫が同じ男性であるジョエルに共感してテレビを観ているためだ。カメラはジョエルに向けられ、ジョエルが主語で表現されている。

(2)　<u>Joel</u> is criticized (by Miya).
　　　↑ 話し手のカメラ

この受動態の文では、恋人役の女性(Miya)は脇役になっている。そのため、ミヤはカメラから外され、省略可能となる。

　先のドラマの場面を想定しながら態の性質をさらに考察しよう。ドラマでは、主人公が浮気の償いに、恋人から部屋の掃除を命じられる場面が映し出された。掃除は1時間かかり、主人公はため息まじりに次の英文(3)を発した。ここでは、掃除の時間が for～ により表されている。

(3)　I cleaned her room *for* an hour.

さて、きれいになった部屋を見て恋人の女性は、満足そうに次の英文を発した。

(4)　My room was cleaned.

この文を発した恋人役の女性は、まだ怒っている。この点は、英文(4)で恋人ではなく部屋にカメラが向けられており、それが主語になっていることにより確認される。そして、カメラの向けられない恋人ジョエルは省略されている。
　さて恋人役の女性は主人公から、掃除が1時間かかったことを伝えられると、少し恋人に共感し、心の中で英文(5)をつぶやいた。ここで、女性は恋人の男性に少し共感をもったため by Joel は省略されていない。しかし、カメラはまだ主人公ジョエルに向けられず、ジョエルは主語で表現されていない。

(5)　My room was cleaned by Joel *in* an hour.

この文は、上の英文(3)の一部を受動態にしたものなのだが、(3)とは異なり1時間という長さが、for ではなく in で表されている。これは、**受動態が動作ではなく「完了した動作の結果状態」を際立たせる働きをもつ**ためである。そのため、英文(5)では、「動作の長さ」を表す for〜ではなく、「完了までに要した時間の長さ」を表す in〜が用いられている。
　この態に関わる意味をさらに見よう。ドラマの恋人役の女性が主人公の男性をこっぴどく非難した場合、その男性は the criticized man と表現することができる。しかし、この受動態の表現 criticized は、「こっぴどく(severely)」という副詞で修飾できない(?severely criticized man)。「こっぴどく」は「動作」の様態を意味し、受動態の完了した「状態」の意味と合わないのだ。一方、能動態の表現 criticizing は「動作」の意味を表す。「こっぴどく」という動作の様態の意味と相性がよく、the severely criticizing woman ということができる。
　以上をまとめると、英語では、話し手の視点により能動態と受動態の文が使い分けられる。つまり、話し手が能動態の文の主語にカメラを向けて話をする場合は能動態が用いられ、能動態の文の目的語にカメラを向けて話をする場合は受動態が用いられる。

3 受動態にできない動詞：対称性を見抜け！

　受動態にできない動詞を、デートの準備をしている女の子の状況を想定しながら考察しよう。サキは、お化粧を終えてリビングにある鏡の前で自分の姿をチェックしている。そこに、ミサオお父さんが入ってきた。サキは、お父さんを見て驚いた。どうやら、お父さんは、昨日の夜に首を寝違えたらしい。図(1)に見るように体が全体的に傾いている。さて、なぜサキは、お父さんを見て驚いたのだろうか。それは、人の体が図(2)に見るように通例は胴体を中心に左右の腕が**対称的**に見えるためだ。ここで、**対称的とは入れ替えても変わらない性質**のことである。図(1)では、左右の腕が対称的に見えない。そのため、サキは驚いたのだ。英語でも、動詞の左右の要素を入れ替えても意味が変わらない対称性をもつ動詞がある。そして、この**対称性を表す動詞は受動態には用いられない**。例えば、サキの恋人サムが「サキがデートの相手だ」という場合、英語では(1a)のように表現できる。英文(1a)では、動詞(is)を中心にSakiとmy dateを入れ替えても意味は変わらない。つまり、この文には対称性がある。

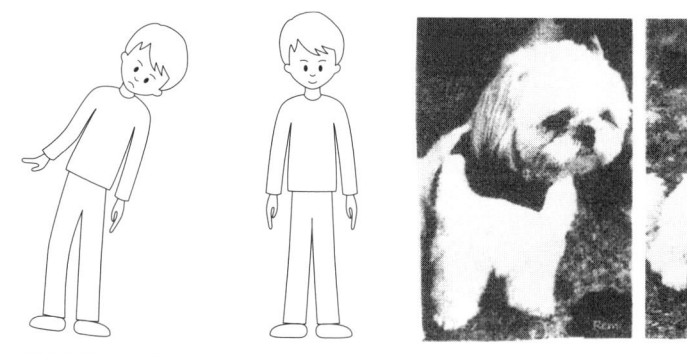

図(1) 傾いた体　　図(2) 普通の体　　図(3) ピンキーとミミ

(1) a.　Saki *is* my date. → My date *is* Saki.
　　 b.　*My date is been by Saki.

英文(1b)の非文法性からわかるように、英語では対称性をもつ動詞から受動文をつくると、正しい英語にならないのである。

　英語には、「非対称性」を表す動詞もある。例えば、Pondz kissed Momoと

いう文で、動詞 kissed の左にある主語(Pondz)と右にある目的語(Momo)を入れ替えて、Momo kissed Pondz にすると意味が変化してしまう。このように主語が目的語に対して非対称的な働きかけをする動詞は、be＋過去分詞＋by にして、主語と目的語を動詞を中心に入れ替えることにより、受動態(Momo was kissed by Pondz)にすることが可能である。

　動詞の対称性／非対称性と受動態の関係をさらに考察しよう。サキがシーズー犬のミミを連れてボーイフレンドと豊洲のららぽーとでデートしている。すると、よく似たシーズー犬のピンキーに出会った。図(3)に見るようにミミとピンキーは大変よく似ている。この状況は、(2a)の英語で表現できる。ここでは、resemble という動詞の左右の要素を入れ替えても意味は変わらない。つまり、この文には対称性がある。この対称性をもつ文(2a)を受動態にすると、英文(2b)に見るように正しい英文にならない。

　　(2) a.　Pinky resembles Mimi. → Mimi *resembles* Pinky.
　　　　b.　*Mimi is *resembled* by Pinky.

この他に、受動態にならない「対称性」をもつ動詞には、weigh や cost がある。これらの動詞は、その左右の要素の間に値段や重量等の点で等しさ(対称性)があるという意味を表す。

　　(3) a.　Chachamaru *weighs* seven kg. →
　　　　　　*Seven kg is *weighed* by Chachamaru.
　　　　b.　This book *cost* ten dollars. →
　　　　　　*Ten dollars were *cost* by this book.

また、have など状態を表す動詞は通例は受動態にならないが、上で見たように主語が目的語に働きかける非対称的な意味を動詞が表す場合には、受動態が可能となる。例えば、サキがボーイフレンドにいっぱい食わされたという状況は、Saki was had by her boyfriend という受動態の文で表現可能である。この場合、動詞 have が「いっぱい食わせる」という非対称的な働きかけを意味するので、受動態が可能となっている。同様に、(2b)も、「ミミがピンキーに顔真似をされた」という非対称的な働きかけの意味解釈であれば、正しい英文となる。

　以上まとめると、英語では動詞が対称性の意味を表す場合、その動詞を用いて受動態を形成することはできない。一方、主語が目的語に対して非対称的な働きかけをする動詞は受動態に用いることができる。

4　二重目的語構文と受動態：グッドラック！

　英語の**二重目的語構文**とは、「動詞＋間接目的語＋直接目的語」からなる構文である。この二重目的語構文と受動態の関係を、子供の会話を想定しながら考察しよう。お父さんがアメリカ人のレオは、最近アメリカから日本にきた。お母さんが日本人なので日本語も喋れるバイリンガルだ。レオを見て、近所のハルが「一緒に遊ぼう」と声を掛けた。すっかり仲良くなった2人は、お互いの写真を携帯で撮り合うことにした。レオがハルを写真に撮ろうとすると、図(1)に見るようにハルは両手でピースサインをした。

図(1) ピースサイン　　　　図(2) グッドラック

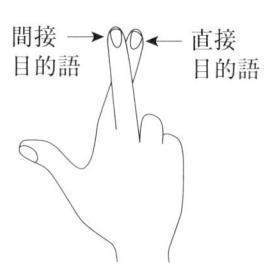

　さて、みなさんは、ピースサインで、中指が人差し指より少し長いことに気がつかれただろうか。これは、英語でも同じだ(6.1節を参照)。英文(1)に見るように、動詞の右に生じる直接目的語はただの名詞だが、そのさらに右に生じる間接目的語の名詞には、to がつき少し長くなっている。例えば、レオが撮った写真をハルにあげた場合、この状況は次の英文で表現できる。

(1)　　Leo gave [pictures]　　[*to* Haru].
　　　　動詞　直接目的語　　　間接目的語
　　　（親指）（人差し指）　　（中指）

レオはハルに写真をあげる時に、「アメリカでは、ピースサインのジェスチャーで中指を人差し指の上に絡めながら Good luck っていうんだよ」といって、図(2)に見るジェスチャーをして見せた。さて、皆さんは、図(2)で、中指と人差し指

の長さが、ほぼ同じになっていることに気がつかれただろうか。英語でも、次の英文(2)に見るように、**2つの目的語を同じ長さに変化させることが可能である**。

(2) Leo taught Haru "Good luck!"

ここでは、文(1)において間接目的語 Haru の前にあった to が消えた分だけ間接目的語が短くなり、直接目的語 Good luck の前に置かれている。これが、英語の**二重目的語構文**である。

さて、この二重目的語構文の能動態の文を受動態にする場合、**動詞に近い間接目的語が主語に選ばれる**。これが英語の受動態に働くルールである。例えば、(2)の英文を受動態にすると、英文(3a)に見るように間接目的語 Haru が受動態の主語になるが、直接目的語 Good luck は、英文(3b)に見るように受動態の主語にはならない。

(3) a. Haru was taught "Good luck!" by Leo.
b. *"Good luck" was taught Haru by Leo.

レオはハルに「Good luck は、I wish you good luck の省略形で、日本語でいえば、私は君が幸運をもつことを願うという意味かな」と教えてあげた。皆さんは、この日本語とは異なり(2)の英語の二重目的語構文に、「もつ」という所有表現 have がないことに気がつかれただろうか。実は、英語の二重目的語構文では、**間接目的語と直接目的語の間に have が隠れている**。例えば、ハルがレオに浴衣を送ってあげたが住所を書き間違ったため戻ってきてしまった場合、この状況は二重目的語構文(4b)で表すことができない。

(4) a. Haru sent a yukata to Leo, but he didn't receive it.
b. *Haru sent Leo a yukata, but he didn't receive it.

二重目的語の(4b)では、Leo と a yukata の間に受け取ったという意味の have が隠れている。そのため、「受け取らなかった」(but he didn't receive it)という表現が後続すると矛盾が生じるのだ。このような「受け取らなかった」という意味を伝えるためには、have が隠れていない英文(4a)の与格構文を用いればよい。

5 与格構文と受動態：近い方を選べ！

　与格構文とは、「動詞＋直接目的語＋ to 間接目的語」からなる、(1)に見る構文である。与格構文と受動態の関係を、カップルが誕生日プレゼントをあげる状況を想定しながら考察しよう。レミは恋人のラドウィンに誕生日プレゼントのチョコレートをあげた。この状況は、次の英語で表現できる。

　　(1)　　Remi gave chocolates to Rudwin.

与格構文において能動態を受動態にする場合、動詞に近い直接目的語が受動態の文の主語となる。例えば、(1)の能動態の文は、次の(2a)に見る受動態の文に書き換えることができる。一方、英文(2b)では、動詞から遠い間接目的語 Rudwin が受動態の文の主語になっているため、正しい英語とはならない。

　　(2)　a.　Chocolates were given to Rudwin by Remi.
　　　　 b.　*Rudwin was given chocolates to by Remi.

ここで注意が必要なのは、(2b)の正しくない英文が日本語では、「甘いものが苦手なラドウィンはレミにチョコレートをプレゼントされて困った」と文法的な文になる点だ。これは、日本語に**被害受け身**のルールがあるためである。被害受け身とは、被害を受けた人を受動態の主語にするというルールだ。英語には、この被害受け身のルールがない。むしろ、英語の受動態の文は、「動詞から一番近い目的語を主語位置に移動する」というルールにより形成される。上で見たように、英文(2b)では動詞から遠い間接目的語 Rudwin が受動態の文の主語位置に移動されているため、正しい英文とはならない。英文(2b)の間接目的語 Rudwin を受動態の主語にしたい場合には、次の英文(3a)に見るように、与格構文を二重目的語の構文に変換する必要がある(6.4 節を参照)。二重目的語構文では、間接目的語が動詞から一番近い目的語となる。その結果、(3b)に見るように、間接目的語を受動文の主語にすることが可能となる。

　　(3)　a.　Remi gave chocolates to Rudwin →

Remi gave Rudwin chocolates.
b. Rudwin was given chocolates by Remi.

「動詞＋目的語＋to 名詞句」の構文で to に続く名詞句が受動態の主語になれるのは、通例は pay attention to 等のイディオムの場合に限られる。

(4)　Remi was paid attention to by Rudwin.(cf.(2b))

与格構文では、長い直接目的語は文末に置かれる。例えば、英文(5a)のカッコで囲まれた直接目的語は非常に長く不自然である。このように長い直接目的語は、英文(5b)に見るように文末に置くと自然な英文となる。これは、英語において**豊かな情報量をもつ名詞句は文末に置く**というルールによる。

(5) a. ?Remi gave [chocolates that she bought at Stettler in Switzerland] to Rudwin.
b. Remi gave to Rudwin [chocolates that she bought at Stettler in Switzerland].

逆に、(6a)に見るように与格構文において直接目的語が情報量の乏しい代名詞の場合には、その代名詞は文末に生じると英文(6b)に見るように不自然な文となる。

(6) a. Remi gave *it* to Rudwin.
b. ?Remi gave to Rudwin *it*.

英語では、長い主語をもつ文も不自然となる。例えば、(5a)の長い直接目的語を受動態の主語にした文(7a)は、据わりが悪い。(5a)の文を受動態にする場合には、(7b)に見るように(5a)の文を二重目的語構文に変換してから、動詞のすぐ隣にある間接目的語を主語位置に移動すればよい。

(7) a. ?[Chocolates that she bought at Stettler in Switzerland] were given to Rudwin.
b. Remi gave Rudwin [chocolates that she bought at Stettler in Switzerland]. → Rudwin was given [chocolates that she bought at Stettler in Switzerland] by Remi.

6 　群動詞の受動態：前置詞に注意せよ！

　英語の**群動詞**は、動詞の後ろに名詞以外の要素が生じ、**全体で1つの他動詞**となる depend on のような事例である。群動詞と受動態の関係を国際結婚の状況を想定しながら考察しよう。
　クリスとミユキは、めでたく結婚をした。クリスは料理をつくるのが好きではないので、料理はミユキに頼っている。また、彼らは愛犬ココを連れて散歩することを日課としている。これらの状況は、次の英文(1a, b)で表現可能である。

(1) a.　Chris *depends on* Miyuki.
　　b.　Chris and Miyuki *walk with* Coco.

さて、これらの群動詞を用いた文を受動態にすると、次の(2a, b)に見るように、(1a)は正しい英文となるが(1b)は正しい英語とはならない。

(2) a.　Miyuki is depended on by Chris.
　　b.　*Coco was walked with by Chris and Miyuki.

一般に**英語の能動態の文を受動態にする場合、動詞は他動詞に限られる**というルールがある。このルールによれば、(1a, b)に見る2つの文は共に自動詞をもつので、受動態にはならないはずである。しかし、文(2a)が受動態として正しい英文になるのは、**depend と on が結びつきの強いイディオムの関係をもち、他動詞に組み替えられている**ためである。そのため、depend on は他動詞として受動態に用いることが可能となる。一方、(2b)に見る walk with は、結びつきの強いイディオムの関係をもたず、他動詞への組み替えが生じない。そのため、walk with は受動態に用いることが不可能となる。
　さて、クリスとミユキの間には、セシリアという女の子が生まれた。2人は子育てによい環境を求めて引っ越しを検討した結果、ある候補地が決定した。この状況は次に見るよう、能動態でも受動態でも表現することが可能である。

(3) a.　Chris and Miyuki *arrived at* a conclusion.
　　b.　A conclusion was *arrived at* by Chris and Miyuki.

間もなく、クリスとミユキは静岡へ引っ越した。この状況は、次に見るように、能動態でのみ表すことが可能である。

(4) a. Chris and Miyuki *arrived at* Shizuoka.
b. *Shizuoka was *arrived at* by Chris and Miyuki.

これらの英文(3)と(4)は同じ arrive at という群動詞をもつが、文(3a)の場合にのみ受動態が可能となる。これは、なぜであろうか。ここで重要なのは、動詞 arrive が「場所」に到着するという意味の場合、選択する前置詞が変化可能という点である。例えば、arrive は(5a, b)に見るように狭い場所に到着する場合には at を選択し、広い場所に到着する場合には in を選択する。つまり、**到着を意味する arrive は選択する前置詞が1つに定まっていないという点において、イディオム性が低い群動詞**である。イディオム性の低い群動詞は他動詞への組み替えが生じない。そのため、(4b)は正しい英文とならない。

(5) a. Chris and Miyuki *arrived at* Shizuoka.
b. Chris and Miyuki *arrived in* Europe.

次に「結論」に到達するという意味の動詞 arrive を見よう。この意味の arrive で重要なのは、at 以外の前置詞を選択しないという点である。つまり、**結論に達するという意味の arrive at は結びつきの強いイディオムの関係をもち、他動詞へ組み替えられる**。この結果、(3b)の受動態の文は正しい英文となる。
　動詞と前置詞が他動詞に組み替わるためには、それらが隣接していなければならないという「隣接性の条件」が課される。例えば、英文(6a, b)に見るように、動詞と前置詞の間に副詞が介在すると受動態は成立しない。これは、副詞 heavily により depend と on が隣接しておらず他動詞への組み替えが「隣接性の条件」により阻止されるためである。この文を正しい英語にするためには、(6c)に見るように、副詞を動詞の前に出し動詞と前置詞を隣接させればよい。

(6) a. Chris depends *heavily* on Miyuki.
b. ?Miyuki is depended *heavily* on by Chris.
c. Miyuki is *heavily* depended on by Chris.

7　否定極性表現：相性の悪い場所は避けよう！

　英語の否定極性表現を、オーディションの状況を想定しながら考察しよう。オーディション終了後に審査員の1人であるアンが、「ろくな応募者がいなかった」とぼやいた。しかし、外国人の審査員マリアには気に入った応募者がいた。そこで、「いや、ろくな応募者がいました」と反論した。この日本語はどこかおかしい。「ろくな」という表現は、否定文にのみ生じるため、「いました」という肯定文と相性が悪いのだ。このような**否定要素を必要とする表現は、否定極性表現（negative polarity item：以下 NPI）**と呼ばれる。

　英語の NPI の 1 つに、any〜がある。例えば、上で見た「ろくな応募者がいなかった」という日本語は、**any** を用いて次の英文で表現することができる。

　　（1）　There were *not any* attractive candidates at the audition.

以下、NPI の特徴を考察する。まず、NPI である any〜は、not と合体して no〜に書き換えることが可能である。例えば、(1)の英文は次の英文(2)のように no を用いて書き換えることができる。

　　（2）　There were *no* attractive candidates at the audition.

次に、たとえていうならば、NPI は否定要素の存在に頼るいわば小心者で、**目立つ位置には生じない**。例えば、次の英文(3)に見るように、any は文頭の目立つ主語位置に生じることは通例ない。

　　（3）　＊Any attractive candidates were not found in the audition.

ただし、NPI は、主語に関わるどのような位置にも生じることが不可能というわけではない。例えば、NPI は、主語を「修飾する表現の一部」という目立たない位置であれば、生じることが可能である。この点を、冒頭で見たオーディションの場面を再び想定しながら考察しよう。このオーディションでは、具体的な候補者のイメージが審査員の話し合いに見られないため、意見が噛み合ってい

ない。この状況は、次の英文で表現することができる。

(4) Examples with *any* relevance to the issue *didn't* come up in the discussion.

この文の NPI である any は主語の修飾表現の一部に埋没して目立っていない。そのため、正しい英文となる。このように主語の修飾表現の一部に生じる NPI は、appear や exist など「出現」を表す述語や、available 等の「一時的」な意味の述語をもつ文でよく見られる。

さらに、NPI は、主文に not を含む believe や think といった動詞の補文にも生じることができる。その例として次の英文(5a)を考察しよう。

(5) a. Toyoko did *not* believe [that she would attract *any* judges tomorrow].
b. Toyoko believed [that she would attract *no* judges tomorrow].
c. *Toyoko did *not* believe [that she will attract *any* judges tomorrow].
d. Toyoko did not believe [that she will attract Yumi tomorrow].

(5a)の英文では、主文とカッコで囲った補文の時制が一致し、共に過去形になっている。この時制の一致により、主文と補文の間には強い結びつきがある。このような強い結びつきがある場合、補文内の NPI である any は、主文の not と結びつくことができる。つまり、(5b)に見るように、not + any judges を no judges と解釈することが可能である。一方、(5c)は主文と補文の時制が一致しておらず、正しい英文にならない。この英文(5c)では、主文と補文の結びつきは弱く、たとえていうなら主文と補文が分断された形になっている。NPI は、not に強く依存するので、分断された文を超えて not と結びつくことは、英文(5c)において不可能となる。(ちなみに、常に主文と補文の時制が一致しなければならないというわけではない。例えば、英文(5d)を参照。ここでは、話し手が、補文の表す出来事が発話をしている次の日に生じると考えている。)「時制の一致」に関する詳しい話については、4.7 節を参照。

以上をまとめると、NPI は否定表現と近い関係にある場合に正しい英語となる。さらに、NPI それ自体は、主語という目立つ位置に生じることはなく、主語の修飾要素の一部等の目立たない位置に生じる場合にのみ正しい英語となる。

8 否定の作用域：文の切れ目を見つけよ！

　否定の作用域の性質を夫婦の会話の状況を想定しながら考察しよう。ルイージは、夕食前、散歩に行こうと思い、妻のコロンに「ちょっと出かけてくる」と伝えた。すると、妻は「私がつくっている日本料理がまずいと思って外に食べに行くのね」と文句をいった。すると、ルイージは「いや、君が日本料理をつくっているから外出するわけではない」と次の英文(1)で答えた。

(1)　I am not going out for dinner [*because* you are cooking Japanese food].

　この文は、カッコで囲まれた because 節を否定する部分否定の解釈をもつ。このような場合、「否定要素 not の作用域(scope)が because 節まで及ぶ」とか、「because 節が否定要素 not の焦点と結びつく(association with focus)」という。
　以下では、このような部分否定の性質を考察する。まず、部分否定の文においては、次の英文(2)に見るように否定される要素の前で上昇調(↗)のイントネーションが生じ、文末も上昇調(↗)で発音される。

(2)　I am not going out for dinner↗because you are cooking Japanese food↗.

(1)の英文がこのような上昇調のイントネーションをもたない場合、「君が日本料理をつくっているから、外出するのをやめにする」という全文否定の解釈が生じる。この全文否定の意味解釈は、次の英文(3)のように書くことで明確となる。

(3)　I am not going out for dinner, because you are cooking Japanese food.

　ここでは、because の前にコンマがある。この**コンマは、話し手の伝える意味内容の切れ目を表している**。つまり、not の意味は、そのコンマより先に及ばない。そのため、主文が否定される全文否定の解釈のみが可能となる。この場合、英文(4)に見るように because の前が下降調(↘)で発音される。

(4) I am not going out for dinner, ↘because you are cooking Japanese food.

このように、英語では、1つの文の途中を下降調のイントネーションで発音することにより、比喩的にいえば、話し手の伝える意味内容の「切れ目」が生じる。同じ効果は、話し手の気持ちを現す probably 等のムード表現でも見られる。

(5) I am not going out for dinner because probably you are cooking Japanese food.

この英文では、because 節の中にムード表現 probably が生じており、その because 節の前で話し手の伝える意味内容に「切れ目」が生じている。つまり、文頭の I から dinner までが話し手の伝える1つ目の発話の単位となり、because から文末までが話し手の伝える2つ目の発話の単位となる。そのため、英文(5)には not が切れ目を超えて意味が作用する部分否定の解釈がない。

次に、主語が部分否定される事例を考察しよう。否定要素は、次の英文(6)に見るように、主語要素も部分否定することが可能である。つまり、英文(6)は「宿題をしたのが全員ではなく、しなかった学生も数名いる」という意味に解釈可能である。

(6) Everyone has not done the homework.

しかし、次の英文(7)に見るように**主語の後ろが下降調で発音されると、主語を部分否定する解釈は不可能となる**。これは、下降調のイントネーションにより、話し手が主語 everyone を1つの区切りの単位として聞き手に提示しているためである。この場合、否定要素 not は、その区切りを超えた主語 everyone を部分的に否定できない。つまり、(7)の文は、全文否定の解釈のみ可能となる。

(7) Everyone ↘has not done the homework.

次の英文(8)に見るように、話し手の伝える話の内容の「切れ目」はムードの副詞的表現によっても生じる。この場合も、部分否定の解釈はなく、全文否定の解釈しかない。

(8) Everyone {*probably / as far as I know*} has not done the homework.

9 否定疑問文：2種類を使い分けよ！

　否定疑問文とは、疑問文の中に否定要素が生じる文である。否定疑問文には、通例の疑問の用法と、修辞的な用法の2つがある。まず、修辞的な用法を、親子の夕食時の状況を想定しながら考察しよう。夕食時に、メイ家の母親アリスが野菜嫌いの子供テトに向かって次のようにいった。

　　（1）　Don't you want to grow up big and strong, Teto?

通例の疑問文は、話し手が疑問文の答えを知らないのであるが、上の修辞的な用法では、子供のテトが Of course, I do. という**肯定文の答えをすると予め想定して質問がなされている**。これが否定疑問文の修辞的用法の特徴である。この修辞的な用法の否定疑問文は、通例の否定疑問文とは異なるイントネーションで発音される。それは、文末のアクセントが通常より低く始まり、それがいったん下がって、最後に通例の疑問文よりも若干高く終わるというイントネーションである。

　次に、否定疑問文の通例の用法を見よう。通例の否定疑問文は、聞き手の答えを想定しないで発せられる Didn't you do your homework, Teto? に見るような文である。日本語の場合とは異なり、英語の Yes / No 否定疑問文の答えは、答えが肯定文なら Yes が、そして答えが否定文なら No が用いられる。

　通例の否定疑問文に働くルールをメイ家の別の状況を想定しながら考察しよう。メイ家のお父さんノエルは、近く昇進することを人事部の1人からこっそりと告げられた。そこで同僚1人が次の疑問文を発した。

　　（2）　Why did you believe that Noel might be promoted?

この文は多義的で、2つの解釈をもつ。1つ目の解釈は、why が補文の promoted の理由を聞き手に求める解釈である。もう1つの解釈は、why が主文の believe の理由を聞き手に求める解釈である。

　しかし、このような2つの意味解釈の可能性は、次の否定疑問文には存在しない。

(3) *Why didn't* you believe that Noel might be promoted?

この文には、why が主文の believe の理由を聞き手に求める意味解釈は存在するが、why が補文の promoted の理由を聞き手に求める意味解釈は存在しない。これは、「副詞的な wh 疑問要素 why や how は、主文の否定表現を飛び越して補文の要素を修飾できない」というルールによる。このルールをメイ家の別の状況を想定しながら考察しよう。テトは、愛犬のタンタンとポチにクッキーをあげた。これを見たお母さんは「タンタンはアレルギーがあるから、クッキーをあげたらダメ」といった。そこで、テトは、「タンタンには他に何をあげたらダメなの？」と次の英文(4)を用いて質問した。

(4) *What else don't* you believe that Tintin should eat?

この場合、what else は副詞的な要素ではないので、主文に生じる否定要素（don't）を飛び越して補文の述部と結びつくことができる。つまり、(4)の英文では what else が補文内の eat の目的語と解釈することが可能である。

一方、次の英文(5)では、疑問詞 how が補文の述部 eat cookies を修飾する解釈は存在しない。これは疑問詞 how が副詞的な要素なので、主文の否定要素 don't を飛び越して補文の述語を修飾できないためである。

(5) **How don't* you believe that Tintin should eat cookies?

さらに、この文は、how が主文の believe を修飾する解釈ももたない。なぜなら、「どうやって信じる」という日本語の不自然さからもわかるように、how と動詞 believe は意味的に相性が悪いのだ。その結果、上の英文(5)は正しい英語とはならない。

まとめると、否定疑問文には、修辞と通例の否定疑問文の 2 種類の用法がある。修辞的な否定疑問文は、(i)独自のイントネーションで発音され、(ii)話し手は、疑問文の答えを予め想定して質問をする。一方、通例の否定疑問文においては、(iii)話し手はその答えを予め想定せずに発話し、(iv) how / why 等の副詞的な疑問詞は、主文の否定要素を飛び越して補文内の要素を修飾することができない。

10　二重否定：日本語とのズレを見分けよ！

　二重否定文とは、1つの文中に not 等の否定要素が2つ生じる文である。この二重否定文の特徴を、別れ話をしている恋人達の状況を想定しながら考察しよう。リッキーはメアリーに別れ話を切り出した。するとメアリーは、「もう私のことなんか好きじゃないのね」と詰め寄った。気の弱いリッキーは、「いや好きで**ない**わけでは**ない**んだ」と答えた。このリッキーの発言には、否定表現が2つ生じている。日本語では、1文中に否定表現が2つ生じると**やんわり**とした否定の意味が生じる。つまり、男性リッキーの意図は、「好きでない」という否定の意味をやんわりと表現しているのだ。**このようなやんわりと文を否定する効果は対応する英語の文には見られない。**例えば、リッキーの発言を次の英文で表現することは、普通はできない。

(1)　*I do *not not* like you.

これは、なぜであろうか。その理由を知るために、まず英語の否定表現の性質を考察しよう。まず、英語では否定要素 not が最初の助動詞の直後に生じ、否定文が形成される。

(2)　Rickey does not go out with any other girls.

この英文(2)は、リッキーに他に好きな女の子ができて、その女の子とデートしているのではないことを意味している。つまりデートしている女の子の数＝ゼロ、という解釈だ。この not + any の意味は、次の英文(3)に見るように、no～という表現によっても表すことができる(6.7節を参照)。

(3)　Rickey dates no girls.

では、英語で not と no という2つの否定要素が1文中に同時に生じることは可能であろうか。答えはノーである。次の英文(4)に見るように、英語では、通例は not と no という否定表現が同時に生じると、正しい標準的な英語としては認

識されない。

(4)　*Rickey does *not* go out with *no* girls.

しかし、英語でも、ある状況においては否定表現が1文中に2つ生じる、次に見るような事例がある。

(5)　I do *not* NOT like her.

この英文(5)が正しい英語として解釈されるためには、(i)**前の談話や会話で否定文が既に述べられており**、(ii)**その否定文に生じる否定要素を部分的に否定する**、という状況が必要となる。この点を、別れ話を切り出されたメアリーの状況を見ながら考察しよう。リッキーに別れ話を切り出されたメアリーは、友達のロコに相談をもちかけた。すると、ロコはリッキーと電話で次の会話をした。

(6)　Roco: You do not like Mary, do you?
　　　Rickey: I do not NOT like her, but there is something about her that bothers me.

ここでは、「好きではない(not like)」というロコの否定文の発言を受けて、リッキーが否定要素を部分的に否定している。この部分否定された否定要素 not は大文字の NOT として繰り返され、会話では強調して発音される。このような強調の用法を用いれば、(4)で見た not と no の組み合わせも正しい英文となる。例えば、ロコがいろいろ問いつめると、リッキーは観念して、次のように発言した。

(7)　Actually, I do *not* go out with *NO* girls.

この英文(7)は、デートしている女の子の数＝ゼロ(NO)ではない、という意味を表している。つまり、英文(7)はリッキーには他に恋人ができて、その女の子とデートしているという告白の意味を表す部分否定の解釈をもつ。

　まとめると、日本語では、1つの文中に2つの否定要素を用いることでやんわりとした否定の意味が生じる。一方、英語において1つの文中に2つ否定要素が生じた場合、2番目の否定要素が強調され、部分否定の解釈が生じる。

第 6 章「態と否定」主要参考文献

◆Noam Chomsky *Aspects of the Theory of Syntax*. MIT Press, 1965.
　状態の意味を表す動詞を含む文は、一般的に受動態にすることはできない。なぜか。この点を厳密に定式化したおそらく最初の論考である。受動態のルールには、動詞が様態(manner)という意味をもつという要件が組み込まれているため、様態を表さない状態動詞は受動態をつくるルールを適用できない、というのが趣旨である。受動態の伝統的な定式化を知りたい、そんな読者にうってつけの本である。

◆Kinsuke Hasegawa "The Passive Construction in English," *Language* 44, 1968.
　学校文法では、能動態を受動態にする際に、次のように教わることがある。(i) be 動詞＋過去分詞＋by を用いる。(ii) 主語を by の後ろに置く。(iii) 目的語を主語の位置に置く。この一連の受動態のルールが実は、基本的な文法操作の組み合わせからなることを指摘したおそらく最初の論考である。最新の生成文法理論(特に原理とパラメーターのアプローチ)では、文法現象がいくつかの基本的な原則の組み合わせから生じるという考えがある。その方向性を初めて示した画期的な論文である。

◆金子義明・遠藤喜雄「第 7 章　態」(『機能範疇』研究社 2001 年)
　受動態に興味をもったので、このトピックで卒論、修論、レポートを書きたい。しかし、生成文法の知識があまりないので基礎から知りたい。さらには、このトピックにおいて何が問題になっていて、どこまでが解決されていて、何が未解決の問題なのかがわからない。そんな読者に一読してほしい。

◆久野 暲「第 2 部　視点」(『談話の文法』大修館書店 1978 年)
　文の骨組みは、文の構造(syntax)にある。しかし、それと同時に、文がどのような状況で使用されるかという補足(supplement)的な側面も見逃してはならない。例えば、John was hit by me という文は構造的には正しいが、非常に据わりが悪い。このような言語の使用や機能という側面を知りたい、そんな読者が一度は読むべき古典的な名著である。オリジナリティー溢れる論考が展開されている。ただし、機能的な側面が文の構造の補足的なものであるという点を念頭におきながら読むことが必要である。

◆Dwight Bolinger "On the Passive in English," *The First LACUS Forum*, 1975.
　英語の受動態が成立可能となる意味的な条件や機能的な条件を知りたい。しかし、専門書は難しくてよくわからない。そんな読者が一読するとよい短い好論文である。

受動文が成立する条件を、「特性」と「影響」という概念を用いて論じた論文で、平易な英語で書かれている。英語学の基礎知識なしに読むことが可能である。

◆Thomas Wasow "Transformations and the Lexicon"(P. W. Culicover et al. (eds.), *Formal Syntax*. Academic Press, 1977.)
　受動態の1つの用法として、criticized boy に見るような名詞の前に過去分詞を用いる用法がある。では、この形容詞的な過去分詞 criticized を強調したい時には、very を用いるか、それとも much を用いるか。答えは、過去分詞の性質による。つまり、受動態の過去分詞には very で修飾される形容詞的な用法と、much で修飾される動詞的な用法がある。では、動詞的用法と形容詞的用法を分ける基準は何か。この点が論じられている短くて読みやすい論文である。

◆奥野忠徳・小川芳樹『極性と作用域』研究社 2002 年
　not という否定表現が否定できる領域(=作用域)や no で置き換えられる any 等の否定極性表現に興味をもった。包括的にレポートや卒論でとり扱ってみたい。否定について学術的な事柄を基礎からしっかりと勉強してみたい。そんな読者が最初に読むとよい。体系的に書かれた良書である。

◆Luigi Rizzi *Relativized Minimality*. MIT Press, 1990.
　英語では、wh 要素が文頭に移動する。しかし、その wh 表現が what / who の場合には、否定要素を飛び越して移動が可能である。一方、how や why といった要素は、not を飛び越して文頭に生じない。このような wh 要素の原則を普遍文法の側面からさまざまな言語を駆使して説明している古典的名著である。言語学における説明の「美しさ」とはどのようなものかを体感してみたい、そんな読者のための必読の書である。専門的な知識を必要とする。

◆Yoshio Endo *Locality and Information Structure*, Chapter 2 Evolution of Relativized Minimality. Amsterdam/Philadelphia: John Benjamins Publishing Company, 2007.
　すぐ上で紹介した wh と否定の現象を比較的平易な英語であまり専門的な知識なしに読んでみたい。言語学における説明の美しさを比喩のような形で垣間見てみたい。そういう読者が一読するとよい。上の名著の考えが歴史的にどのような変遷と発展を遂げ現在の形に洗練されていったかを日本語の例を交えて解説してある。

◆Emily Pope *Questions and Answers in English*. Mouton, 1976.
　否定疑問文だけでなく、疑問文全般の用法を知りたい。しかし、専門的なことはま

だよくわからない。そんな読者が一読してみるとよい良書である。疑問文の修辞的用法を含め平易な英語でわかりやすく解説がなされている。初学者にも比較的簡単に読める本である。

第7章 単文レベルの構文

1 命令文：まだ起こっていないから原形
2 there 構文：存在と提示
3 場所句倒置構文：舞台に登場
4 結果構文：叩いた結果どうなった？
5 二次述語構文：be 動詞はないけど述語
6 否定倒置構文：否定が時制と仲良くなるとき
7 分裂文と擬似分裂文：切り裂きかたにも2通り
8 重名詞句移動：文末には2つの役目あり
9 前置詞句外置：大事な情報はするりと文末へ
10 感嘆文：「何て」と「ホント」

第III部　構文から見た英文法

1　命令文：まだ起こっていないから原形

　命令文は、(1a)のように主語を付けずに動詞を原形にしてつくると教わる。これはbe動詞の場合でも同じこと(1b)。そして否定の内容にする場合はDon'tで始める(1c)。

(1)　a.　*Open* the door.
　　　b.　*Be* quiet.
　　　c.　*Don't close* the door.

ここで原形を使う、ということに注意してほしい。第5章で何度か述べられているように、動詞の原形とは行為の内容だけを表して、現実世界でいつその行為が起こったかを問題にしていない。だからまだ起こっていない行為・状況を表すのにピッタリである。そして命令とは、相手に対して「これからこの行為をしなさい」ということだから、原形を使うのが当然なのだ。

　普通、命令とは面と向かっている相手に対してすることだから、省略されている主語は2人称のyouであると考えられる。そしてその行為を行うべき人（＝命令文の主語）としてyouを動詞の原形の前に付けることもできる。

(2)　You open the door.

しかし、不特定の人に対して「誰かドアを開けて」と命令文を使うこともできる。その場合には、命令文の主語としてyou以外のものも現れることができる。

(3)　Someone open the door.

(3)は一見したところ普通の平叙文のようにも見えるが、命令文にsomeoneをつけただけである。だからopenは原形のままで-sはつかないのだ。

　ちなみに、この命令文の主語は呼びかけ語(John, open the door)のように後に切れ目が入らず、また呼びかけ語(Open the door, John)と違って、(4b)のように文の最後に置けないこともある。

(4) a. Nobody make a noise.
　　b. *Make a noise, nobody.

また命令文にできるかどうかは、その行為・状況が相手にとってコントロール可能かどうかで決まる。これは動詞だけでは決まらないことも多く、特にbe動詞の場合は注意する必要がある。例えば(5a)はダメだが、(5b)のように否定の命令文にすればOKである。

(5) a. *Be careless.
　　b. Don't be careless.

ところで原形とはまだ起こっていない行為・出来事を表すから、命令を表すのにピッタリなわけだが、まだ起こっていない行為・出来事を原形で述べれば必ず命令になるだろうか。実はそうではない。次の例を見てほしい。

(6) a. Get well soon.
　　b. Please be out.
　　c. Make a move and I'll shoot you!

(6a)は病気で寝ている人に「早くよくなってね」、(6b)は子供がいたずらをした人の部屋に謝りに行かされたときに「どうぞ、いませんように」、(6c)は警官が犯人にむかって「動いてみろ、撃つぞ！」という場合に使われる。これらは厳密には「命令」でない。単にそうなってほしい状況とか、あるいはこれから起こる可能性のある行為を表しているだけである。

ここまで読んだところで(7)を見てみよう。命令文の形式なのに条件を表しているが、これも不思議ではない。そう、単に「これから起こる可能性のある行為」としてwork hardといっているから、条件と同じことになるのだ。

(7) a. Work hard, and you'll pass the exam.
　　b. Work hard, or you'll fail.

2 there 構文：存在と提示

「There is / are 〜で『〜がある／いる』という意味です」と誰もが教わったことだろう。この there 構文の一番中心的な部分は、(1)の公式で表せる。

(1)　　there ＋動詞(V) ＋名詞句(X)　→ X がある／いる／存在する

動詞の位置に現れる典型的なものはもちろん be 動詞であるが、それ以外でも「出現・存在」等の意味を表す動詞(arrive, live, enter)ならばこの構文に現れることができる。

(2) a.　There *is* a book on the desk.
　　b.　There *arrived* three guests from India.

この構文の意味をつかむ手っ取り早い方法は、there を無視して名詞句(X)を主語とする文に書き換えてみることだ。例えば(2b)の文も、Three guests arrived from India と書き換えたら何も難しいことはない。
　ちょっと応用問題をする。(3)はどういう意味だろうか。

(3)　　There has been a car stolen.

「盗まれた車がある」とやってしまった人、よ〜く考えてください。「盗まれた車」なら a stolen car のはずだ。それに「盗まれた車」はもうないわけだから、「ないものがある」というのは変でしょう？　書き換えてみると、名詞句(X)にあたるのは a car、動詞は現在完了形になっていて has been だから…そう、A car has been stolen になる。「車が盗まれた」が正解だ。1.6 節も参照。
　ただしこの書き換えはあくまで「手っ取り早い方法」にすぎない。これだけでは there 構文のもつ大事な特徴を見過ごしてしまう。実は名詞句(X)には、the などによって限定された名詞句がくることができない。

(4)　　*There is the book on the desk.

これは、there 構文が相手にとって新しい情報となるような、物や人の存在を伝えるからである。これに対して単に be 動詞だけを使った文では、the などによって限定された名詞句でも問題ない(The book is on the desk)。

ところで、ここまでは「存在」を表す there 構文についての話だった。実はもう1つ別のタイプの there 構文がある。(5a)では意味上の主語の an old man が動詞句 walked into the room の後にきている。(5b)のように動詞 walked のすぐ後ではダメだ。

(5) a. There [walked into the room] *an old man*.
b. *There [walked] *an old man* [into the room].

「存在」の there 構文は疑問文や否定文にできるのだが、(5a)の there 構文はいずれもできない。

(6) a. *Did there walk into the room an old man?
b. *There didn't walk into the room an old man.

この2番目の there 構文には次の公式が必要だ。

(7)　　there + 動詞句(VP) + 名詞句(X)　→ほら、VP しましたよ、X が

この公式に当てはめれば、(5a)は「ほら、部屋に入ってきましたよ、お年寄りが」という意味になる。この日本語でもわかるとおり、物や人でなく、ある出来事をひとまとまりにして相手に対して示している。そこでこの2番目の there 構文は、「存在」を表すのでなく「提示」をしているといわれている。

このように提示の働きをしていることからすれば疑問文や否定文にできないのはむしろ当然である。ある出来事を提示しながら、その出来事がありますか、と聞いたり、その出来事がありませんといったりしていることになり、矛盾してしまうのだ。実際に(6a)と(6b)を日本語にしてみたら、「*ほら、部屋に入ってきましたか、お年寄りが?」と「*ほら、部屋に入ってきませんでしたよ、お年寄りが」となる。これではギャグになってしまう。

3　場所句倒置構文：舞台に登場

（1a）は語順がちょっと変わっている。普通の語順に戻した（1b）と比べてみるとよくわかるだろう。

(1) a.　*Into the room* came John.
    b.　John came *into the room*.

（1a）では場所を表す前置詞句 into the room が文の最初にきており、さらにその後に主語のJohnでなく動詞のcameが続いている。主語と動詞の順序が逆になっていることから、こういった文を**場所句倒置文**と呼ぶ。

もちろん何の意味もなく語順だけが変わっているわけではない。普通の語順である（1b）は（2）のように否定文や疑問文にすることができるが、場所句倒置文ではこれができないのだ。

(2) a.　John didn't come into the room.
    b.　Did John come into the room?
(3) a.　*Into the room didn't come John.
    b.　*Did into the room come John?

だから普通の語順の場合と違って、場所句倒置文には何か特別な働きがあるということになる。

さてここまで読んで「あれ、疑問文と否定文にできないってどこかで聞いたような話だな」と思ってくれたら、話がしやすい。そう、7.2節の後半で there 構文の「提示」タイプは疑問文と否定文にできない、という話をした。場所句倒置構文でも同じことで、やはり「提示」の働きをしているのだ。ただしちょっとだけ「提示」の仕方が違う。

提示タイプの there 構文は、ようするに、「ほら、来ましたよ」という意味を表している。それに対して場所句倒置構文では、わざわざ文の最初にもっていった前置詞句が、いわば「舞台」の役目をはたしている。そして「舞台の上をご覧ください。役者さんの登場です」という感じで提示をしているのだ。

だから、場所句倒置構文とは、(4)のように前置詞句＋動詞＋名詞句から成り立っており、(5)の公式でまとめることができる。

(4) 　*Into the room*　came　　*John*.
　　　前置詞句　　＋　動詞　＋　名詞句
(5) 　前置詞句(Y)＋動詞(V)＋名詞句(X)
　　→ Y(という舞台)に X がいる(現れた)

観客である聞き手に対して、X を舞台に登場させることがこの構文の働きだ。そのため出現を表すような動詞(appear, emerge, come)はこの構文と相性がよい。逆に出現を表せない動詞はこの構文と相性が悪い。だから(6)で appear はよいが disappear がダメなのは当然である。(7)も同様。聞き手の方へ近づいてくる come ならば見えるようになるが、遠ざかっていく go ではおかしなことになる。

(6) a.　From the kitchen *appeared* Mick.
　　b. *From the kitchen *disappeared* Mick.
(7) a.　Along the street *came* John.
　　b. ?Along the street *went* John.

面白いのは、視覚的でなくても OK だということだ。(8a)は「すすり泣きが聞こえてきた」、(8b)は「いい匂いが漂ってくる」という意味である。

(8) a.　From underneath them *was heard* a faint sobbing.
　　b.　From the kitchen *wafts* the fragrance of fresh-baked cake.

したがって、この構文で大事なのは、視覚に限らず知覚できるようになればよい、ということになる。
　英語には他にも倒置構文が何種類かあるが(7.6 節を参照)、場所句倒置構文はそういった他の倒置構文とはかなり違う。むしろ「提示」タイプの there 構文に近いものである。

4 結果構文：叩いた結果どうなった？

　次の(1b)では(1a)と違って最後に flat という形容詞がちょこんとくっついている。

(1) a.　John hammered the metal.
　　b.　John hammered the metal *flat*.

どちらの文も中心は動詞 hammer であって(1b)の flat はまるでおまけみたいに見えるが、実はこの flat がなかなかのくせものだ。(1b)の意味を理解するために、まずこの文を分解してみよう。(2)のように分けられる。

(2)　John　　hammered　　the metal　　flat.
　　 主語　＋　動詞　＋　名詞句　＋　形容詞句

(2)の形式の文を解釈するには、次の公式に当てはめて考えるとよい。

(3)　主語(X) + 動詞(V) + 名詞句(Y) + 形容詞句(Z)
　　→ X が V した結果、Y が Z になる。

すると、「ジョンが叩いた(hammer)結果、金属(the metal)が平ら(flat)になった」となる。これは(1a)と意味が違っていることに注意してほしい。(1a)では「金属を叩いた」というだけで、金属は全然へこまなくても構わない。ところが(1b)では「叩いた結果、金属が平らになった」という結果の状態まで意味する。このような構文を**結果構文**と呼ぶ。
　ところで(3)の公式に対して、わざわざそんなもって回ったいい方をせずに「金属を叩いて平らにした」といった方が早いじゃないか、と思った人がいるかもしれない。それでは今度は(4)の文を見てみよう。

(4) a.　Tracy walked his feet *sore*.
　　b.　Nora worked herself *sick*.

「金属を叩いて平らにした」と同じようにすると「足を歩いて痛くした」と「彼女自身を働いて病気にした」になってしまうが変だ。どうしてか。そう、walk と work はそれぞれ his feet と herself を目的語としてとれないからだ。

(5) a. *Tracy walked his feet.
　　b. *Nora worked herself.

つまり、walk と work は本来、目的語をとらない自動詞なのだ。
　そこでもう一度(3)の公式に戻って再度トライしてみると、「(たくさん)歩いた結果、足が痛くなった」と「(たくさん)働いた結果、彼女自身が病気になった」となり、これなら意味がちゃんとわかる。
　念のために練習問題をもう1つ。(6)はどうなるだろう。

(6)　Herman ate the cupboard *bare*.

「戸棚を食べて空にした」とやってはダメ。ハーマンさんがシロアリになってしまう。焦らずに(3)の公式に合わせると…そう、「ハーマンが(たくさん)食べた結果、戸棚が空になった」となり、これが正解。これで(3)の公式が必要なことがわかるだろう。
　ところがこれで終わりではない。(3)の公式に従う例は日本語に直訳ができないのだ。例えば(1b)を直訳して「*ジョンは金属を平らに叩いた」とすると変な文になる。ところが結果構文の中には日本語に直訳できるものもある。次の例を考えてみよう。

(7)　John painted the wall red.

「主語+動詞+名詞句+形容詞句」でこれまでの例とまったく同じに見える。ところが日本語にしてみると…「ジョンは壁を赤く塗った」とちゃんといえてしまう。というわけで、結果構文には(3)の公式に従うタイプと従わないタイプがあるのだ。1.3節も参照。

第7章　単文レベルの構文

5 　二次述語構文：be 動詞はないけど述語

7.4 節で結果構文を見たが、実は形容詞がちょこんと付くのは結果構文だけでない。(1)の例を見てみよう。

(1) a.　John hammered the metal *flat*.
   b.　John ate the meat *raw*.
   c.　John left the room *angry*.

(1a)はもういいだろう、そう「ジョンが叩いた結果、金属が平らになった」である。(1b)は？「肉を食べる」に「生(raw)」が付いているから…そう「肉を生で食べた」となる。(1c)はどうだろう。「部屋を出る」と「怒る」だから、「怒って部屋を出て行った」とやるとうまくいく。

いずれも形容詞を除いた文と、主語または目的語について形容詞が叙述を行っている文とを合体させた意味を表している。しかしその合体の仕方がみな違う。(1a)では金属を叩いた結果、平らになったのに対して、(1b)では肉を食べているのと肉が生であることがほぼ同時である。そして(1c)でジョンは「怒ったから部屋を出て行った」わけだから、ジョンが怒ったのが部屋を出て行く出来事よりも先になる。(1a)の結果構文に対して、(1b)は**描写構文**、(1c)は**状況構文**と呼ばれることがある。(2)のようにまとめると非常にきれいである。

(2) a.　John hammered the metal. ＞ The metal was flat.
   b.　John ate the meat. ＝ The meat was raw.
   c.　John left the room. ＜ John was angry.

しかし(2)のように表してみると、3つの構文が特殊であることがわかる。形容詞が叙述を行うためには be 動詞が必要なのに、これら3つの構文ではそのような be 動詞がないまま目的語あるいは主語について叙述を行っている。be 動詞に形容詞が続く場合(John is angry)を**一次述語**と呼ぶのに対して、このように be 動詞に支えられていないのに述語として機能しているものを**二次述語**と呼ぶ。

二次述語は、あくまでも形容詞の表す叙述関係が、動詞の表す出来事との関連で成り立つことを表している。だから例えば、(1b)の描写構文はあくまで「肉を生で食べた」＝「肉を食べた時に、その肉は生だった」という意味であって、「生の肉を食べた」とは違う。(1b)は(3a)のようにくくることができる。そして目的語を(3b)のように代名詞 it で置き換えることもできる。これに対して「生の肉を食べた」なら「生の肉」でひとまとまりの名詞句になり、(4a)のようになる。これを代名詞 it で置き換えたら raw を付けようがない。

(3) a.　John ate [the meat] [raw].
　　b.　John ate [it] [raw].
(4) a.　John ate [the raw meat].
　　b.　*John ate [raw it / the raw it].

また(1c)の状況述語も日本語に惑わされて副詞と混同しないよう注意が必要だ。(5a)ではジョンが怒っているが、(5b)では「怒った様子で出て行った」というだけで、ジョンが実際には怒っていなくても構わない。

(5) a.　John left the room *angry.* (= (1c))
　　b.　John left the room *angrily.*

さて、ここで(6)を見てみよう。どういう意味になるだろうか。

(6) 　John hammered the metal *flat hot angry.*

実は flat が結果述語、hot が描写述語、angry が状況述語になっている。すると、「叩いた結果、平らになった」＋「叩いたときに金属が熱かった」＋「怒って叩いた」だから…「ジョンは怒って、（金属が）熱いうちに金属を叩いて、その金属を平らにした」となる。このように、二次述語は同時に複数のものを掛け合わせることができるのだ。

6 否定倒置構文：否定が時制と仲良くなるとき

文の最初に否定を表す語句がくると、(1b)のような普通の語順と違って、(1a)のように助動詞が主語よりも前にくる。これを**否定倒置**と呼ぶ。そしてこの場合、倒置しないと(1c)のようにダメになる。

(1) a. Never have I seen such a beautiful woman.
  b. I have never seen such a beautiful woman.
  c. *Never I have seen such a beautiful woman.

なぜ倒置が起こらなければならないのだろうか。このことを理解するためには、英語で否定を表すシステムがどのようになっているかを理解する必要がある。
　英語の否定要素は語句にだけかかることもできる。日本人にとっては理解しづらいが、(2)のようにいえるのだ。

(2)　[No one] believes what John says.

これをしいて直訳すれば「ゼロ人の人がジョンのいうことを信じる」ということになるだろう。もちろん日本語ではこんないい方をせずに「誰もジョンのいうことを信じ<u>ない</u>」となる。このように英語では、語句だけに否定がかかっているように見えながら、実は文全体を否定することができる。
　これは主語以外でも同じことである。(3a)は文全体を否定しているから(3b)でいいかえられる。

(3) a. He said [not a single word].
  b. He did not say a single word.

もちろん、not が直接かかっている語句だけを否定することもある。(4)で否定は [　] 内にとどまっており、「遠くない昔に」という意味になる。

(4) I met the woman [not long ago].

さてここで(3a)と(4)で否定されている語句を文の最初にもっていくと面白いことが起こる。文全体を否定している(3a)では倒置が起こらなければならないのだが、語句だけに否定がとどまっている(4)では倒置が起こらないのだ。

(5) a.　[Not a single word] did he say.
　　b.　*[Not a single word] he said.
(6) a.　*[Not long ago] did I meet the woman.
　　b.　[Not long ago] I met the woman.

つまり、倒置があれば必ず文全体を否定しているということになる。ということは、倒置は文全体を否定していることの合図だといえる。
　ではどうして倒置すれば文全体に否定が及ぶことになるのか。ここでもう一度次の2つの文を比べてみよう。

(7) a.　[Not a single word] *did* he say.
　　b.　*[Not a single word] he *said*.

(7a)では(7b)と違って、否定された語句が助動詞 did と隣り合っている。考えてみれば、普通に文全体を否定する場合(He *did* not say a single word)も not と助動詞が隣り同士だ。というよりもむしろ、どちらの場合も助動詞が否定の隣にわざわざ現れている、といった方がよい。
　ここで助動詞とは時制を表す要素であることを思い出してもらいたい。時制とはようするに、ある出来事が**事実かどうか**を表す働きをする。文全体を否定する、とはつまり文の表す状況が**事実でない**、ということである。だから時制を表す助動詞が否定要素のすぐ隣にあれば、「事実でない」という文全体の否定を表せるのだ。このあたりの事情は5.9節で見た時制と仲良しの副詞の場合と似ている。結局、文の最初にきた否定要素が文全体を否定しているということを表すために、倒置が起こるのだ。否定については、6.7節-6.10節も参照。

7　分裂文と擬似分裂文：切り裂きかたにも 2 通り

学校文法では(1)のような文は**強調文**と呼ばれている。

(1) a.　*It is* your notes *that* John wants to look at.
　　b.　*It is* John *that* wants to look at your notes.

でも英語学では、この強調文のことを**分裂文**と呼んでいる。(1a, b)とも、普通の語順である(2)をさまざまに切り裂いているように見えるからである。

(2)　　John wants to look at your notes.

そして、it…that で挟まれた位置にくるものを**焦点**と呼んでいる。「強調」ということばは英文法でいろんな使われ方をされるから、「焦点」の方が正確だともいえる。

　分裂文は(1)のように that を使うのが基本と覚えておけばよいが、先行詞にあたるものが物の場合は which、人の場合は who を使うこともできる。

(3) a.　*It is* your notes *which* John wants to look at.
　　b.　*It is* John *who* wants to look at your notes.

そして、焦点の位置には(1)のような名詞句の他に、(4a)のように前置詞句、(4b)のように副詞、(4c)のように節もくることができる。

(4) a.　It is [with great pleasure] that I deliver a speech on this occasion.
　　b.　It was [very carefully] that John did it.
　　c.　It is [not until we lose good health] that we realize the true value of it.

ただし(5b)のように動詞句を焦点の位置にもってくることはできない。

(5) a.　John wrote an essay on Tennyson.
　　　b. *It was [write an essay on Tennyson] that John did.

さて、(1)の分裂文と似たようないい方として、(6)のようないい方がある。

(6)　What John wants to look at is [your notes].

こちらもやはり(2)の文を切り裂いていて、ほぼ同じ意味を伝えている。(6)のような文は、分裂文と区別して**擬似分裂文**と呼ばれている。

　擬似分裂文は分裂文とまったく同じではない。しいて訳し分ければ、(1a)は「ジョンが見たがっている**の**はあなたのノートです」、(6)は「ジョンが見たがっている**もの**はあなたのノートです」である。この差がおわかりだろうか。そう、(6)のwhatは「先行詞を含む関係代名詞」だと考えればよい。だから**擬似分裂文は「もの」的**なのだ。

　実際に、焦点に「もの」以外の人とか場所がくるいい方をしようとすると、whatをwhoやwhereにするしかないのだが、これが必ずしもOKとはいえない。

(7) a.　It is [Alice] that John was talking to.
　　　b. ??*Who* John was talking to is [Alice].
(8) a.　It is [to Cleveland] that John drove the truck.
　　　b. ??*Where* John drove the truck is [to Cleveland].

このように、擬似分裂文は分裂文よりもその使える範囲が狭い傾向にある。ただし擬似分裂文にできて分裂文にできないこともある。擬似分裂文では焦点に動詞句をもってくることができるのだ。

(9)　What John did was [write an essay on Tennyson].　（cf.(5b)）

この文は「ジョンがしたことは〜」と訳せる。だから分裂文は「〜のは」、擬似分裂文は「〜もの／ことは」と覚えておけばいい、ということになる。

8　重名詞句移動：文末には2つの役目あり

(1a)と(1b)を比べてもらいたい。(1a)は普通の語順であるが、(1b)では直接目的語が文の最後の位置にきている。

(1) a.　John sent [money] to his mother.
　　b.　John sent to his mother [the money you had wanted him to give to us].

このように普通の語順と変わってしまうのは、「直接目的語が重たいので文の最後にいっているから」というような説明を聞いたことがある人もいるかもしれない。この説明は当たっている。実際にこれを無理に普通の語順で表そうとすると、ダメになってしまう。(1b)の語順でいうしかないのだ。

(2) ?* John sent [the money you had wanted him to give to us] to his mother.

このように直接目的語が「重い」と文の最後にいくことを**重名詞句移動**と呼ぶ。

名詞句が「重い」かどうかは、単純に長さだけで決まるのではない。(3a)は確かに直接目的語がとても長いからそのために後ろに動いているように見える。しかし実は(3b)のように直接目的語を先にもってきてもOKだ。ところが(4)では、直接目的語はずっと短いのに後ろにもっていかなければならない。

(3) a.　I called up [almost all of the men from Boston].
　　b.　I called [almost all of the men from Boston] up.
(4) a.　I called up [the man you met].
　　b.　*I called [the man you met] up.

これは、(4)の直接目的語が名詞句の内側に関係節 [(that) you met] を含んで複雑になっているためである。一方(3)では名詞句の中に節は含まれていない。このように、節を含んでいる名詞句はたとえあまり長くなくても重名詞句にな

るのだ。

　さて、ここまで読んで「なるほど」と思ってくれた方々にはちょっと申し訳ないのだが、これで終わりではない。実は(5a)のように、さして長いとも思われない直接目的語が文の最後にいっている例というのが割とよく見つかるのだ。しかも名詞句の内側に関係節はない。もちろん(5b)のような普通の語順でまったく問題ない。

　　　(5)　a.　John gave to his mother [a new book].
　　　　　b.　John gave [a new book] to his mother.

一見したところ、これまでの説明がオジャンになってしまいそうである。
　しかしよ～く見てみると、(5)の直接目的語にはこれまで見てきた直接目的語と違いがある。それは…そう、これまでの例では定冠詞 the が付いていたのに、(5)の直接目的語には不定冠詞 a が付いている。
　実は(5a)で a new book は文の焦点になっているのだ。焦点とは、簡単にいえばその文で一番重要な情報のことである。不定の名詞句が文末にいくと焦点になりやすい。また焦点になっていると強勢を受けるのだが、実際に(5a)の a new book には強勢が置かれる。
　英語で直接目的語をわざわざ文末の位置にもっていくのには2つの場合がある。1つは重い名詞句の処理を後回しにするためであり、これが重名詞句移動である。この場合は直接目的語が定の名詞句であることが多い。もう1つは焦点にするためであり、(5a)のように直接目的語が不定の名詞句になる。そのため「重い」名詞句でなくても文末に現れるのだ。
　ただし焦点として文末の位置に現れることのできない名詞句がある。代名詞の it や him である。代名詞は普通、強勢を受けないから、焦点になることもできない。

　　　(6)　*John wants to give to Mary [it].

二重目的語で文末に代名詞がこられないのも同じ理由による(*John gave Mary it)。重い名詞句のとり扱いについては、2.4節と2.7節も参照。

9　前置詞句外置：大事な情報はするりと文末へ

　(1)は「言語学の本が出た」という意味だが、なぜか主語の一部である前置詞句 on linguistics が主語の位置から離れている。このように前置詞句が、修飾しているはずの名詞から離れて文末にくることを**前置詞句外置**と呼ぶ。

(1)　[A book] appeared [on linguistics].

しかし、どうして主語の一部である前置詞句が、そこから離れることができるのだろうか。この前置詞句が特に重いわけでもないから重名詞句移動のような説明をするわけにはいかない。
　実は前置詞句外置は常に可能なわけではない。動詞が disappear になると、前置詞句は離れることができない。

(2)　*[A book] disappeared [on linguistics].

そこで(1)と(2)を普通のいい方に戻して比べてみよう。

(3) a.　[A book on linguistics] appeared.
　　b.　[A book on linguistics] disappeared.

一見、前置詞句 on linguistics は同じように book を修飾しているように見えるが、(3a)と(3b)では働きが違う。ここで思い切ってこの前置詞句を取り除いてみよう。

(4) a.　A book appeared.
　　b.　A book disappeared.

いきなり(4a)のように「本が出た」とだけいわれたら何と思うだろう？　「えっ、**どんな本？**」と聞き返したくなるだろう。一方で(4b)のように「本がなくなった」といわれたら「えっ、**どの本？**」と聞きたくなるのではないだろうか。

この違いを意識しながらもう一度(3a)と(3b)を見直してもらいたい。(3b)ではあらかじめ何冊かの本が存在しており、そのうちの言語学の本がなくなった、という意味になりやすい。すると on linguistics という前置詞句は「物理学でも心理学でもなく言語学の本」というふうに book をしっかりと限定していることになる。つまり [a book on linguistics] でがっちりとひとまとまりになっているのだ。そして(3b)ではそのような本が「なくなった」ということが一番言いたいことである。

　これに対して(3a)では、そのようにあらかじめ何冊かの本が存在しているという意味にはなりにくい。むしろ、(3a)を聞いて初めてその本の存在を知るようになる。だから(3a)の前置詞句は、(3b)のようには book を限定していない。

　ところで「本が出た」だけでは当たり前すぎて、何か情報が足りない。そこで(3a)では前置詞句が意味を補って、「本が出たけれど、その本は言語学についてですよ」という内容を伝えている。ここでは「本が出た」よりも「その本は言語学についてですよ」の方が言いたいことなのだ。

　ようするに、(3a)の前置詞句 on linguistics は book を限定せずに、むしろこの文の中で一番伝えたい情報を表している。(3b)のように [a book on linguistics] でがっちりとひとまとまりになっていないから、on linguistics は a book からするりと離れても大丈夫。そして、英語で文の最後は一番大事な情報を置く位置なので、ここがちょうど手頃な行き先なのだ。

　こういうわけなので、前置詞句外置は(1)のように、主語が不定の名詞句で、動詞が「出現・存在」を表す場合に起こりやすい。主語に定冠詞がついていると、前置詞句が book を限定する解釈になってしまうのでダメになる。

　(5)　*[The book] appeared [on linguistics].

「出現・存在」を表す自動詞でないと、(2)のように動詞自体が文の中で一番大事な情報を表すことになるのでやはりダメ。また他動詞では、目的語が一番大事な情報になりやすいので、前置詞句外置は一般的に許されない((6)を参照)。ただし「出現・存在」の意味ならば OK になることがある((7)を参照)。

　(6)　*[A man] hit Mary [with blue eyes].
　(7)　 [A man] approached me [with blue eyes].

10 感嘆文：「何て」と「ホント」

感嘆文は、(1)のように what または how が文の最初にあり「何て〜だろう」という意味を表す、と教わる。

(1) a. What a beautiful city Kyoto is!
　　b. How beautiful Kyoto is!

普通の平叙文と違うのは、このように what または how が最初にある、という点だけである。倒置も起こらない。しかし what と how のどちらを使うかがちょっと厄介である。

まず(2a)を見てもらえばわかるように、what はその後に a beautiful city という名詞句をとる。形容詞 beautiful はその名詞句の一部にすぎない。しかし how の場合は、(2b)のように形容詞 beautiful が直接 how の後にきている。

(2) a. What [a beautiful city] Kyoto is!　　(= (1a))
　　b. How [beautiful] Kyoto is!　　　　　(= (1b))

ここで what にとって大事なのは、その次に冠詞の a がくるかどうかでなく、**名詞句をとる**、ということだ。その名詞句が複数形になれば、結果として(3)のように形容詞が what のすぐ後にくることもある。

(3)　What [beautiful cities] they are!

これに対して、how にとって大事な点は、**形容詞（または副詞）がすぐ次にくる**、ということである。実は(4a)がダメなのは、名詞句がきているからではない。(4b)のように、形容詞 beautiful が冠詞 a を飛び越えて how の隣に現れていると実は OK になるからだ。

(4) a. *How a beautiful city Kyoto is!
　　b. How beautiful a city Kyoto is!

このように how では、普通の語順をくずしてでも形容詞か副詞をすぐ隣にもってこなければならないのである。
　この what 対 how の違いとまったく同じものが such と so の間にも存在する。

　　(5)　a.　Kyoto is such [a beautiful city].
　　　　b.　Kyoto is so beautiful a city.

だから、**what と how の使い分けは such と so の使い分けと同じ**と考えていい。
　ところで感嘆文とは(1)のように what / how を使うものだけではない。(6a)のように、倒置を起こした文でも感嘆文になる。ただし、まずは Boy! と間投詞をいってから倒置文を続けるのが普通であり、(6b)のようにいきなり倒置文をいうだけではダメである。

　　(6)　a.　Boy! Am I hungry!
　　　　b. ??Am I hungry!

どうして倒置が起こって感嘆文になるのかといえば、助動詞が時制を表すことと関係がある。時制とはある状況が事実かどうかということを伝える働きをしている。だからその時制を表す要素を動かすということは、「事実である」ことに何らかの操作を加えることになるのだ(7.6節を参照)。(6a)では助動詞が倒置されることにより、「事実であることを強調」している、と考えればよい。実際に(6a)は「あ〜あ、ホント、腹ペコだ」という日本語に訳すことができる。(6a)では助動詞の倒置がこの「ホント」にあたる意味を伝えているわけだ。
　これに対して、what / how を使う感嘆文は、形容詞や副詞の表す性質の程度を強調することによって感嘆の意味を表している。(7)のように形容詞や副詞が省略されることもあるが、やはり何らかの特性の程度(この場合は風の強さ)を強調していることに変わりはない。

　　(7)　How the wind blew!

だから(1)は「何て」型、(6a)は「ホント」型と覚えておけばよい。

第 7 章「単文レベルの構文」主要参考文献

◆中島平三(編)『英語構文事典』大修館書店 2001 年
　非常に広範囲にわたる構文が取り上げられており、当然のごとく、この章で扱われている構文もみな扱われている。各テーマの基本文献や研究の流れがコンパクトにまとめられており、さらにもっと突っ込んで調べたい人のための文献や関連テーマも挙げられている。主に生成統語論での先行研究を中心に紹介してあるために、項目によっては生成統語論の知識がまったくないとちょっと難しいかもしれない。しかし意味論的・語用論的な研究もちゃんと押さえてある。卒業論文のテーマを探している学部生にはもちろん、第一線の研究者にとっても非常に重宝する事典である。

◆影山太郎(編)『日英対照　動詞の意味と構文』大修館書店 2001 年
　結果構文について書かれた論文や本はあまりに数が多くて、どれを取り上げたらよいか困るのだが、初学者に割といいと思われるのが本書である。編者自身は「はしがき」で「英語学・言語学・日本語学の学部生から大学院生」を主たる対象として書かれたと述べているが、実際そのようなレベルの読者にとってちょうど手頃な入門書になっている。また結果構文以外にも近年の語彙意味論で人気のある現象がいくつも取り上げられており、おおまかな研究の動向がつかめる。

◆小野尚之(編)『結果構文研究の新視点』ひつじ書房 2007 年
　日本人研究者による結果構文研究の最新の動向をまとめた論文集。結果構文についてもっと知りたくなった人にオススメである。特に編者による第 1 章序論では、結果構文研究の流れを概観して、結果構文はどのように分類されるか、どのように形成されるか、どのような問題があるのか、等を上手にまとめてあるので必読。2 章以降の各論でも、日本人研究者ならではの視点が活かされている論文が多数あり、興味深い。

◆田子内健介・足立公也『右方移動と焦点化』研究社 2005 年
　さまざまな倒置構文や外置構文について、主に生成統語論の研究成果を中心としてまとめている。さまざまな倒置構文や外置構文が統語的にどのように派生されるか、意味的にどのような特性があるか、どのように処理されるか、等に関する最近の動向がつまっており、これらの構文をもっと突っ込んで調べてみたい人にオススメである。

◆高見健一『機能的構文論による日英語比較：受身文、後置文の分析』くろしお出版 1995 年
　機能主義の第一人者である筆者が、日英語の受け身文とさまざまな倒置構文や外置構文を、独自の機能主義の立場から分析している。統語論的な観点からだけでは見落

とされてしまうような事実をたくさん指摘しており、ことばの多面性に気づかせてくれる興味深い本である。また生成文法での分析を押えたうえで、それに対する代案としての機能主義的分析を提案する、という書き方になっている。そのため、いきなり生成統語論の話についていくのはちょっと…と思うような人には、この本から入っていってそれから統語論の本にいく、という方がかえってわかりやすいかもしれない。

◆関 茂樹『英語指定文の構造と意味』開拓社 2001 年

分裂文と擬似分裂文の機能を扱っており、it…that の間にくるものを単に「焦点」と呼んで話が済むものではない、ということを教えてくれる本である。また特筆すべきはその例文の多さである。英語学の研究論文で挙げられている例文だけでなく、筆者がペーパーバックから見つけてきた例文がこれでもか、というくらいにあふれかえっており圧倒される。「1つのトピックであってもこだわり続ければこんなに長い本を書けるのか！」ということを実感できる本。

◆村田勇三郎『機能英文法』大修館書店 1982 年

やや古いように思えるかもしれないが、その当時に話題になっていたいろんな現象に対する知見がまとめられており、現在でも参考になる。新情報・旧情報や文末焦点・文末重点の原則などは、現在の倒置構文や外置構文等の説明ではもはや当たり前となっている。しかしこの本では、これらの概念が使われ出した時代をカバーしている。そのため、この本を読むと、「そうか、そういうことを言いたかったのか」と、ちょっとした「温故知新」を感じることもできるだろう。「まず理論ありき」でなかった時代に書かれたからこそ、本書は今時の学生が「英語学にはどういうトピックがあるか」を知るために、まず読むべき本といえるかもしれない。

◆廣田太一・明石博光「場所句倒置構文の成立条件」*JELS 20: Papers from the Twentieth National Conference of The English Linguistic Society of Japan*, 2003 年

場所句倒置構文が「存在提示の機能をもつ」というところから話を始めて、この構文の意味論的・語用論的性質を非常にきれいに描き出している。この現象をもっとよく知りたい人には是非オススメの論文である。また一見よく似ている不変化詞を含む倒置構文(Away ran the thief)が、実は場所句倒置構文と違うことにも触れており、倒置構文とは決して一枚岩の現象でないことを実感させてくれる。学会の口頭発表をまとめたものなので、短く簡潔で読みやすい。

◆Deidre Wilson and Dan Sperber "Mood and the analysis of non-declarative sentences"（J. Dancy, J. Moravczik, C. Taylor (eds.), *Human Agency:*

Language, Duty and Value. Stanford University Press, 1988.）

　関連性理論の独自のいい方をしているために、その方面をまったく知らない人にはかなり難解である。しかし挙げられている例文を見るだけでも、「疑問文とは相手から答えを引き出すもの、命令文とは相手に何かをするように命令するもの」という単純な考えがいかに間違っているかをよく理解できる。

◆Billy Clark and Geoff Lindsey "Intonation, grammar and utterance-interpretation: Evidence from English Exclamatory-inversions," *UCL Working Papers in Linguistics* 2, 1990.

　倒置をともなう感嘆文を扱った研究はあまり多くないのだが、この論文では詳しい記述をしている。倒置をともなう感嘆文は一見したところ疑問文と同じ語順になるから、疑問文の一種とみなす考えもある。しかしこの論文では、さまざまな証拠に基づいて両者がはっきりと別のものであることを主張している。特にどのような音調を使うとどのような意味を表すかを非常に詳しく述べているのが特色。

第8章 複文レベルの構文

1. 分詞構文：Eco でも気配り
2. 等位構造：何がつなげて何がつなげないか
3. 付加疑問文：効果的でも要注意
4. 省略（Ⅰ）：何でも削ればいいわけではない
5. 省略（Ⅱ）：ばらばらでも似ている
6. 使役構文（Ⅰ）：「使役」って何？
7. 使役構文（Ⅱ）：いくつもの顔をもつ have
8. it that 構文と it(for)to 構文：長くて重いものが最後にくる…だけ？
9. ECM 構文と小節：完全な「節」まであと一歩
10. 条件節・譲歩節：仮に名前は違っていたとしても

第Ⅲ部 構文から見た英文法

1 分詞構文：Eco でも気配り

「接続詞を使わないで、次の2つの文を1つの文にしなさい」といわれたら、どうしたらいいだろうか。

(1) a.　John studied English.
　　b.　John listened to the radio.

答えは、「**分詞構文にする**」である。(1)の場合、どちらかの動詞を**分詞**にすることにより、(2)の2つの文をつくることができる。

(2) a.　John studied English, *listening to the radio*.
　　b.　John listened to the radio, *studying English*.

(2)は「付帯状況」の用法で、分詞は「〜しながら」とおまけの動作を述べている。(2a)のメインの動作は英語を勉強することであり、(2b)ではラジオを聞くことである。どちらの動詞を分詞に使うかで、動作の重要性が変わってくる。

接続詞を使わずに、2つの文の主語が同じ場合は分詞の主語を省略するので、分詞構文は、より簡潔で Eco な文だといえるかもしれない。

しかし、省エネはそれほど簡単ではない。まず、語順であるが、だいたいのルールがある。(2)のように「〜しながら」という場合は、ふつう分詞が導く句が後にくるが、時、原因・理由、条件、譲歩などの意味を表す場合は、文頭にくる場合が多い。

(3) *Inspecting the car*, they found a serious defect.
(4) *Surrounded by soldiers*, the queen couldn't escape from the castle.
(5) *Supposing it is true*, we may account for the previous question.
(6) *Admitting what she says*, I still cannot believe her.

分詞が導く句は、(3)が「車を点検した時」という「時」、(4)は「兵士に囲まれていたので」という「原因・理由」、(5)は「もしそれが正しいとすると」という「条

件」、(6)は「彼女がいうことは認めるが」という「譲歩」を表している(「条件」「譲歩」はきわめて文語的である)。では、(7)はどうか。

(7) *Standing on the desk*, you can touch the ceiling.

(7)はそれだけでは、3つの読みが可能である。「机の上に立つ時」という「時」、「机の上に立っているので」という「原因・理由」、「机の上に立てば」という「条件」。どの解釈なのかを決めるためには、分詞が導く句とメインの文の内容を比べて、その文が使われている文脈などから、分詞が導く句をどの接続詞を使って書き換えることができるかということを推測しなければならない。
　一方、(7)の can を could にすると、「条件」の意味はとりにくくなる。

(8) *Standing on the desk*, you could touch the ceiling.

過去に実際に起こった事実をわざわざ仮定することはないからである。
　また、どんな動詞が分詞として使われるかによって、文脈にかかわらず意味が決まる場合がある。

(9) a. *Using dogs*, the police can detect drugs in a suitcase.
　　b. *Having a sensitive nose*, a dog can detect drugs in a suitcase.

(9a)は、「犬を使う時」という「時」や「犬を使えば」という「条件」の意味が可能である。一方、(9b)は、「敏感な鼻である時」や「敏感な鼻であれば」という「時」や「条件」の意味はとりにくく、「敏感な鼻をしているので」という「理由」の意味になる。
　では、なぜ「時」や「条件」の意味がとれないかというと、「敏感な鼻をしている」というのが、犬の生まれつきの特徴だからである。「時」や「条件」の解釈は、having long hair(髪の毛が長い)や being ill(病気である)のような、**一時的な性質**を表す分詞とは相性がいい。しかし、鼻が敏感だというのは、**半永久的な犬の特徴**なので、一時的にそのような状態になる時のことを述べたり仮定したりすることができないのである。
　以上のように、分詞構文は、2つの文で表す内容を1つの文だけで述べるという Eco な方法であるが、それを使いこなすためには、語順や文脈、それに分詞に用いる動詞など、いろんなことに気を配らなければならないのである。

2　等位構造：何がつなげて何がつなげないか

　等位構造とは、and, but, or などの**等位接続詞**を含む構造である。等位接続詞とは、対等な関係にある語と語、句と句、節と節を結びつける接続詞である。ここでは、and を含む等位構造について見てみよう。一般に and でつなぐことができるのは、同じ品詞の語、同じ品詞を中心とする句や節である。

(1) a.　Daisuke completed his short program [elegantly] **and** [passionately].
　　b.　[To jump] **and** [to turn] are both important.
　　c.　Mao is [fond of dogs] **and** [afraid of cats].

しかし、全ての同じ種類の句が and でつなげるわけではない。(2)の質問に対する答えとして、(3a)とはいえるが、(3b)とはいえない。

(2)　　What does she do?
(3) a.　Work [as a skater] **and** [as an actress].
　　b.　*Look [after her own dog] **and** [after her sister's dog].

(3b)の after は、look after（世話をする）という熟語の一部で、前置詞＋名詞句がちゃんとしたまとまりでないので、and でつなげないのである。
　したがって、and でつなぐことができるのは、「同じ種類のまとまりをなす構成素どうし」であるといえる。もっとも、厳密にいうと、完全に同じでなくても、かなり似ていれば and でつなぐことができたりする。

(4) a.　Daisuke fought [lonely] **and** [under the severe condition].
　　b.　They talked about [Mao] **and** [that she was looking for a new coach].

(4a)は副詞と前置詞句をつなぐ例であるが、どちらも戦った際の状況を述べている。(4b)の Mao と that 節は一見まったく違う種類に見えるが、どちらも彼らのうわさの内容であり、さらに that 節の主語 she が Mao を指しているので、2つの間に関連性があるため、つなぐことができる。
　等位構造の中では、(5)のように、and が後続要素とまとまりをなしている。

(5) 　[Daisuke [**and** Mao]]

このことは、(6a) の And Mao だけが独立して使えることや、(7a) の **and** a huge mansion だけを抜き出して後ろに置くことができることなどからいえる。

(6) a. 　**And** Mao.
　　b. 　*Mao **and**.
(7) a. 　Daisuke bought a private jet last month, **and** a huge mansion.
　　b. 　*Daisuke bought a huge mansion last month, a private jet **and**.

次に、主語の接続と文の接続について考えてみよう。

(8) a. 　Daisuke **and** Mao arrived.
　　b. 　Daisuke arrived **and** Mao arrived.

Daisuke and Mao を主語とする文 (8a) は、(8b) のような文の等位接続に書き換えることができ、2つの文は同じ意味をもつ。しかし、動詞を meet や kiss にすると同じ意味にならない。

(9) a. 　Daisuke **and** Mao met.
　　b. 　Daisuke met **and** Mao met.

(9a) は Daisuke と Mao がお互いに出会ったという意味であるが、(9b) では、普通は、その意味にはとれない。
　また、動詞句等位接続を文等位接続に書き換えると意味が変わる場合がある。

(10) a. 　No skater missed the turn **and** won the medal.
　　 b. 　No skater missed the turn **and** no skater won the medal.

(10a) は回転でミスをしてかつメダルを取ったスケート選手は一人もいなかったという意味だが、(10b) は回転でミスをした選手もメダルを取った選手も一人もいなかったという意味である。(10a) では、No が missed と won の両方にかかっているが、(10b) では、最初の No は missed だけに、後ろの no は won だけにかかっているのである。以上のように、何と何が and でつなげるか、またつないだ時の意味はどうなるかということには、いろんな要因が絡んでくるのである。

3　付加疑問文：効果的でも要注意

　だれかと話していて、一方的にしゃべるだけではなく、相手への思いやりを伝えたい。あるいは、はっきりと断定することを避けたい。そんな時に役に立つのが**付加疑問文**である。

　例えば、いっしょに仕事をしている時、相手が疲れてきたかなと思ったら、**付加節** aren't you を使って、次のようにいうとよい。

　　(1)　You are tired, *aren't you*?

文末を上昇調で話すと、自信がない場合の「確認」の意味になり、下降調だと、自信があって「同意」を求めることになる。

　相手の顔には疲労が見えないけれど、時間的にそろそろ疲れているかなと思って確かめようとするときは、上昇調。相手が疲れているように見えるけれど、こちらを心配させないようにがまんしているかもしれないので、こちらからいってあげようと思うときは、下降調。

　肯定文の後の付加節は否定の短縮の疑問形、否定文の後なら、肯定の疑問形をつける。付加節の主語ははじめの文の主語を代名詞にする。

　　(2)　a.　This coffee smells good, *doesn't it*?
　　　　b.　The visitors weren't happy, *were they*?

はじめの文の中に not がなくても、否定の意味をもつ表現(never, hardly, scarcely, few, little など)が使われていると、付加節は肯定形となる。

　　(3)　a.　John never listens, *does he*?
　　　　b.　The new exchange students can hardly understand Japanese, *can they*?

付加節の語順で注意したいのが、be 動詞の否定の時である。普通は短縮形を使うが、改まったときは be 動詞 + 主語 + not を使う。

(4) a. Mary is leaving, *isn't she? / is she not*?
   b. I am running out of time, *aren't(ain't) I*?
   c. I am prime minister of Japan, *am I not*?

(4c)は、邪険にされたと思った首相が、自分は日本国の首相ではなかったかねと、少々不満をこめて話す場合である。もちろん、同意を求める下降調で。

付加疑問文は、一部の例外を除いて、埋め込み文の付加節をつくることはできない。

(5) a. Mary believes that children are noisy, *doesn't she*?
   b. *Mary believes that children are noisy, *aren't they*?

このことを、(5a)がもともとは次のような構造であるとして考えてみよう。

(6) Mary believes that children are noisy, [+Q] [Mary believes that children are noisy] not.

疑問文をつくるための [+Q] の後にくる先行する文のコピーは、先行する文全体でなければならないという制約があるとする。さらに、(6)に、反復を避けるための動詞句削除(8.4 節を参照)が働き、believes that children are noisy が削除され、does で置き換えられ、そして(5a)ができるとする。埋め込み文だけをコピーできないので、(5b)の文はつくれないことになる。

最後に、命令文や勧誘文につく付加節を見てみよう。

(7) a. Fill in the form, *will you? / won't you*?
   b. Fill in the form, *can't you*?

命令文の場合、上昇調の will you をつけると命令口調が和らげられる。また、won't you を使うとより穏やかになる。しかし、will you を下降調でいうと、少々横柄ないい方になる。さらに、can't you? を使うと、「書類に記入できないの？」と詰問調になる。

ふだんは、断定や命令を和らげるために使われる付加疑問文であるが、それだけに微妙な効果を生んで、(4c)や(7a, b)のように、一歩間違うと、相手に思わぬ誤解を招く場合がある。気をつけて使いたいものだ。

4 省略（Ⅰ）：何でも削ればいいわけではない

　大学生の太郎君がとっている英作文の授業では、毎週自由英作文を提出しなければならない。英文法に自信がある太郎君は、いつも完璧を狙っている。しかし、今週返ってきた作文には赤い線が引いてある文が2つあった。

(1) 　My father ate octopus and I <u>ate octopus</u>, too.
(2) 　My brother drank coffee but my sister <u>drank herb tea</u>.

どこが間違っているのかわからない太郎君が先生に質問すると、先生はこう答えた。「文法的には間違っていないんだけど、同じ表現を繰り返してるでしょう。もう少しスッキリできないかと思って…。」
　そういうと先生は、(1)では、動詞句全体が同じなので、後の動詞句を did で置き換え、(2)では、動詞が同じなので、後の動詞を省略したらよいと教えてくれた。

(3) 　My father ate octopus and *I did*, too.
(4) 　My brother drank coffee but *my sister herb tea*.

「(3)のようにすることを、**動詞句削除（VP deletion）**というの。and や but のような等位接続以外でも使えるわよ。」といって、先生は例を挙げた。

(5) 　John will go to the moon before Mary does.

また、(4)については、「動詞だけを省略することを**空所化（gapping）**というの。共通のところだけを省略したらいいのよ。でも、助動詞がある場合は助動詞も一緒に省略してね。」と、(6)の例を教えてくれた。

(6) a.　John can speak Japanese and *Mary Chinese*.
　　b.　*John can speak Japanese and *Mary can Chinese*.

太郎君は、その日先生に教えてもらった2つの省略方法を、さっそく、次の週の英作文で使ってみた。だが、残念ながら、また赤線が引いてあった。

(7) My mother respects her father and <u>my sister does</u>, too.
(8) * My mother doesn't like cooking <u>and</u> my father gardening.

また、最後に、「今度は、自分で考えてみましょう。」と参考図書が挙げてあったので、太郎君は、さっそく図書館に行ってその本を借りてきた。
　まず、太郎君が省略してつくった(8)の元の文は(9)であった。

(9) My mother doesn't like cooking and my father doesn't like gardening.

(6a)で助動詞の場合は助動詞と動詞の両方を省略すると習ったので、doesn't と like の両方を省略したのだ。でも、その本によると、元の文の接続詞が and で両方が doesn't ＋動詞ならば、and を nor に替えるということであった。

(10) My mother doesn't like cooking, *nor* my father gardening.

(7)についてはわからなかったので、先生にたずねることにした。先生は、こういった。「(7)は、(11)の respects her father を省略した文でしょう？ (11)の後の方の her はお母さんと妹さんの両方の意味にとれるので、このままでは、あなたの妹さんがおじいさんとお父さんのどちらを尊敬しているかわからないの。」

(11) My mother respects her father and my sister respects **her** father, too.

太郎君は、「母も妹も祖父を尊敬しているということを書きたかったので、(12)とすればいいんですね。無駄をなくして簡潔な文章にするためには、同じ語句の反復を避けて省略したらいいけど、それができるのは、削っても何をいっているかはっきりわかる場合に限るんですね。」と答えた。

(12) My mother respects her father and *my sister respects him*, too.

太郎君は、これまで、文を組み立てるいろんな規則を覚えてきた。でも、今回の経験を通して、文の中の語句を省略する場合にも規則があることを学んだ。また、適切な省略をするためには、文脈や場面もよく考えなければならない時があるということも知った。

5　省略（Ⅱ）：ばらばらでも似ている

　8.4節で動詞句と動詞の省略について学んだ太郎君は、いろんな省略に興味をもち、大きな単位の順に考えてみることにした。
　一番大きな単位、それは、「文」の削除である。

(1) a.　Somebody just left the room. Guess **who**.
　　b.　Hanako is reading something. I can't imagine **what**.
　　c.　I know that the professor is going to give us an exam, but I don't know **when / where**.

(1)は、間接疑問文の疑問詞以外を削除する例で、**S削除**または**slucing**（スルーシング）と呼ばれている。(2a‑c)は、削除が起こる前の(1a‑c)の元の文である。(2a)は、疑問詞が削除を受けた文の主語である例、(2b)は、疑問詞が目的語の例、(2c)は副詞の例である。(2c)は前の文の中に対応する副詞がない。

(2) a.　Somebody just left the room. Guess **who** [_ just left the room].
　　b.　Hanako is reading something. I can't imagine **what** [she's reading _].
　　c.　I know that the professor is going to give us an exam, but I don't know **when / where** [the professor is going to give us an exam].

次に大きな単位は「句」である。まず、8.4節でみた**動詞句削除**がある。(4)の反復された動詞句が削除され、そこにdoを代入したのが(3)である。

(3)　Hanako read 1Q84 and **Taro** did, too.
(4)　Hanako read 1Q84 and **Taro** [read 1Q84], too.

さらに、(5)のように、名詞句の一部が削除される**名詞句内削除**がある。

(5) a.　Twenty students applied for the exchange program but **only five** could study abroad.

b.　Hanako's book about Chopin is more interesting than **Taro's**.

(5a)では数量表現の only five の後の名詞、(5b)では所有格名詞 Taro's の後の名詞＋前置詞句が削除されている。どちらも、削除が行われる前の元の文(6)で、反復して使われている要素を削除したものである。

　(6)　a.　Twenty students applied for the exchange program but **only five** [students] could study abroad.
　　　b.　Hanako's book about Chopin is more interesting than **Taro's** [book about Chopin].

S削除、動詞句削除、名詞句削除の3つを見て、太郎君は、どこか似ているところがあることに気づいた。省略されているのは、文と動詞句、それに名詞句の一部と、一見ばらばらの種類の要素である。でも、省略されるのは反復して使われている部分で、前にある要素は必ず残っている。

　そこで、太郎君は、次のような図を書いてみた。

(7) a. 間接疑問文　　　　　　b. 文　　　　　　　　c. 名詞句

疑問詞　［(主語)＋動詞句］　　主語［動詞句］　　数量表現　［(修飾表現＋)名詞句］
　　　　　　　　　　　　　　　　　　　　　　　　名詞所有格［名詞(＋修飾表現)］

この図を英作文の先生に見せると、先生は、「(7a)と(7b)をよく比べてごらんなさい。どんなことがわかる？」とたずねた。太郎君は答えた。「そういえば、(7a)の「主語＋動詞句」は(7b)の「文」と同じですね。」

　先生はいった。「では、(7a-c)の省略できる要素［　］は、どんな共通点があるでしょう。」太郎君は、答えた。「3つとも、1つのまとまりのように思えます。(7c)で省略できる名詞＋修飾表現(例えば、(6b)の book about Chopin)というのは、one で言いかえることができるし…。」

　先生はおっしゃった。「どれも、まとまりをなしているの。このような要素を「構成素」というのよ。(7a-c)で省略できる構成素(例えば(7a)では［(主語)＋動詞句］)は、より大きな構成素(例えば(7a)では間接疑問文)より小さなまとまりだけれど、そういった大きな構成素をつくり上げている大事な部分なのよ。S削除と動詞句削除、それに名詞句内削除は、**最初の要素を残して後の構成素を削除する**という点で、同じタイプの削除だといえるわね。」

6 使役構文（Ⅰ）：「使役」って何？

使役構文とは、使役動詞 make, let, have を用いた(1)のような文である。

(1) a. Hanako **made** her husband cook rice.
　　b. Hanako **let** / **had** her husband cook rice.
(2)　 使役動詞＋目的語＋原形不定詞

英文法の授業では、「目的語の後の動詞は原形に」という(2)の文型をまず覚えさせられた人も多いかもしれない。

でも、使役構文の「使役」とはどういう意味かとたずねられたら、どう答えたらよいだろうか。「使役」とはもともと「人を使って何かをさせる」という意味である。では、使役構文は「～させる」という意味をもつ make などがつく文だと答えるだけでいいのだろうか。

(1a)の文を cause という動詞で書き換えると、(3)のようになる。また、何が起こったことを述べているかという「出来事」という見方で考えると、(3)では2つの出来事が起こっている。

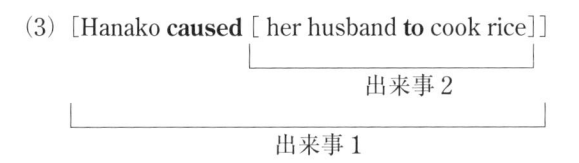

(3)　［Hanako **caused** ［ her husband **to** cook rice］］
　　　　　　　　　　　　　　出来事2
　　　　　　　　　　　　出来事1

「夫がご飯を炊く」というのが出来事2、「花子が出来事2を引き起こす」というのが出来事1である。この「引き起こす(cause)」というのが、「使役(causative, causation)」にあたるのである。したがって、**使役構文は、出来事の因果関係を含んだ文**ということになる。

もともと、(1a)は2つの解釈ができる可能性がある。

(4) a.　花子は、無理に夫にご飯を炊かせた。

b. 花子のために、夫はご飯を炊くことになった。

(4a)は、主語が意志をもった動作主(agent)の場合、(4b)は、主語が「花子という女性の存在」という原因(causer)の場合である。出来事を使っていいかえると、(4a)は意図的に出来事2を引き起こす場合、(4b)は非意図的に出来事2が引き起こす場合である。

(1a)は主語が人間なので、花子が意図的に夫を使ったという(4a)の解釈が普通であるが、(5)は非意図的使役の例である。

(5) **Hanako's absence** made her husband cook rice.

(5)はいわゆる「無生物主語」の文で、使役動詞の主語が生物ではないので、日本語に訳す場合、「させる」よりも「花子がいないので(いないために)」のように、原因-結果の訳し方をした方が自然である。2.5節も参照。
　使役を表現するのに make, let, have といった使役動詞を用いることを「迂言(うげん)的使役」と呼ぶ場合がある。一方、(6)のような「語彙的使役」というのがある。

(6) He **cooked** rice.

(6)は、普通の他動詞構文に見えるかもしれないが、(7)のように分析することができる((7)の cook は「炊ける」という意味である)。「ご飯を炊く」は、「[ご飯が炊ける] という出来事を引き起こす」といいかえられるのである。

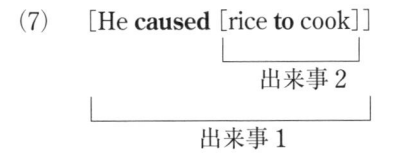

(7) [He **caused** [rice **to** cook]]
　　　　　　　　　出来事2
　　　　　　出来事1

(7)は、「引き起こす」という意味が、他動詞 cook の意味の中に含まれていることを示している。もちろん全ての他動詞がこの意味を含んでいるわけでない(read, know, reach 等にはない)。「使役動詞」といっても、make, let, have のように「使役」という表看板を掲げている動詞もあれば、cook, break, dry のようにこっそり使役の読みをもっている動詞もあるのである。

7 使役構文（Ⅱ）：いくつもの顔をもつ have

8.6 節で、「使役」とは「～させる」や「出来事を引き起こす」という意味だということを述べた。しかし、使役といってもさまざまな種類がある。

使役構文(使役動詞＋目的語＋原形不定詞)を使って「おもちゃのピアノを修理させる」を英語にすると、次のようになる。

(1) a. Megumi **made** Shin repair *her toy piano*.
　　b. Megumi **let** Shin repair *her toy piano* as much as he wanted.
　　c. Megumi **had** the toyshop repair *her toy piano*.

make は「無理に～させる」という意味で、(1a)は「おもちゃのピアノを無理に修理させた」という意味になる。let は「自由に～させる、～することを許す」という意味で、(1b)は「好きなだけ修理させた」という意味になる。have は「～してもらう」という意味で、(1c)は「おもちゃ屋に修理してもらった」という意味になる。

3つの動詞のなかで訳すのが一番難しいのは have である。have＋目的語＋原形不定詞には「使役」(～させる)と「経験」(～される)の2つの意味がある。(2)の文は、それだけでは、「オーケストラに舞台から立ち去らせた」という「使役」と「舞台から立ち去られた」という「経験」の2つの解釈の可能性がある。

(2) 　The conductor had the orchestra walk away from the stage.

「使役」の have は、本来、目的語がそうするのが当然ということを主語が意図的にさせる場合に使われる。(無理にさせる場合は、make や get to が使われる。)一方、「経験」の have は、主語の意図とは関係なくある出来事が起こった結果を述べるのに使われる。

そこで、8.6 節と同じように(2)を2つの出来事として見てみよう。

(3) 　[The conductor had [the orchestra walk away from the stage]].
　　　　　　　　　　　　　　　　　　　出来事2
　　　　　　　　　　　　　　出来事1

「使役」の場合は、主語が意図的に出来事2を引き起こす場合、「経験」の場合は、主語の意図と関係なく出来事2が起こってしまった場合である。

さらに、「使役」と「経験」のどちらにおいても、出来事2の結果が have の主語にとって都合がよい場合（利益）と迷惑な場合（不利益）がある。以上をまとめると、(2)は厳密には4つの解釈の可能性があることになる。

(4) a. 指揮者がオーケストラを立ち去らせた。（その結果、奏者が次々と出ていくハイドンの「告別」を効果的に仕上げた。）【使役＋利益】
b. 指揮者がオーケストラを立ち去らせた。（その結果、曲の途中だったので、観客を怒らせてしまった。）【使役＋不利益】
c. 指揮者がオーケストラに立ち去られた。（その結果、最後に残った指揮者だけが、大喝采をあびた。）【経験＋利益】
d. 指揮者がオーケストラに立ち去られた。（その結果、指揮者は曲を最後まで仕上げることができなかった。）【経験＋不利益】

この解釈のうちどれを選ぶかは、指揮者とオケとの関係、それに演奏曲や指揮者は何を期待しているかなど、文脈や常識から判断することになる。

have 使役構文と関連した構文に、(5a)のような have＋目的語＋過去分詞がある。

(5) a. Megumi **had** *her toy piano* stolen.
b. Megumi **had** someone steal *her toy piano*.

(5a)は(5b)のように have＋目的語＋原形不定詞に書きかえることができる。どちらも「おもちゃのピアノを盗まれた」という「経験」の意味である。一方、(1c)は(6)のように書き換えられ、(1c)と同じように「おもちゃのピアノを修理してもらった」という「使役」の意味になる。

(6) Megumi **had** *her toy piano* repaired.

(5a)と(5b)、そして(1c)と(6)の対応関係を見ると、have 使役構文と have＋目的語＋過去分詞の関係は、能動文と受動文の関係にどこか似ているようだ。1.6節を参照。

8　it that 構文と it(for)to 構文:長くて重いものが最後にくる…だけ？

「4月までにその試験に合格しなければならない。」という文を、necessary を使って英語に訳しなさいといわれたら、どうするか。まず、日本語を「4月までにその試験に合格することが必要だ。」という文に書きかえて、主語の「4月までにその試験に合格することが」を英語でも主語にして訳すと、(1)のようになる。(1)は(2)の **it to 構文** に書きかえることもできる。

(1)　**To pass the exam by April** is necessary.
(2)　**It** is necessary **to pass the exam by April**.

it は、「それ」と訳さない「形式主語」である。また、(1)と違い、(2)は日本語の主語にあたる to 不定詞句が文末にくる英語独特の語順である。さらに、(2)の方が、最後に長い to 不定詞句がくるので、バランスのよい文である。2.4 節も参照。
　to 不定詞の意味上の主語は、for を用いて表すことができる。

(3) a.　**For him to pass the exam by April** is necessary.
　　b.　**It** is necessary **for him to pass the exam by April**.

次に、it that 構文の場合について考えてみよう。(3)を that 節で書き換えると(4)のようになる。

(4) a.　**That he should pass the exam by April** is necessary.
　　b.　**It** is necessary **that he should pass the exam by April**.

(4b)も、(4a)の主語の that 節を文末に置いて形式主語の it から文を始めることによって、バランスのとれた文になっている。しかし、(4a)と(4b)の違いは、それだけではない。英語では、文末にこれまで聞いたことのない新情報がくる場合が多いということを考えると、that 節の内容が旧情報の場合は(4a)、新情報の場合は(4b)を使うことになる。7.8 節と 7.9 節も参照。
　it は形式目的語としても用いられる。

(5) a. John considered **it** important **for students to study English every day**.
　　b. They found **it** surprising **that she didn't attend the meeting**.

(5)は本来動詞の直後にある for to 不定詞句や that 節を文末に移動させて、動詞の直後の位置に形式目的語 it を置いた例である。2.7 節も参照。

　ところで、to 不定詞句と that 節では微妙な違いがある。(5a)では学生が毎日英語を勉強することが事実であるかどうかは問題になっていない。一方(5b)では、実際に彼女が会議に出席しなかったという事実があり、それが surprising だといっているのである。

　さて、形式主語 it による it that 構文によく似た構文に **it that 強調構文**がある。

(6) a. 　It was … that you passed the Spanish exam in March .
　　b. 　It was **you** [that △ passed the Spanish exam in March].
　　c. 　It was **the Spanish exam** [that you passed △ in March].
　　d. 　It was **in March** [that you passed the Spanish exam △].

(6b, c, d)の各文は、(6a)の that 節の中から文の焦点位置…に、you, the Spanish exam, in March を強調するためにもってきたものである。例えば(6b)では「他の人でなくあなた」、(6c)では「他の試験でなくスペイン語の試験」ということが強調されている。

　that 節を比べた場合、it that 強調構文の that 節は、△の要素が欠けていて不完全である。一方、it that 構文では、(4b)のように that 節は完全である。

　また、形容詞は焦点となりにくいので、it that 強調構文では用いることができない。

(7)　＊It was easy that the exam in March was.

したがって、be 動詞と that 節の間に形容詞があったら、(4b)のような形式主語 it の構文だと考えるとよい。強調構文については、7.7 節も参照。

　以上のように、形式主語 it that 構文と it that 強調構文は、長くて重い要素が文末にきているという点で一見似ているようであるが、that 節が完全かそうでないか、that 節の前に何がくるかという点においてかなり違っているのである。

9　ECM 構文と小節：完全な「節」まであと一歩

believe や consider の後に続く that 節は、目的語 + to 不定詞を使って書き換えることができる。

(1)　John believes [that she is a queen].
(2)　John believes [her to be a queen].

主語の格は、(1) の that 節の she のように、ふつう主格である。一方、(2) の her の格は、to 不定詞の意味上の主語であるにもかかわらず目的格である。to 不定詞句という 1 つのまとまりの中にある主語に動詞 believe が目的格を与えるというので、(2) は「**例外的格標示（Exceptional Case-Marking: ECM）構文**」と呼ばれている。ECM 構文で使われる動詞には、assume, believe, consider, feel, figure, guess, imagine, think, suppose などがある。

　では、なぜ believe が to 不定詞句の主語に目的格を与えることができるのであろうか。まず、to 不定詞句がつくる壁が that 節のまとまりの壁より薄いというのが 1 つめの答えとして考えられる。もう 1 つ考えられるのは、to 不定詞の主語が不定詞句から抜け出して、believe の真の目的語になったという答えである。こちらも、to 不定詞句の壁が that 節の壁よりも薄いのでその主語が不定詞から抜け出せると説明できる。

　(2) はさらに、to be を省略することができる。

(3)　John believes [her a queen].

(3) は、学校文法では SVOC の第 5 文型に分類されるが、her と a queen の間には主語と述語の関係がある。(3) の her a queen のように、be 動詞がなくても that 節や to 不定詞句と同じような意味をもつ小さなまとまりを「**小節（small clause）**」と呼ぶ。

　小節が 1 つのまとまりをなしている（すなわち構成素をなしている）というのは、(4) のように、2 つの小節を等位接続することができることからもわかる。等位接続ができるのは、同じ種類の構成素の場合だからである（8.2 節を参照）。

(4)　John believes [Diana a princess] and [Henry a prince].

小節も、ECM 構文の to 不定詞句と同じように、意味上の主語が believe から目的格をもらっているが、これも、小節の壁が that 節ほど厚くないからだと説明できる。

　ECM 構文の不定詞句と小節にも違いがある。まず、(5a)と(5b)で、there は to 不定詞句の主語になることができるが、小節の主語になることはできない。これは、(5c)で直接目的語の位置に there が現れることができないのと同じである。この点では、小節の主語の方が、より直接目的語に近いといえる。

(5)　a.　Mary considers **there** to be a prince in the old castle.
　　 b.　*Mary considers **there** a prince in the old castle.
　　 c.　*Mary considers **there**.

次に、that 節、ECM 構文の to 不定詞句、そして小節の意味を比べてみよう。

(6)　a.　I found that my throne was uncomfortable.
　　 b.　I found my throne to be uncomfortable.
　　 c.　I found my throne uncomfortable.

(6a)の that 節は、**最も客観的で中立的**な叙述である。例えば、形、素材、置き場所などさまざまな点から客観的に判断して、王座の座り心地が悪いという結論を出した場合である。一方、(6c)の場合、まず王座に座ってみて、その結果、座り心地が悪いということを思ったという、**直接的な経験に基づく主観的な叙述**である。(6b)は、その中間で、**やや主観的な叙述**である。

　直接的体験に基づくという(6c)の解釈は、小節の壁が薄いために、find と my throne とのつながりが(6a-c)のうちで一番強いためと考えられる。

　まとめると、ECM 構文の to 不定詞句と小節は、that 節のような完全な節に比べると、壁の厚さが十分でなく、その違いが意味上の主語の格や文の意味にも反映されているのである。ECM 構文と小節については、3.7 節も参照。

10 条件節・譲歩節：仮に名前は違っていたとしても

(1) a. *If he wins the lottery*, he will buy me a diamond.
　　b. He will never buy me a diamond *if he wins the lottery*.

上の2つの文では、同じif節が使われている。しかし、(1a)は「もし宝くじに当たったら」という**条件節**、(1b)は「たとえ宝くじに当たっても」という**譲歩節**である。
　まず、条件節は、「もし〜なら」や「(仮に〜)とすれば」という仮定や条件を表す。接続詞として、ifの他に、unless や provided, providing, supposing, supposed, granting, granted などが使われる。(ちょっと変わった条件節については、7.1節を参照。)
　unless は、「もしも〜しなければ(=if not)」と「〜しない限り」の2つの意味があり、後者の意味の場合、if not で書き換えることができない。(2a)と(2b)は微妙に意味が違う。(2a)は、電話をかけてもよい例外的条件は、こちらがかけてもよいという場合だけだということを述べている。一方、(2b)は、電話をかけてはいけない条件は、電話をかけろといわない場合であることを述べている。

(2) a. Please do not call me *unless I tell you to call*.
　　b. Please do not call me *if I do not tell you to call*.

さて、条件節で忘れてならないのは「仮定法」である。(1a)の場合、he wins the lottery が事実かどうかは中立的であるが、(3)の仮定法では、過去の事実と反対のことを仮定している。(仮定法については、5.5節と5.6節を参照。)

(3) 　*If I had known the answer*, I would have let you know.

また、文語的ではあるが、(4)のように倒置によってifを省略することもできるし、主語が主節と同じであれば、主語+be動詞を省略することができる。

(4) 　*Had I known the answer*, I would have let you know.
(5) 　*If (he is) lucky*, he can get the ticket for the soprano's concert.

if 節と後に続く節は、普通は、原因-結果の関係にある。(6a)は「もし疲れているなら」ということを仮定した場合の、「夕ご飯をつくる」という結果を述べている。

(6) a. *If you are tired*, I will cook dinner for you.
 b. *If you are tired*, there is a frozen pizza in the refrigerator.

しかし、(6b)はそうではない。if 節は、同じ「もし疲れているなら」であるが、それを原因とした場合、後の「冷凍のピザがあるよ」という節は、それだけでは if 節から導き出される結果にはならない。「教えてあげるけど」という言外の意味を足して、「教えてあげるけど、冷蔵庫のピザがある(から、それでも食べたら)」ということで、はじめて if 節と自然な結果の関係が成立する。

　次に、(1b)に戻って、譲歩節について考えてみよう。譲歩節は、「たとえ〜としても、〜にもかかわらず」という意味をもつ。

　if の条件節と後に続く節は、原因-結果の関係であるが、if の譲歩節の前にくる節は、原因から導かれる当然の結果とはならない。例えば(1b)の説明として、「もし宝くじが当たれば、気前がよくなって、その当然の結果として、妻にダイヤモンドを買うことがあるかもしれない。しかし、彼の場合、性格からいって、そうはしないであろう。」というのが考えられる。

　したがって、「もし〜としても」という if を用いた譲歩節は、「もし〜として」という「仮定」の意味に「それでも」というのが加わったものだと考えられ、**「仮定」のバリエーションの１つ**といえるかもしれない。

　譲歩の表現としては、even if, although, (even) though, whether A or B, while, when, no matter what などがある。though 節の場合、形容詞(句)は though の前に置くことができる。

(7) a. *Though Hanako was pleased with Taro's present*, she didn't say thank you.
 b. *Pleased with Taro's present though Hanako was*, she didn't say thank you.
 c. *Pleased though Hanako was with Taro's present*, she didn't say thank you.

第8章「複文レベルの構文」主要参考文献

◆Gregory T. Stump *The Semantic Variability of Absolutive Construction*. Reidel, 1985.

　分詞構文の解釈がどのように決定されるかということについて、形式意味論の枠組みにより論じられている。一時的な行為・状態を表す述語(一時述語)と永久的な特性・性質を表す述語(個体述語)のうちどちらが使われるかによって、分詞構文の解釈が異なるという指摘は、その後の両述語の研究の発展に寄与した。分詞構文は文語的といわれるが、本書を読むと、まだまだ活発な生命力にあふれていることがわかる。

◆菊地 朗「38　分詞構文」(中島平三(編)『[最新]英語構文事典』大修館書店 2001 年)

　上記の Stump の研究を中心に、分詞構文の構造や意味、それに独立分詞構文や with 構文についてのこれまでの言語学における研究が、テーマ別にわかりやすく整理されて紹介されている。

◆Andrew Radford *Analysing English Sentences*. Cambridge University Press, 2008.

　生成文法およびミニマリスト・プログラムの入門書。ミニマリスト・プログラムの主要概念やさまざまな構文がわかりやすく紹介されている。2. Structure では語を組み立てて句や文をつくる基本操作が扱われている。2.6 Testing Structure では、まとまりをなす「構成素」についてのテストとして、等位接続、削除、it that 構文が使われている。

◆綿貫 陽 他『ロイヤル英文法　改訂新版』旺文社 2000 年

　最新の文法・語法書だけでなく、コーパスやインターネットのデータや母語話者の意見も参考にして、英米の地域別、丁寧さ、文語調から口語調までたいへん詳しい例文と解説が行われている。使役構文と付加疑問文については、強勢やイントネーションという「音」と文法の関係についての興味深い解説がある。

◆村杉恵子「第Ⅱ部　削除」(有元将剛・村杉恵子『束縛と削除』研究社 2005 年)

　英語におけるさまざまなレベルの削除について、これまでの先行研究をわかりやすく紹介するとともに、動詞句削除、名詞句内削除、S 削除を分析し独自の帰結を引き出している。また、日本語における削除についても、普遍文法の立場から「見えない(聴こえない)要素」の言語習得をどう説明するかという観点も踏まえて概観され、問題点が提示されている。読んだ後、「では、自分はどの問題に取り組んでみようか」という気にさせてくれる一冊である。

◆久野 暲・高見健一『英語の構文とその意味：生成文法と機能的構文論』開拓社 2007 年

　本書は、構造と一般化を重視する生成文法で説明できないと著者が思うところを、意味・機能を重視する機能構文論を使って補おうと試みている。複文に関しては、動詞句削除、空所化、使役構文などが考察されている。データも豊富である。

◆Noam Chomsky *The Minimalist Program*. MIT Press, 1995.

　初期ミニマリスト・プログラムの 4 論文からなっている。ECM 構文は生成文法で長らく議論されてきたテーマであるが、Chapter 4 "Categories and Transformations" でも、「すべての節は主語をもたねばならない」という EPP（拡大投射原理）から ECM 構文に関する議論が行われている。

◆Timothy A. Stowell *Origins of Phrase Structure*, doctoral dissertation, MIT. 1981.

　品詞にまたがって句の一般化が可能であるということを議論する中で、名詞句、形容詞句、前置詞句、動詞句においても「小節」が可能であり、consider [John very stupid] の小節の部分は John を主語、very stupid を述語とする形容詞句であると主張している。マサチューセッツ工科大学に提出された博士論文であるが、その後花開いた「小節」研究の原点の 1 つとなった。

◆中村 捷『実例解説英文法』開拓社 2009 年

　生成文法の考え方に基づくとしながらも、それを前面に押し出すのではなく、さりげなく活用し、だれにでも親しみがもてるような図式を使って解説がされている。大学入試問題による用例を使って確認するというのもユニークな手法である。複文についてもあらゆる項目が網羅されている。特に、第 3 章「動詞の型」では、動詞の意味の共通性によって動詞が分類され、ECM 構文や小節の構造と意味についても、わかりやすく丁寧に説明されている。

◆Angelika Kratzer "30. Conditionals", "29. Modality"（Arnim von Stechow and Dieter Wunderlichc(eds.), *Semantics*. Walter de Gruyter, 1991.）

　「条件文の究極的解釈を極めたい」というなら、まず、この 2 つを読むことから始めてもいいかもしれない。形式意味論の枠組みで書かれているが、論理式などはほとんどなくページ数も少ない。じっくり読めばきっと何か得るところがあると思う。モダリティを理解することなく条件文を語ることができない…ということに気づくだけでも価値があると思う。

第9章 関係節と比較構文

1 関係節：情報追加で明瞭伝達
2 関係代名詞：姿は変われど中身は1つ
3 前置詞＋関係代名詞：ハーメルンの笛吹きは気まぐれ
4 関係副詞：where よ、お前はいったい何者なのだ？
5 関係節の制限用法と非制限用法：情報添加か、コメントか？
6 自由関係節：what の三態変化
7 比較構文：他と比べるのは人間のサガ
8 原級比較：形は同等だけど、意味は不等？
9 比較級比較：比べるときは同じ土俵で
10 最上級比較：何が一番かは相対的なもの

第Ⅲ部 構文から見た英文法

1　関係節：情報追加で明瞭伝達

　例えば、教授がある論文を薦めてくれて、あなたがその論文を読んだとしよう。そのような状況で、論文を読んだことを誰かに伝えるとして、あなたは(1a)のようにいうかもしれない。だが、これでは the article というのがどの論文のことをいっているのか、相手に伝わらないかもしれない。そこで、the article の部分に「教授が薦めてくれたものである」という情報をつけ加える。そして、(1b)のようにいうかもしれない。

(1) a.　I read the article.
　　b.　I read *the article* [which the professor recommended].

(1b)のカッコでくくられた which で始まる節のことを**関係節**(**relative clause**)という。そして、which を関係詞、イタリックで示した the article の部分を**先行詞**(**antecedent**)という。

　関係節は先行詞を修飾する節であると説明されるのが普通である。だが、その働きとは、どのように理解したらよいのだろうか。

　(1)の例で述べたことを考えるならば、関係節とは、先行詞の X で表された意味に新たに説明や情報をつけ加えることによって、「X のうちでも、どんな X なのか」をより鮮明に伝え、X を限定しようとする表現方法だと考えるのがよい。(1b)でいうならば、「僕は論文(article)を読んだんだけど、論文のうちでもどんなものかというと、教授が薦めてくれたものなんだよ」といった意味になる。**関係節は、いわば「情報追加」や「補足説明」といった働きをしている。**

　(1b)では、先行詞が定冠詞のついた定名詞句になっているけれども、もちろん、不定名詞句になっている場合もある。

(2)　　John told me a story [that he wrote].

この場合も、a story だけでは不足していると思われる情報を that he wrote の部分が補っている。

先行詞が、固有名詞などのように情報を加えなくても何を指しているのかはっきりわかる要素に関係節がくっついたらどうなるだろうか。その場合でも、関係節が「情報追加」や「補足説明」をすることに変わりはない。ただ、上記(1b)や(2)とは異なって、関係節は先行詞の意味を新たな情報で限定することはなくなる。その代わり、先行詞に情報を追加してコメントを加えるようになる。

(3)　Samantha's favorite play is Hamlet, which was written by William Shakespeare.

この関係節は、先行詞 Hamlet を限定する意味はない。「サマンサの好きな劇はハムレットだよ。ちなみに、ハムレットっていうのは William Shakespeare が書いた劇だけれどもね」というような追加的なコメントを表している。このような関係節は**非制限用法**の関係節(non-restrictive relative clause)と呼ばれていて、(1b)や(2)の**制限用法**の関係節(restrictive relative clause)と区別される。

　以上のように、制限用法であれ非制限用法であれ、関係節とは、先行詞に対して節の形式で情報の追加を行う働きをもっている。つまり関係節では、関係詞を使って先行詞とのつながりを図り、先行詞に新たに情報を追加して限定やコメントを付加する働きをもっているのである。そうである以上、関係節の内部には、関係節の先頭に動いていった関係詞があったところに空所(gap)が生じている必要があることにも注意する必要がある。(1b)の recommended や(2)の wrote の目的語、そして(3)の was の主語の位置が、そのような空所である。

(1) b.　I read the article [which the professor recommended ＿].
(2)　John told me a story [that he wrote ＿].
(3)　Samantha's favorite play is Hamlet, which ＿ was written by William Shakespeare.

　英文解釈などで関係節構文が出てきた場合、それをちゃんと理解するには、(a)先行詞がどれか、(b)関係節はどこからどこまでか、そして(c)空所はどこにあるか、という3点をしっかり押さえることが大切である。

2　関係代名詞：姿は変われど中身は１つ

　関係節は先行詞に情報をつけ加える働きをするが、その関係節を導く要素が**関係詞**である。特に、名詞句に対応する関係詞が**関係代名詞**である。だが、この関係代名詞というのがちょっと厄介で、いろんな姿になる。時には、姿を消して見えなくなったりする。どうしてコイツはこんなふうにいろんな姿をとるんだろうか。

　話に入る前に、関係代名詞の現れ方を簡単に見ておこう。wh 型の関係代名詞の場合、先行詞が人か人以外かによって違う形になる。人を表す先行詞の場合、関係節の中の空所が主格か目的格かによっても違う形になる。主格の空所の場合は who になる (the man **who** knew too much)。目的格の空所に対応する場合は、who か whom を使う (the girl **who / whom** we interviewed)。先行詞が人以外を表す場合は、空所が主格に対応する場合でも、目的格に対応する場合でもwhich を使う (the thing **which** annoys me most / a key **which** she found)。先行詞が人であっても人以外であっても、所有格の関係代名詞を使うときは whose を使う (people **whose** native language is English / the chairs **whose** legs were broken)。

　関係代名詞の that は、基本的に、先行詞が人を表そうが、それ以外を表そうが、使用可能である (some friends **that** saw her / those books **that** I referred to)。だが、関係代名詞の that には所有格の用法はない。さらに、目的格の関係代名詞は省略されることもある (省略されたところを φ で表す：those books φ I referred to)。

　さて、こんなふうにごちゃごちゃした現れ方をする関係代名詞なのだが、現れ方のメカニズムを見ると、案外、単純なルールに従っているのがわかる。そのルールとは次の３つである。

（1）　wh 型の関係代名詞は、もとは関係節の空所の位置にあって、そこから節の先頭に移動してきたものだ。そして、wh 関係代名詞は省略してもよい（先行詞に意味が表されているから）。

（2）　関係代名詞の that は、実は I think (that) John is honest. などの that 節の that と同じ（だから省略することができる）。

(3) 人が先行詞なら who / whom 型、人以外なら which 型を使う。which の所有格はないので whose で代用する。

(1)のルールはちょっとわかりにくいかもしれない。これは、次のように考えるとよいかもしれない。つまり、(4a)のように、wh 句はもとは関係節の中にあり、それが移動して(4b)の形になるという考え方だ。

(4) a.　This is [the key [__ she found which]].
　　　b.　This is [the key [which she found __]].

(4a)に示したような wh 句の移動を **wh 移動**(wh-movement)という。

　(1)-(3)を踏まえて、まず wh 型の関係代名詞の現れ方から見よう。関係節は時制をもった節なので、基本的に that 節と同じである。(2)のルールに従って that を省略し、wh 句を移動してできたのが **wh 型の関係節**だ。その場合、先行詞が人を表しているなら who / whom を使うし、人以外なら which を使う。人の先行詞の場合、もともとの位置が主格の位置なら主格の関係代名詞 who を使うし、目的格の位置なら whom (または who)を使う。

　一方、that を省略せずに残して、代わりに移動した wh 関係代名詞を省略したのが **that 関係節**になる。さらに、that と wh 関係代名詞の両方を省略することも可能なわけで、それが φ 関係節となる。簡単に図示すると次のようになる。

(5)　元の形: This is the girl [that we interviewed whom].
　　　wh 移動後の形: This is the girl [whom that we interviewed].
　a.　that の省略→ This is the girl whom we interviewed.
　b.　wh 句の省略→ This is the girl that we interviewed.
　c.　両方の省略→ This is the girl we interviewed.

このように(5a-c)の3つの姿は、もとは1つなのである。

3 前置詞＋関係代名詞：ハーメルンの笛吹きは気まぐれ

　グリム童話のハーメルンの笛吹きの話はご存じだろうか。大量のネズミ発生で困っていたハーメルンの町に笛吹き男が現れ、笛を吹いてネズミを引き連れていき、町を救う。だが、その褒美の約束を破られた笛吹き男は、仕返しとして、今度は笛を吹いて町の子供たちを連れ去ってしまうというお話である。何事も約束は守らないといけないね、という教訓だ。筆者には耳が痛い。
　ところで、このハーメルンの笛吹きと似たようなことが関係節でも起きるのである。
　9.2 節で、wh 型の関係節では、wh 句はもともと関係節の中にあって、それが節のはじめの位置に移動すると述べた。つまり関係節では wh 移動というルールが働いているのである。その時の例を、もう一度ここに掲載しよう。

(1) a.　This is [the key [＿ she found which]].
　　　　　　　　　　↑￣￣￣￣￣￣￣￣｜（矢印が wh 移動）
　　b.　This is [the key [which she found ＿]].

この例の wh 句は、移動前は動詞 found の目的語になっている。だが、次のように前置詞の目的語になっている場合はどうだろうか。

(2)　This is [the article [＿ they were quoting from which]].

当然、前節でのルール通り、which を移動して次の(3a)のようにすればよい。だが、もう 1 つ、which が from を一緒に引き連れて移動してもよいのである。(3b)もちゃんとした関係節なのだ。

(3) a.　This is [the article [which they were quoting from]].
　　b.　This is [the article [from which they were quoting]].

これのどこがハーメルンの笛吹きと同じ話なのか、もう察しがついたと思われる。つまり、**関係詞の wh 句は、いわばハーメルンの笛吹きのように、前置詞**

も引き連れて移動しているのである。ただ、物語の笛吹きと違うのは、(3a)と(3b)は、ほぼ同じ意味であり、前置詞を引き連れていってもよければ、連れていかなくてもよい点である。

次の例もこの「笛吹き現象」の例である。

(4) We may enforce rules of which most of the members disapprove.

この例の前置詞 of を rules of the game などの of と間違えないように。この of は rules の近くにあっても、rules とはぜんぜん関係ない。この of は which に連れられて出てきたもので、関係節の disapprove につながった前置詞なのである。したがって、「メンバーの大半が支持しない規則を使うかもしれない」という意味になる。

wh 句は前置詞ばかりでなく、前置詞を従えた名詞句全体も「笛吹き」で引き連れていくこともある。

(5) He set us [a problem [*the answer to* **which** can be found in the textbook]].
（彼は、僕たちに、教科書の中に答えが見つけられる問題を出した。）

この the answer to which は can be found の主語となっている。

以上のことから、(6)の形から関係節をつくるとするとどうなるかわかると思う。この形からは、(7)にある3つの形が出てくるのである（ただし、(7b)が一番自然な英文）。

(6) This is the house [someone broke the window of which].
(7) a. This is the house [**which** someone broke the window of].
    b. This is the house [*of* ***which*** someone broke the window].
    c. This is the house [*the window of* ***which*** someone broke].

4　関係副詞：where よ、お前はいったい何者なのだ？

　関係節の中の空所が、副詞的な要素に対応する場合の関係詞を**関係副詞**と呼ぶ。だが、これじゃあよくわからないので、場所を表す前置詞の目的語が空所になっている関係節を例として、まずは関係代名詞の例から考えてみよう。
　(1)の構造をもとにして、これから関係節をつくってみよう。すると、which を移動した後、which も that も省略したのが(2a)で、which を省略したのが(2b)で、that を省略したのが(2c)。9.3節で説明した「笛吹き」で in も一緒に移動したのが(2d)となる。下線の部分は空所を表す。

(1)　　This is [the office [(that) he works in which]].
(2)　a.　This is the office he works in ＿.
　　　b.　This is the office **that** he works in ＿.
　　　c.　This is the office **which** he works in ＿.
　　　d.　This is the office **in which** he works ＿.

(2a-c)の空所は名詞句であるが、(2d)の空所は場所を表す副詞的な表現、つまり前置詞句になっていることに注意されたい。
　さて、英語には1語で場所を表すことができる wh 語がある。where である。そこで、場所を表す(2d)の in which を where で置き換えると(3)になる。これが関係副詞の例である。

(3)　　This is the office **where** he works ＿.

関係副詞には、他に時を表す when、様態の how、理由の why がある。
　特に注意しなければいけないのは、(3)のような例で、「先行詞の office が場所を表す名詞だから where を使う」というふうに考えないことである。それだったら、(2b, c)が軒並みダメな文ということになってしまうからだ。重要なのは、**関係節の中の空所が場所を表す where に対応している**という点である。
　だが、実は、そう簡単にはいかないのが実情なのである。where は名詞句なのか前置詞句なのか、謎なところがあるのだ。次の例を見てみよう（NP は名詞

句を、PP は前置詞句を表す。以下は 9.6 節を読んだ後の方が理解しやすいかもしれない)。

(4) a. Lily adores [NP where this tree grows [PP ___]].
    b. Lily napped [PP where this tree grows [PP ___]].
(5) a.?* Lily adores [NP where Jack despises [NP ___]].
    b.?* Lily always naps [PP where Jack dislikes [NP ___]].

adore は他動詞であり、名詞句を従えることに注意。一方、nap は自動詞なので、その後にくるのは場所を表す前置詞句である。(5)の「?*」の印は、この文があまりよくないことを示す。

これを踏まえて(4), (5)の例文を見ると、where に導かれる(自由)関係節全体は、(4a)のように名詞句にもなれるし、(4b)のように前置詞句にもなれることがわかる。それに where が後に残す空所は、(4)のように前置詞句ならよいが、(5)のように名詞句であってはいけない。

これは不思議だ。where が前置詞句ならば、空所も関係節全体も前置詞句として働くはずだし、where が名詞句ならば、空所も関係節全体も名詞句になるはずだからである。なのに、どうして？

1つの考え方として、where はれっきとした名詞句だが、最初は、必ず前置詞の目的語の位置に現れなければならないとしよう。しかも、その場合の前置詞は発音されなくてもよく、[PP φ [NP where]]（φ は発音されない前置詞）の構造が可能であるとする。

これによると、where は最初は前置詞句の中に現れなければならないので、それ自体は名詞句であっても(5)のような形には現れることができない。(4)では前置詞句の中に現れていて、その前置詞が発音されない φ になっているから可能なのだ。その前置詞 φ の目的語にある名詞句 where が移動して関係節全体を導いているのが(4a)なのである。その一方、[PP φ [NP where]] が移動してできたのが(4b)である。つまり、(4b)の関係副詞 where は [NP where] という形ではなく [PP φ [NP where]] という形をしているのだ。だが、それにしても変な性質だ。やっぱり where よ、お前はいったい何者なんだ？

第 9 章 関係節と比較構文

5 関係節の制限用法と非制限用法：情報添加か、コメントか？

9.1節の「関係節」で述べたように、関係節は、先行詞に新たな情報や説明を追加したり補足したりすることで、先行詞がどのようなものを指すかをより明瞭に相手に伝える働きをもっている。

先行詞で表されるものをXとしよう。Xがどんなものかをより明瞭に相手に伝えるとしたら、さて、どうするだろうか。

1つは、Xの性質や特徴を詳しく述べて、X以外の似たもの（例えばYやZなど）との区別がはっきりするように伝える方法がある。X、Y、Zの集まりからXだけを限定してとり出せるように、詳しい説明を加えるわけである。これが制限用法の関係節の働きである。

では、相手が、Xが何を表すかを知っている場合はどうなるだろうか。その場合でも、ひょっとしてXについて相手が知らない情報があるかもしれない。自分が知っているXの情報を補足的にコメントとしてつけ加えてあげたら、相手もよりXについて知ることができる。そのような**補足的コメントとして情報をつけ加える**のが、非制限用法の関係節の働きである。

具体的に次の例で考えてみよう。(1)が制限用法であり、(2)が非制限用法である。

(1)　Politicians who make extravagant promises aren't trusted.
(2)　Politicians, who make extravagant promises, aren't trusted.

まず(1)からみると、これは、政治家にはいろんなタイプがあるが、そのうち、関係節で表されている情報（途方もない公約をする）を満たす政治家は信用されないといった意味を表している。つまり、先行詞のpoliticiansの集まりに、who make extravagant promisesを行う者という限定をつけることで政治家の部分集合を取り出しているわけである。だから、(1)をいう人は、政治家には途方もない公約をしない者もいると考えている。

一方、非制限用法の(2)の場合は、政治家とはどんな者も途方もない公約をするものであり、一般に信用されないのだと述べている。話し手は、関係節を使っ

て、政治家についてコメントを行い、途方もない公約をしない政治家はいないと考えているのである。

したがって、(2)は、次のように別の文に分けて、代名詞を用いて書き換えてもほとんど意味は変わらない。つまり、非制限用法の関係代名詞は普通の代名詞と似た働きをもっているのである。

(3) **Politicians** aren't trusted. **They** make extravagant promises.

このような働きの違いから、制限用法と非制限用法の違いが出てくる。例えば、非制限用法の関係節では前後に(書き言葉では)コンマが入るのが普通である(話し言葉では音調の切れ目が生じる)。これは、非制限用法は話し手のコメントを表す部分であり、Kurosawa, the legendary Japanese film director, was born 100 years ago. のような同格表現でコンマが入るのと同じである。

また、非制限関係節では wh 型の関係詞だけが使え、that や φ(つまり wh と that の両方を省略した形)は使えない。これは非制限節の wh 関係詞は普通の代名詞と同じ働きをするからである。普通の代名詞が省略できないのと同じく、非制限節の wh 関係詞も省略できないのである。

さらに、代名詞の it は文を指すことができるが、それと同じく非制限用法の which も文を先行詞にすることができる。

(4) He tore up my photos, which upset me.

(4)では、私は、自分の写真に腹を立てているのではなく、彼が自分の写真を破ったことに腹を立てているのである。

6　自由関係節：what の三態変化

　水は温度によって、液体になったり、固体になったり、気体になったりする。これは水の三態変化といわれるが、英語の what も似たような変化を示すようだ。もっとも、what の場合、水と違って姿は変えない。そのかわり、その働き、つまり用法が変わるのである。すなわち、(i) 疑問詞の用法、(ii) 定の自由関係詞の用法、そして (iii)(-ever がついて) 不定の自由関係詞の用法である。不定の関係詞の場合は、譲歩的な意味を表す。2.10 節も参照。
　まずは、what には疑問詞の用法と関係詞の用法があることを見てみよう。

(1) a.　I asked her what he bought.（疑問詞の what）
　　b.　I gave her what he bought.（関係詞の what）

(1a) の what 節は「彼が何を買ったか」というように疑問節となっているが、(1b) の what 節では「彼が買ったモノ」といったように関係節構造のように解釈される。だが、関係代名詞の what はあるが、先行詞に当たるものが現れていない。そこで、伝統的には what の中に先行詞が含まれているとか、what が先行詞を兼ねていると考えられ、(先行詞と関係詞が複合的に含まれているという意味で) **複合関係代名詞**(complex relative pronoun) と呼ばれてきた。また、先行詞にくっついているわけではないので、その意味で自由に出ている関係節なのであり、**自由関係節**(free relative) とも呼ばれる。
　what が出てきた場合、それが疑問詞の what なのか、関係詞の what なのかを判別するには、その節をとる動詞や形容詞などを見るとよい。(1a) の ask は間接疑問文をとる動詞なので what 節は疑問節である。一方、(1b) の give は間接疑問文をとらない動詞であるから what 節は関係節となるわけである。
　節を S で表すと、自由関係節は what ＋ S の形をしている。これは the thing which ＋ S でいいかえられるような定(definite)の名詞句であるが、what に -(so)ever がつくと、とたんに不定(indefinite)に変わり、whatever ＋ S は anything that ＋ S に対応するような意味になる。
　例えば、else という語は、anything else / *the thing else の対比が示すよう

に、不定名詞句にしかつかない。what 節は定なので else とは生じられないが、whatever 節は不定なので else と共起できる。

(2) a. *I ate what else she cooked.
　　b. Bill will do whatever else you ask him to do.

また、非制限的関係節をつけられるかどうかによっても、定・不定が判別できる。(3)が示すように、**非制限的関係節は不定名詞句を先行詞にできない**。よって、what 節の場合は、(4a)のように非制限節をつけることができるのに対して、whatever 節の場合は、(4b)が示すように、非制限節をつけることができないのである。

(3) *Any man, who drives a Cadillac, is insane.
(4) a. What I bought, which was expensive, was stolen.
　　b. *Whatever John bought, which cost a lot, was broken two days later.

このように、-ever がついた whatever は anything と似た意味をもつのであるが、この場合の any は、「どんな～でも」といった「**自由選択**」(free choice)の意味をもつ any である。whatever 節を含む文は、文構造に忠実な直訳はなかなか難しく、譲歩の副詞節のように訳さないとうまくいかない場合が多い。(5)は(6)のような wh-ever の譲歩節と同じ意味を表し、(7)のように訳せる。

(5) I'll buy whatever he is selling.
(6) Whatever he is selling, I'll buy it.
(7) 彼が何を売ろうとも、僕はそれを買うつもりだ。

譲歩節については、8.10 節も参照。

7　比較構文：他と比べるのは人間のサガ

　英文法で一番面倒な構文は何かと聞かれたら、比較構文だと答える人が多いのではないだろうか。as〜as…とか more〜than…といった構文があるし、as節や than 節ではいろいろ省略が起きるし、イディオムもいろいろあるし、比較構文がかなり複雑な構文なのは事実。でも、人間にとって、いや、生き物にとって、周囲の世界の事物について、その大小とか量の多い少ないとかいった比較がかかわる認識は、生存するために非常に重要な認識であるのはいうまでもない。事物の比較の認識は、重要であるために、なおさら複雑で多様なパターンを示すものである。そして、ことばが世界の認識を表現したり、自覚したりするのに使われるとするならば、複雑な比較認識のパターンに応じて、比較構文が複雑な表現になるのは仕方がないことなのかもしれない。

　とはいえ、複雑な構文だから理解するのをあきらめろといっているわけではもちろんない。いや、むしろ、基本形をみると、比較的シンプルになっていると思われるのである。

　ちょっと抽象的に「ものを比べる」とはどういうことかを考えてみたい。問題にする対象を A とすると、比較する以上、比べる相手が必要となる。そのような比較相手を B としよう。さらに、どの点で比べるのか、比べる基準を X としよう。**比較というのは、A が B と比べて X を満たす度合いが多いか、少ないか、あるいは同じかを表す構文**である。

　具体的に、tall という形容詞を使って、A＝John という人物の背の高さを述べる文を考えてみよう。John が比較相手 B＝Tom と同程度に背が高い場合、tall の前に as をつけ、もうひとつの as を Tom の前につけた**同等比較構文**(1)を使う。一方、John が Tom より背が高い場合、比較級(-er / more)を使い、Tom の前に than をつけた(2)の**優勢比較構文**になる。また John が Tom より背が低い場合、less を形容詞の前につけた(3)の**劣勢比較構文**の構造になる。

(1)　John is as tall as Tom.　　　　（同等比較）
(2)　John is taller than Tom.　　　　（優勢比較）
(3)　John is less tall than Tom.　　　（劣勢比較）

そして比較構文は(4)のようにまとめられる。

(4) ... A ... $\begin{Bmatrix} \text{as} \\ \text{more / -er} \\ \text{less} \end{Bmatrix}$ X $\begin{Bmatrix} \text{as} \\ \text{than} \end{Bmatrix}$ ... B ...

as B や than B の B の部分は、(1)-(3)のように名詞句である場合が多いが、節が続く場合もある。そのような節を**比較節**と呼ぶ。比較節ではいろいろな省略が起きて複雑な構造になる。

まず、(5)では、主節の as + X に対応する部分が空所になっている。このような構文を**比較削除構文**と呼ぶ(下線は省略部を表し、[　]の中に省略を復元した形を表す。x- というのは度合いを表す)。

(5) 　John is as intelligent as Bill is ＿. [x-intelligent]

次の(6)では、比較の基準自体も主節と比較節の中で異なっており、度合いの大小部分だけが比較されている。このような構文は**比較部分削除**と呼ばれる。

(6) 　The desk is as high as it is ＿ wide. [x]

(6)は、その机が高い度合いは、幅の広さの度合い(x)と同程度であるという意味を表している。

比較節では、他に動詞句の省略なども行われる。(動詞句の省略については、8.4 節も参照。)

(7) 　John has more friends than Bill does.
　　　← John has more friends [than Bill does [$_{VP}$ have friends]]

比較構文では、複雑な省略パターンに惑わされず、正確に復元して意味を読みとることが大切である。

▶▶▶ 第9章 関係節と比較構文

8 　原級比較：形は同等だけど、意味は不等？

　２つを比べてどちらが大きいかとか、どちらが多いかなどは容易に判断できるが、２つの大きさや量が同じであるという判断は、なかなか難しい。例えば、２つのカップにコーヒーを同量注ぐとして、厳密に同量注げる人がいるだろうか。厳密さを求めたら、それこそ精緻な計量装置が必要になる。「違い」の判断は簡単だが、「同等」の判断は難しいのである。

　よくできたもので、「同等」を表す言語表現は、少しいい加減にできていて、その辺りの厳密さをボヤかしている。そのような言語表現の一例が、as ～ as…による原級比較構文である。原級比較構文は２つの事物について、ある性質の度合い・数・量が同程度であることを表す構文であるが、**厳密に同じという関係を表しているわけではない**。

　例えば、(1)は、JohnとBillの背の高さが同じという意味を表しているように思うかもしれないが、それは、ある意味、違う。

　　(1)　　John is as tall as Bill (is).

Johnの背の高さをtall(John)と表し、Billの背の高さをtall(Bill)と表すことにしよう。(1)の文は、(2a)のような等号の関係ではなく、(2b)のように等号も含んだ不等号の関係を表しているのである。

　　(2) a.　　tall(John) = tall (Bill)
　　　　b.　　tall(John) ≧ tall (Bill)

実際、(3)のように、等号関係を打ち消す内容を(1)につなげていくことができる。

　　(3)　　John is as tall as Bill, and in fact slightly taller.

もし、as～as…の構文が(2a)のような等号関係の意味を表しているとしたら、(3)はandの前と後ろで矛盾したことをいっていることになってしまう。andの前

では等しいといっているのに、後ろではJohnの方が高いといっていることになるからだ。だが、実際は(3)はまともな表現である。

しかし、原級比較構文が(2b)のような不等号の関係も表せるからといって、明らかに差がはっきりしている場合は、この構文を使うことはできない。その場合は最初から比較級を使った構文を使うべきだからである。次の例を見てみよう。

(4) I ate as many pizzas as him. In fact, I ate twice more.

ピザを2倍多く食べたというのだから、これはもう明らかに量の差が歴然としている。したがって、(4)の文は変な文と解釈されるか、あるいはジョークや皮肉と解釈されるのがオチである。

原級比較が(2a)のような等号関係を表すのではなく(2b)の関係を表していることは、否定文にしてみるとよくわかる。仮に原級比較が(2a)のA＝Bのような等号関係を表しているとすると、その否定はNOT(A＝B)であり、A≠Bということになる。一方、原級比較が(2b)のようにA≧Bを表しているとすると、その否定はNOT(A≧B)になり、これはA＜Bと同じ関係を表す。その上で(5)の文を見てみよう。

(5) John is not as tall as Bill.

この文は、「ジョンはビルほど背が高くない」という意味であり tall(John)＜tall(Bill)の関係を表している。tall(John)≠tall(Bill)であるとしたら、単にJohnの身長とBillの身長が異なることだけをいっていることになり、身長の高低については何もいっていないことになってしまう。

このように、**同等比較は(2b)に示したA≧Bの関係を示す**。形の上では同等比較と呼ばれていても、意味的には同等でない部分も含まれているのである。

9　比較級比較：比べるときは同じ土俵で

　映画『ゴッドファーザー』には至極の名セリフが満載だといわれている。その名セリフの中でもかなり頻繁に引用されるのが次のセリフらしい。

(1)　A lawyer with his briefcase can steal more than a hundred men with guns.

more とあるのは more money のこと。銃を持った100人の男よりも、ブリーフケースを抱えたひとりの弁護士に、たくさんカネをふんだくられることがある、といった意味。マフィアも弁護士には負けるぜというセリフ。法律家とマフィアという対極にある者を対比させ、両者を「カネを奪う」という共通の土俵で比較しているのが面白い。

　何も比較構文に限らないが、上の例のように、**何か二者を比較する場合は両者に共通する土俵を用意しなければならない**。(3)の # の印は意味的に変であることを表す記号である。

(2) a.　We have *more enemies* than we have *friends*.
　　b.　Most boats are *longer* than they are *wide*.
(3) a.　#Larry is *more tired* than Michael is *clever*.
　　b.　#That project is *more expensive* than ours is *successful*.

(2a)では、敵の数と味方の数というように「人の数」という共通基盤に基づいて比較を行っている。(2b)では、長さと幅という同じ「長さ」をもとに比較が行われている。このように、共通基盤にのって比較することはできる。

　一方、(3)を見てみよう。(3a)では疲労の度合いと賢さの度合いを比較しているが、両者はそもそも共通する土俵にある性質ではない。そのため、(3a)は変になっている。(3b)も同様で、費用がかかることと成功することは同じ土俵にはない。二者について、性質の度合いの大小をまっとうに比較するためには、両者とも同じ土俵に立っていなければならないのである。

たとえ同じ単語を使っても、それが異なった意味で使われている場合、比較を行うと、(3)の例と同じように意味的におかしくなってしまう。例えば、longには「時間的に長い」という意味と「(空間的に)長い」という意味があり、brightには「明るい」という意味と「賢い」という意味があるが、それぞれ2つの意味同士で比較を行うと変になってしまう。

(4) a. #The class was longer than this table is.
　　b. #Susan is more bright than the light is.

このように、2つの性質を比較する場合は、両者が共通した土俵に乗っていなければならないことを述べた。だが、比較される2つも、当然、比較可能な釣り合ったものでなければならない。次の(5a)では、東京の人口とパリの人口が比較されているので、比較可能な二者であるが、(5b)では、片や東京の人口であり、片やパリという都市であるので釣り合わず、比較できなくなっている。

(5) a.　The population of Tokyo is larger than that of Paris.
　　b. *The population of Tokyo is larger than Paris.

一般に、than(あるいはas)の後に単独で生じている要素は、比較相手となる要素と同じ資格をもっている必要がある。次の例では、in New York と in Sicily という場所で釣り合いがとれている。

(6)　Was Vito Corleone happier **in New York** than **in Sicily**?

ヴィト・コルリオーネ(Vito Corleone)とは『ゴッドファーザー』の主人公の名前。ヴィトはシチリア島にいた時よりもニューヨークにいた時の方が幸せだったのか。この(6)の疑問文の答えはヴィトの若い時代を描いた『ゴッドファーザー Part II』を観るとわかるかもしれない。

10 最上級比較：何が一番かは相対的なもの

9.7節の比較構文の節で述べたように、比較とは、問題にする対象Aを他の比較相手Bとある基準Xに照らし合わせて比べ、AがBよりXを満たす度合いが大きいか、小さいか、あるいは同じかを表す構文である。ここで、ある一定のモノの集合を想定し、Aがその集合の他のどの要素よりもXを満たす度合いが大きい場合を考えよう。そのような関係を表す構文が最上級構文である。

「ある一定のモノの集合」を想定すると述べたが、そのような集合は、場所を表す句（(1a)の in the class）や、モノの部分集合を表す句（(1b)の of the three）で表される。もちろん、文脈から集合が明らかな場合、これらは省略可能である。

(1) a. Max was the tallest (boy) in the class.
  b. Sally scored the most points of the three.

ところで、次のような最上級が含まれる疑問文において、the highest mountain とはいったいどの山を指しているだろうか。実はこの文は2通りの解釈ができるのである。

(2) Who climbed the highest mountain?

もっとも高い山といえば、エベレスト山だと答えるのが私たちの常識である。だから、当然、(2)には「誰がエベレストに登ったの？」という意味がある。しかし、それに加えてもう1つ意味があり、それは、ある一定の人々の集まりを想定して、「（その集まりの中で）誰が、他の誰よりも高い山に登ったの？」と尋ねる意味もある。前者の解釈を「**絶対的な読み**」と呼び、後者の解釈を「**相対的な読み**」と呼ぶことにしよう。

最上級には集合が想定されていると述べたが、その集合は、絶対的な読みの場合は、文脈であらかじめ決められている山の集合（あるいはなんら文脈的条件がなければ、世界中の山の集合）ということになる。話をわかりやすくするため、あらかじめ決まった山の集合を世界中の山の集合としよう。その中で一番高い

山はエベレスト山である。絶対的な読みの場合は、エベレスト山に登ったのは誰かと尋ねているわけである。

　山の集合を、仮に、m1、m2、m3 として、その中で一番高い山(エベレスト山)を m2 としよう。また、m1 に登った人を h1、m2 に登った人を h2、m3 に登った人を h3 としよう。すると、(2)は、{m1, m2, m3} という山の集合をもとにして、そのうち m2(エベレスト山)に登った人(つまり、h2)は誰かと尋ねている文であるといえる。

(3)　　{m1, m2, m3} → m2
　　　　 ｜　｜　｜　　 ｜
　　　　 h1　h2　h3　　h2

一方、相対的な読みの場合は、想定されている集合はこれとは異なる。この場合は、ある一定の人の集合が想定されているのである。そして、その人それぞれが登った山があると考えられている。相対的な読みの場合、(2)は、そのような人々の集合(つまり、{h1, h2, h3})をもとにして、それぞれが登った山のうち一番高い山(m2)に登ったのは誰かを尋ねている文であるといえる。図示すると、(4)のようになる。

(4)　　{h1, h2, h3} → h2
　　　　 ｜　｜　｜　　 ｜
　　　　 m1　m2　m3　　m2

この(4)に示されているように、相対的な読みが可能になるには、あらかじめ山に登った人の集合が想定されていなければならない。(2)のような who で尋ねる疑問文は、あらかじめ人々の集合が想定され、そのうちのどの個体なのかと尋ねる文であるので、相対的な読みが生じるのである。2.10 節も参照。

第9章 「関係節と比較構文」 主要参考文献

◆Noam Chomsky and Howard Lasnik "Filters and Control," *Linguistic Inquiry* 8, 1977.

30年以上前の生成文法の枠組みで書かれているので、多少、昔の文法の仕組みを理解していないとわからない部分があるかもしれない。しかし、関係節にまつわる現象については細かく分析されていて参考になる。また、本章では扱わなかったが、不定詞関係節については、いまだこの論文で示されている以上の知見は現れていないと思われる。何より、英語の諸現象がシステマティックに説明されていくところには興奮するし、その興奮はいま読んでも同じだ。

◆Greg N. Carlson "Amount Relatives," *Language* 53, 1977.

関係節には、制限用法の関係節と非制限用法の関係節に加えて、amount relative と呼ばれる量的な関係を表す関係節があることを示した論文。制限用法と非制限用法の区別の簡単ながら、明瞭な説明もある。関係節の派生には、照合分析と上昇分析の2つがあるが、本論文では上昇分析を支持するかなり説得力のある議論がなされている。論文の後半では、(量的)関係節が比較節と比べられており、両者には意外と共通点が多いことを教えられる。

◆Joan W. Bresnan and Jane Grimshaw "The Syntax of Free Relatives in English," *Linguistic Inquiry* 9, 1977.

9.6節では自由関係節について、主に what の意味用法の観点から述べたが、what 以外の(自由)関係詞を含めて、より一般的に英語の自由関係節の統語構造について論じた論文。この論文では、what などの自由関係節に現れる wh 句は節の内部から移動したのではなく、もともと先行詞の位置にあるとされている。この分析自体は異論が多いものではあるが、本論文では、自由関係節にかかわる種々の言語現象を網羅的に扱っており、自由関係節を理解するにはうってつけであると思われる。

◆James D. McCawley *The Syntactic Phenomena of English*, Chapter 13 & Chapter 20. University of Chicago Press, 1988.

英語の構文の大半を扱っている大著であるが、とりわけ関係節を扱った13章と比較構文を扱った20章の部分は、理論的なことを知らずとも、それぞれの構文の特徴を理解できる非常に優れたまとめになっている。それと同時に、いろいろな現象も指摘されており有益である。

◆Artemis Alexiadou, Paul Law, Andre Meigunger and Chris Wilder (eds.), *The Syntax of Relative Clauses*. John Benjamins, 1999.

　関係節を扱った論文集である。英語以外の言語の分析も多い。特に、巻頭の100ページ近くにわたる introduction は、関係節の分析の現状と抱えている問題点などについての非常にわかりやすく詳しい説明となっている。関係節についてどこまで理解が進み、どのような分析がなされているのかを知りたいと思った場合、この introduction を読むことを勧める。

◆Edward Sapir "Grading: A Study in Semantics" (David G. Madelbaum (ed.), *Selected Writings of Edward Sapir in Language, Culture and Personality*. University of California Press, 1949.)

　構造主義言語学時代の古い論文であるが、世界の事物や状態について人間が行う「段階付け(grading)」の心理的判断がどのような形で言語に反映されるのかを、論理・心理・言語の3者の対応関係を中心に論じたもので、じっくり読むといろいろ示唆を得られることと思われる。

◆Joan Bresnan "Syntax of Comparative Clause Construction in English," *Linguistic Inquiry* 4, 1973.

　英語の比較構文の統語的性質についての、最初の本格的な研究であり、最重要の基本文献である。扱っている現象もほぼ網羅されている。上記の Chomsky and Lasnik の論文と同様、多少、古い枠組みを理解していないとわかりにくいところがあるかもしれないが、丹念に読めば十分理解できる内容である。この論文以降の比較構文の統語分析は、すべてこの Bresnan の論文を土台にして積み上げられている。

◆Ray Jackendoff *X-Syntax: A Theory of Phrase Structure*. MIT Press, 1977.

　この本も、McCawley の本と同様、さまざまな英語の構文を取り上げており、十分に精読に値する。第7章と第8章で、それぞれ関係節と比較節が取り上げられて分析されている。比較節の部分では上記の Bresnan の分析への代案が提案されている。ただし、本書は現在、絶版となっているので入手が困難かもしれない。

◆Chris Kennedy *Projecting the Adjective: The Syntax and Semantics of Gradability and Comparison*. Doctoral Dissertation, University of California, Santa Cruse, 1999.

　90年代の後半以降、特に形式意味論の分野で比較構文にかかわる議論が急速に拡大したが、そのきっかけとなった重要な論文がこの Kennedy の博士論文であると思われる。段階的形容詞にかかわる従来の意味論をきれいに整理し、度合い(degree)という

意味単位が必要であることを主張した。形式意味論の枠組みなので、それになじみがないとかなり理解に苦労するかもしれないが、今日の形式的な意味論が、ほぼこの枠組みになっているので、一度チャレンジしてみるのもよいかもしれない。

◆Arnim von Stechow "Comparing Semantic Theories of Comparison," *Journal of Semantics* 3, 1984.

　これは上記のKennedyの博士論文より前の論文であるが、80年代までの意味論での比較構文の取り扱いをわかりやすくまとめているので、ありがたい。それに加えて、英語以外の言語での比較構造についても記述があり参考になる。本論文が収められている *Journal of Semantics 3* は比較構文の特集号であるので、もし入手する場合は、他の収録論文も合わせて入手するとよいと思われる。

第Ⅲ部　構文から見た英文法

第10章　構文の書き換え

1　so ～ that… 構文⇔too ～ to…構文：too から生じる否定的解釈
2　二重目的語構文⇔与格構文：所有か移動か
3　that 補文⇔不定詞補文：that と for は同じ仲間
4　副詞節⇔分詞構文：文脈から探る意味
5　原級⇔比較級⇔最上級：何と比べている？
6　仮定法⇔if 省略：疑問文との隠れた共通点に気づこう！
7　直接話法⇔間接話法：話し手目線で再解釈しよう！
8　関係節⇔不定詞節：関係節にも時制の定・不定がある
9　seem 構文：受動態との共通点に気づこう！
10　tough 構文：目的語の取り立てと特徴づけ

1 so〜that…構文⇔too〜to…構文：too から生じる否定的解釈

次の2文はほぼ同じ意味を表しており、書き換え可能な関係にあるとよくいわれる。

(1) a. This song is so difficult that I can't sing it.
    b. This song is too difficult (for me) to sing.

「難しすぎて歌えない」というわけだが、まずこのような否定のニュアンスは、so〜that…構文では that 節の内容によって決まるのに対し、too〜to…構文では **too〜という表現だけですでに否定的な意味合いが成立している**点に注意してほしい。too〜to…の to…以下はそれをより具体的に補足説明しているにすぎない。
　これは(1a)の that 以下、(1b)の to 以下を省略した(2a)と(2b)を比べてみてもわかるだろう。

(2) a. This song is so difficult.
    b. This song is too difficult.

(2b)はこれだけでも「難しすぎて○○できない」と否定的にしか解釈できないのに対し、(2a)は文脈次第で、「とても難しいからみんな練習したがる」(3a)、「すごく難しいので歌えるようになれば嬉しい」(3b)など、肯定的・積極的な意味をもつことも可能である。

(3) a. This song is so difficult that everyone likes to practice it a lot.
    b. This song is so difficult that mastering it will make you happy.

同じことは(2)の difficult を easy に置き換えてみると、いっそうよくわかる。

(4) a. This song is so easy.
    b. This song is too easy.

easyなのだから「○○できない」とはつながりにくそうに思えても、やはり(4b)はそのような意味合いしかでない。「易しすぎて歌う気になれない」「ヴォイストレーニングには使えない」などである。

　つまり、**so〜that…構文は常にtoo〜to…構文に書き換え可能なわけではなく、前者が否定的な意味をもつ場合に限って、それを後者でも表すことができる**、という部分集合の関係にあるのである。

　(1a, b)では文全体の主語であるthis songは意味上、singの目的語に対応するものとして、that節やto不定詞節の中に再登場するが、このこと自体はこれらの構文の本質的特徴ではなく、そうではないケースも多々ある。

(5) a.　He is so self-made that he doesn't trust anyone.
　　b.　He is too self-made to trust anyone.
(6) a.　He sings so bad that we can't stay a minute.
　　b.　He sings too bad for us to stay a minute.

(5)では主語heがthat節やto不定詞節の中の主語に対応しているし、(6)では対応する要素が存在しない。また(1a)では主語を受ける代名詞itが省略されずに明示されるのに対し、(1b)では省略されるという違いもある。これは不定詞節を用いた程度表現ではよく見られる特徴である(10.10節を参照)。

　最後に、(1b)のto不定詞節は、判断の基準や理由を表す不定詞の一般的用法の一例であって、特にtoo〜to…構文に限定されるわけではないことにも注意したい。

(7)　　He was stupid enough to marry her.

しかしtoo〜to…が頻出構文であることは事実であって、英文読解では、たとえto…以下が明示されていなくとも、too〜とくれば必ずto…の部分も意図されているはずだと考え、それを正しくつかめるようにしたい。

2 二重目的語構文⇔与格構文：所有か移動か

(1) a. Jeff Beck gave Jimmy Page his Fender Telecaster '58.
    b. Jeff Beck gave his Fender Telecaster '58 to Jimmy Page.

ジミー・ペイジがレッド・ツェッペリン初期に多用したギター（フェンダー・テレキャスターの58年モデル）は、旧友ジェフ・ベックから譲ってもらったものだというのは、熟年ロックファンの間では有名な話なのだが、若い読者諸君はご存知だろうか。

さて、例文(1a, b)は give を使った二重目的語構文と、前置詞 to をともなう与格構文である。両文はほぼ同じ意味を表しているため、これらの構文は書き換えの関係にあると見なされることがある。しかし実際には両構文には意味や含意の違いが見られ、単純にいつでも書き換え可能なわけではない。

(2) a. Page taught his son how to play an electric guitar.
    b. Page taught how to play an electric guitar to his son.

(2a)では息子にエレキ・ギターの弾き方を教えた結果、息子も弾けるようになったという解釈が自然である。しかし(2b)はただ教えたとしかいっておらず、息子はまったくギターを習得しなかったかもしれないのである。同様に、

(3) a. Page sent Beck a demo version of his new album.
    b. Page sent a demo version of his new album to Beck.

新譜のデモを送った結果、(3a)ではそれが相手にちゃんと届いたと述べているのに対し、(3b)はただ送っただけであり、届いたかどうかはわからない。

両構文のこのような違いは、一般に**二重目的語構文**が2つの目的語の間に所有（**HAVE**）の関係が成立するようになることを意味するのに対し、**与格構文**では単に第一目的語（直接目的語）の「**to-** 目的語」への移動（**GO**）を意味するだけであることに起因している。このことを表すのに、次のような意味表示を使うと便利である。ここで CAUSE は抽象的な使役述語であり、例えば(4)は〔Y

がZを所有する]という状況をXが引き起こす、というように読んでほしい（CAUSEについては8.6節と8.7節も参照）。

(4) 二重目的語構文：[X + Verb + Y + Z] = [X CAUSE [Y HAVE Z]]
(5) 与格構文：[X + Verb + Z + to-Y] = [X CAUSE [Z GO-TO Y]]

上例(2a)では教えることによって、ギターの演奏技術を息子が所有（獲得）したことになるわけである。（二重目的語構文に見られる所有の意味については6.4節も参照。）

このように二重目的語構文の第一目的語（間接目的語）は「所有者」としての解釈をもつため、そこには与格構文には見られない特徴や制限が生じる。例えば、所有者は生き物（典型的には人間）であるから、それ以外の無生物が第一目的語になることは通常ないし、すでに故人の場合も不可である。与格構文の「to-目的語」は単なる送付先であるから、そのような制限がかからない。

(6) a. *Page sent his son's school $1.
    b. Page sent $1 to his son's school.
(7) a. *Page sent Jimi Hendrix $1 in 1972.
    b. Page sent $1 to Jimi Hendrix in 1972.
       （ちなみにジミ・ヘンドリックスは1970年没）

これに関連して、二重目的語構文には、その主語が意図的動作主ではなく、非意図的な原因を表す用法もある（8.6節の使役構文の議論も参照）。

(8) Beck gave {Page a headache / *a headache to Page}.

(8)はベックのことはペイジにとって頭痛の種だったということで、別にベックがペイジの頭をぶったわけではない。これを与格構文で書き換えることはできないが、それは(5)で見たように、与格構文は目的語ZのXからYへの移動がその基本的意味だからである。つまり、頭痛は人から移動するわけではないのだ。しかし風邪なら人から人へうつるから、与格構文も使えるようになる。

(9) Beck gave {Page a cold / a cold to Page}.

どうだろうか。 I hope learning English won't give you a headache!

3　that 補文⇔不定詞補文：that と for は同じ仲間

(1) a.　It was only natural that Blackmore left Deep Purple.
　　b.　It was only natural for Blackmore to leave Deep Purple.
　　　（ブラックモアがディープ・パープルを脱退したのは当然の成り行きであった。）

that 節を含む (1a) を to 不定詞節を用いて (1b) のように書き換えることができる。ここでまず不定詞という用語に気をつけたい。なにが「不定」なのかといえば、それは時制であり、現在とか過去とかいった時制情報を自ら決定する能力がなく、他の成分に依存してしか時制解釈が決まらないということなのである (1.7 節も参照)。(1b) でいえば、バンド脱退は過去のできごとであるが、それは to leave D.P. という不定詞形を見ただけではわからず、あくまで主節動詞 was の過去時制との一致からわかることなのである。(ちなみに厳密にいうと、英語では未来「時間」はあっても未来「時制」は存在しないのであるが、どうしてそういえるのか、おわかりだろうか。I will go to school tomorrow. は未来のことを表しているが、助動詞 will の時制はあくまで現在である。4.4 節も参照。)

この時制の定・不定の違いを除くと、that 節と to 不定詞節は (2) に示すように、見た目以上によく似た組み立てをしているのである。これはもちろん、**双方が同じ「節」であり、同一の構造を共有している**ということに他ならない。

(2)

	補文標識	主語	時制	動詞	目的語
a.	that	Blackmore	定［過去］	leave	D.P.
b.	for	Blackmore	不定	leave	D.P.

ここで「補文標識」という難しい呼び方をしているのは、いわゆる接続詞 that と不定詞の主語を導くといわれる for が実は同じ役割をもつ要素、つまりある独立した節を従属節化（補文化）する標識であることをはっきりさせるためである。時制が定である場合には that として現れるものが、不定時制節（不定詞節）では for に変身する、といってもよいだろう。また動詞 leave はそれぞれの節で時制情報と合体して、left や to leave に変身する。不定詞の to とは、この不定

時制情報の標識なのである。

　不定詞補文の for は that と同じ補文標識だと述べたが、本来、for は前置詞であり、その後ろにくる名詞句に対して格を与えるという機能は不定詞節でも変わらない。不定詞の「主語」が主格ではなく目的格で出現するのはこのためで、定時制 that 節の主語が主格なのと対照的である。

(3) a.　… for {him / *he} to leave D.P.
　　 b.　… that {he / *him} left D.P.

不定詞節では主語が明示されるためには for が省略されてはならず、また主語が無音化する場合は for は残っていてはならない。定時制 that 節では that の省略の有無にかかわらず主語は常に明示されるのと対照的である。it that 構文と it(for)to 構文については、8.8 節も参照。

(4) a.　… {for him / *for __ / *φ him / φ __ } to leave D.P.
　　 b.　… {that he / *that __ / φ he / *φ __ } left D.P.

とはいっても、動詞によっては for なしで不定詞補文の主語の明示が可能である場合がある。大きく分けて、(5a) のような **believe タイプ**と、(5b) のような **want タイプ**である。これらは一見すると同じ構文に見えるが、(6), (7) の対比が示すように実はまったく異なるものなので注意してほしい。

(5) a.　Beck believes Page to be the best rock guitarist.
　　 b.　Beck wants Page to be the best rock guitarist.
(6) a.　*Beck believes sincerely for Page to be…
　　 b.　Beck wants sincerely for Page to be…
(7) a.　Page is believed to be…
　　 b.　*Page is wanted to be…

believe は want と異なり、そもそも for 補文標識をとることができず (6)、また不定詞主語を主節の主語に繰り上げて受動文をつくることができる (7)。それぞれのタイプには他にどんな動詞があるか調べてみよう。

4 副詞節⇔分詞構文：文脈から探る意味

　分詞構文は副詞節としての機能をもっている。分詞構文にはいくつか異なる用法があるため、これを節に書き換えるにはそれがどういう意味なのか、主節部分や文脈の内容から判断しなければならないことが多い（8.1 節も参照）。むしろ決まった意味というものはなく、ただ**主節と何らかのつながりがあることを簡潔に描写**するのが分詞構文だともいえる。次の説明もあえて分類すれば、ということであり、いくつかの意味が重なり合っているようなケースも少なくない。

(1) a. Puffing Marlboro, Page continued playing the guitar.
    ＝While he was puffing Marlboro,…（付帯状況）
   b. Playing the guitar, he suddenly got a phone call from Beck.
    ＝When he was playing the guitar,…（時）
   c. Hearing about his plan to retire, Page became very sad.
    ＝Because he heard about his plan to retire,…（理由）
   d. Retired, Beck would never play with him again.
    ＝Once he was retired,…（条件）
   e. Elected over Beck as the world's top guitarist, he knew that Beck was second to none in playing solo.
    ＝Although he was elected,…（譲歩）

分詞構文の主語は、別個に明記されていなければ主節の主語と一致するのが通例である。しかし主語が文脈から容易に推定されるような場合には、主節の主語とは異なる場合でも省略される場合がある。

(2) a. Considering every possibility, it was suggested that Page and Beck should collaborate for a joint album.
   b. Talking with Beck again, it finally turned out that he had had no serious intention to retire; he had just wanted Page to work with him!

(2a)であらゆる可能性を考慮したのは、ペイジとベックの当人どうしかもしれないし、音楽会社側の関係者かもしれない。(2b)ではペイジがベックと話したという解釈がもっとも自然であろう。

　このように分詞構文の独立した主語が明記されない形は、定型句や慣用句として確立している場合に顕著である。considering～（～を考えれば）、talking of～（～の話ついでにいえば）、generally speaking（一般的にいえば）、judging from～（～から判断して）などはお馴染みのものであろう。定型句化がさらに進行すると、もはや分詞構文という意識は完全になくなり、純粋な前置詞や接続詞と変わらなくなってくる。given～（～を考慮すれば）、concerning～（～に関しては）、providing / provided～（～という条件で）などである。during ももともとは現在分詞であった。

　他方、独立した主語が明記される独立分詞構文の例も多い。特に(3b)のような形式主語(虚辞)の場合や、(3c)のような慣用句は要注意である。

(3) a. (With) Beck playing his Gibson, Page had to play his old Telecaster instead.
　　b. There being no extra room, Page had to sleep with Beck in the same bed last night.
　　c. Other things being equal, Page would choose to play in Japan rather than in China.（他の条件が同じなら）

また、分詞構文ではないものの、**二次述語**と呼ばれる表現方法にも分詞は多用されるので、ついでに覚えておきたい(7.4節と7.5節も参照)。

(4) a. Page played his guitar untuned.（ギターをチューニングしないまま弾いた。）
　　b. Page played his guitar drunk.（酔っぱらった状態で弾いた。）
　　c. Page played his guitar {untuned drunk / *drunk untuned}.

(4a)の untuned は目的語の his guitar の状態を、(4b)の drunk は主語の Page の状態を、それぞれ表している。両方が同時に現れることも可能だが、その場合は(4c)のように必ず目的語の状態→主語の状態の順番になり、逆は許されない。

5 原級⇔比較級⇔最上級：何と比べている？

次の3つの文は同じ意味を表している。

(1) a. Jimmy Page is as good as any rock guitarist in the world.
   b. Jimmy Page is better than any other rock guitarist in the world.
   c. Jimmy Page is the best of all the rock guitarists in the world.
      (= Jimmy Page is the best rock guitarist in the world.)

(1a, b)の any は「どんな〜、いかなる〜」という意味であり、どんなギタリストと比べても劣らず上手い(→(1a))、(ペイジ以外の)どんなギタリストよりも上手い(→(1b))、ということで結局は(1c)と同じ最上級の意味になる。(通常(1b)では any other〜となることに注意。)

これらの構文は、どれも **A** と **B** という2つの比較対象がもつ**性質**や**属性**の程度を比べ、**A**の程度が**B**と同じだとか、より上(下)だ、と**主張**するものである。では原級比較から詳しく見ていこう。

(2) a. Jimmy Page is as good a guitarist as Eric Clapton (is).
   b. Jimmy Page is X-good a guitarist.
   c. Eric Clapton is Y-good a guitarist.
   d. X = Y

仮にペイジの上手さの程度を X (→(2b))、クラプトンの上手さの程度を Y (→(2c))とした場合、XとYがイコールである(→(2d))、というのが原級比較構文(2a)が表していることである。ここでXとかYとかは便宜上の抽象的な記号として使ったが、両者が等しい場合、それらが as として具体化すると考えておいていいだろう(as good a guitarist という語順にも気をつけよう)。9.8節も参照。

as が出てきたら、たとえ as〜as…の形になっていなくても原級比較が意図されていると気づく必要がある。次の(3a)では先行する文に比較対象が明記されているのでまだわかりやすいが、それが明記されておらず、何と同じだといっ

ているのかを文脈から推定しなければならない場合も多い。この as を単独で使いこなせるようになれば、英語に馴れてきた証拠である。友だちがクラプトンはすごく上手いという話しをしていたら、(3b)のように「ペイジだって負けてないぜ」とクールにいってやろう。

(3) a. Clapton is a good guitarist. Page is as good.
　　b. Page is just as good.

次に比較級構文であるが、これも同じように考えればよい。

(4) a. Page is a better guitarist than Clapton (is).
　　b. Page is X-good a guitarist.
　　c. Clapton is Y-good a guitarist.
　　d. X ＞ Y

今度は X が Y より程度が大きいといっており、この場合、X-good は比較級に形を変え、これに呼応して Y を含む部分は than 節に変わるのである。比較級構文でも than 以下が明記されない場合が多いが、こちらは単独の as の場合よりは気づきやすいと思う。単に Page is better. とあっても、誰より上手いといっているのか、文脈から容易に判断できるはずである。9.9 節も参照。

　以上の例はいずれも主語どうしの簡単な比較であったが、それ以外のさまざまな要素や、時にはその一部だけが比較されることもあるので注意しよう。

(5) a. Page has as many Gibsons as Clapton has Fenders.
　　b. Page has more Gibsons than Clapton has Fenders.

ここでは、ペイジの所有するギブソン・ギターの数＝X と、クラプトンの所有するフェンダー・ギターの数＝Y が比較されているのがおわかりだろうか。
　長年のジミー・ペイジ・ファンとしていわせてもらうなら、Page plays an electric guitar more elegantly than anyone else plays any instrument! なのだ。

6　仮定法⇔if 省略：疑問文との隠れた共通点に気づこう！

　仮定法における if 節を、if を用いずに倒置によって書き換えるということがよくある。より簡潔できびきびした表現だともいえるが、be 動詞や助動詞を主語の前にもってくる次のような例がよく知られている。

(1) a.　Were I you (= If I were you), I would sing the song more slowly.
　　b.　Should you quit playing guitar (= If you should quit playing guitar), you had better quit living in this world.
　　c.　Had I been told to do so (= If I had been told to do so), I would have started a new band immediately.

逆にいえば、be 動詞や助動詞以外の一般動詞ではこのような書き換えは許されないのだが、これはなぜなのかについて考えよう。

(2) a.　If I knew her →*Knew I her
　　b.　If she loved you →*Loved she you

実はこの倒置パターンは、疑問文をつくる場合と同じものであることにまず気づいてほしい。疑問文では、be 動詞や助動詞はそのまま主語と倒置してやればよいが、一般動詞ではそうはいかず、do や did を挿入してやらなければならない。これは誰でも知っていることだろう。

(3) a.　You are happy. → Are you happy?
　　b.　You will come tomorrow. → Will you come tomorrow?
　　c.　You like heavy metal music. →*Like you heavy metal music? / Do you like heavy metal music?

つまり、疑問文で文頭に繰り上がることのできる動詞類だけが、if 節の書き換えでも同じように前に移動することができるのである。
　これらの動詞類は、否定文における not との語順に関しても、一般動詞と対

照的なふるまいを見せる。一般動詞では、やはり do や did を挿入し、動詞自体は not の後ろにじっとしていなければならない。しかし be 動詞や助動詞は、それら自体が not の前に繰り上がればよく、do 類の挿入を要求しない。4.6 節も参照。

(4) a. I do not play guitar. / *I play not guitar.
    b. I am not a guitarist. / *I do not be a guitarist.
    c. I cannot play guitar. / *I do not can play guitar.

以上を整理するために、疑問文や条件節における先頭位置を①、否定文における not の前の位置を②として表してみる。

(5)　　［①［主語［②［not［動詞 …］］］］］

一般動詞は「動詞」位置に固定され、代わりに do 類が②や①に生じる。その一方、be 動詞や助動詞は、それら自体が否定文では②に繰り上がり、疑問文や if なし条件節ではさらに①に繰り上がるわけである。①に移動するにはまず②に移動する必要があり、②への移動が禁じられる一般動詞は当然、①への移動もできない。

　if の省略について補足しよう。be 動詞や助動詞が①に繰り上がった場合に、if が省略されなければならないことは、実は **if** も同じ①の位置を占めるものであることを意味している。いわば 1 つのスロットを 2 つの要素が取り合っているわけで、be 動詞や助動詞が①に生じるには、if は邪魔なのである。これは、間接疑問では if が用いられ、その場合には直接疑問のような倒置が起きないことからも納得できると思う。

(6) a. Am I clear enough?　（わかるよね？）
    b. I wonder if I am clear enough.
    c. *I wonder am I clear enough.

7 　直接話法⇔間接話法：話し手目線で再解釈しよう！

　直接話法は発言者の発言内容をそのまま引用した形であり、その内容をいったん話し手の管轄領域に取り込み、従属節化して表したのが間接話法である。

　直接話法が発言者以外の侵入を許さない**閉じた世界**の表現であるのに対し、間接話法は、話し手（と聞き手）が出入りする**開かれた世界**の表現だということができる。したがって、両話法間の書き換えは単純ではなく、**話し手の目線次第で多様なバリエーションが生じる**。

　次の(1a)はジミー・ペイジ自身の発言をそのまま伝えている。対して(1b)では話し手の責任において、いくつか表現の置き換えが行われている。

(1) a.　Jimmy Page said, "This song is our magnum opus."
　　b.　Jimmy Page said that *Stairway to Heaven* is Led Zeppelin's most important masterpiece.

まず this のような指示詞や時間や場所を表す表現は、間接話法においては、that などそれぞれ適切な指示表現に置き換えられるのが普通である。(2b)では this place が that place に変化している。

(2) a.　Page said, "I like this place because it is ideal for my song writing."
　　b.　Page said that he liked that place because it was ideal for his song writing.

しかし(1b)の例ではペイジがその発言時に this song という表現によって実際にどの曲を指していたのかまで考慮し、その曲名 *Stairway to Heaven* で直接これを置き換えている。that song と機械的にいいかえても、聞き手にはどの曲のことなのかわからないので、具体的な曲名を伝えているのである。

　I や you などの代名詞についても、通常、間接話法では別の適切な代名詞に置き換えられ、(2)の例では I / my が he / his に変化している。しかし(1a)の our は(1b)では単純に their に置き換える代わりに、実際にペイジが指していた対象であるレッド・ツェッペリンというバンドの名称になっている。これも

聞き手の理解を助けようとする話者の判断である。同じような工夫は、指示詞だけでなく一般名詞などに及ぶ場合もある。(1a)の magnum opus（最大傑作）は芸術分野で用いられる少し難しい表現であるから、そのまま引用しても聞き手は理解できないかもしれない。そこで話し手は、(1b)では most important masterpiece というよりわかりやすい表現にいいかえているのである。

　時制の一致や、come / go など方向性をともなう動詞の置き換えにも注意したい。

(3) a. Page said, "I went to that shop twice."
　　b. Page said that he had come to this shop twice.

(3)は、ペイジが "that shop" と表現した場所が、話し手が今いるところに他ならない場合であり、went to は had come to に、that shop は this shop に置き換わっている。一方、(1a)の is は(1b)でも was にならず現在時制のまま残っているが、その理由としては、ペイジの発言内容が現在でも真実である（と話し手が聞き手に伝えたい）といったことが考えられる。時制の一致もすべて機械的に、というわけにはいかず、話し手の判断に任されるケースが少なくない。（ちなみに日本語の間接話法では、英語のような時制の一致がまったく起きないのであるが、自分で確認してみてほしい。4.7 節も参照。）

　このように間接話法は、引用元の発言が話し手（や聞き手）の目線から再解釈される「開かれた」表現であるが、時にはそのような再解釈が許されない、不透明な領域ができてしまうこともある。

(4) a. Page said, "I believe *Kashmir* outranks *Stairway*."
　　b. ≠ Page said that he believed *Kashmir* outranked their magnum opus.

ここで *Stairway*(*to Heaven*) を話し手の判断で勝手に magnum opus に置き換えてしまったら、「私はそんな矛盾したことをいった覚えはない」とペイジに怒られてしまうだろう。元の発言者の信念や知識の世界でだけ語られた事柄は、話し手の信念や知識に置き換えることができないのである。

8　関係節⇔不定詞節：関係節にも時制の定・不定がある

10.3 節で定時制の that 節と不定時制（不定詞）節の関係について見た。時制の定・不定の違いはあるにせよ、どちらも同じ節であり、基本的な構造は同じであった。これは関係代名詞節についても同様である。

(1) a.　This is a song which we should sing together.
　　b.　This is a song (for us) to sing together.
(2) a.　Ritchie Blackmore was not the first rock guitarist who smashed his guitar on stage.
　　b.　Ritchie Blackmore was not the first rock guitarist to smash his guitar on stage.

以下で見るように、不定詞関係節では、定時制関係節には見られないような制限が働く。その一部は不定詞節一般の特性を反映したものである。
　まず、**関係節化は、wh 疑問文の形成と本質的には同じプロセス**であることを見ておこう。

(3) a.　Who did Page say would play for him?
　　b.　This is the person who Page said would play for him.

(3a) の wh 疑問文では、本来 would play の主語である人 (cf. Page said *this person* would play for him.) が who に置き換えられ、節の先頭に出ているのだが、同じように (3b) の関係代名詞 who も would play の主語が節の先頭に現れたものである。関係代名詞が who や which のような wh 疑問詞と同じ形をしているのは、関係節が wh 疑問文と同じ原理でつくられていることの反映なのである。では wh 疑問詞とは異なる関係代名詞 that は何なのか、といえば、もう気づいた人もいると思うが、通常の that 節における補文標識 that に他ならない (9.2 節参照)。補文標識は節の先頭に出現してその節を従属節化させるものであるが、これは関係節でも変わらないのである。また、現代英語では wh 関係詞と that が同時に現れることはできないが、これは歴史的な経緯による。

ところで定時制関係節では関係詞の省略、より正確には無音化が、主語が関係詞化された場合を除いて随時起きる。

(4) a. Page is a musician (whom) Beck admires.
　　b. Page is a musician *(who) admires Beck.

不定詞関係節ではこの関係詞の省略がより厳格に規定されており、省略が義務的であるケースが多い。

(5) a. a musician to count on（頼れるミュージシャン）
　　b. *a musician whom to count on
　　c. a musician on whom to count
　　d. *a musician on to count

上例が示すとおり、不定詞関係節で wh 関係詞が明示でき、またそうしなければならないのは、それが前置詞といっしょになって節の先頭に現れた場合である。9.3 節の「笛吹き現象」も参照。
　また、不定詞の主語が for をともなって明示された場合、wh 関係詞をいっしょに明示することは、(6c, d) のように前置詞の有無に関係なく許されない。

(6) a. a drummer with whom to play
　　b. a drummer for Page to play with
　　c. *a drummer whom for Page to play with
　　d. *a drummer with whom for Page to play

これは for が that と同じ補文標識であることから、that が wh 関係詞と同時には現れない事実を考えればすぐに理解できるだろう。
　最後に、that は定時制節の補文標識であることから、不定詞関係節に that を用いることができないことも自明であろう。

(7) Led Zeppelin is a legendary rock band {that we should pay full respect to / *that to pay full respect to}.

9　seem 構文：受動態との共通点に気づこう！

　10.3 節で定時制 that 補文と不定詞補文の書き換えについて見た。seem や appear のような印象や判断や推測を表す動詞でも、定時制節と不定詞節の間によく似た書き換えが成立するように見えるが、実は状況はかなり異なっている。まず、(1) と (2) の各文を比較してほしい。

(1) a.　It is illegal that you sell bootlegs.
　　b.　It is illegal for you to sell bootlegs.
　　c.　*You are illegal to sell bootlegs.　　（海賊版の販売は違法である。）
(2) a.　It seems that Jimmy Page is angry at bootlegs.
　　b.　*It seems (for) Jimmy Page to be angry at bootlegs.
　　c.　Jimmy Page seems to be angry at bootlegs.

（bootleg とは専門業者や一般のファンがコンサートなどをこっそり録音・録画し、それを商品として販売するもので、最近はコレクターズ・アイテムなどと称してごまかしていることが多い。）(1) のような通常の書き換えでは、不定詞補文の主語をさらに主節の主語に繰り上げて (1c) のようにいうことはできない。しかし seem 構文では (2c) のようにこれが可能である。その代わりに、(2b) が示すように、seem 構文ではその元になったと思われる不定詞補文で、主語をそのまま不定詞の中に残しておくことは、for の有無にかかわらず不可能である。実は、通常の不定詞補文が (1b) を許す代わりに (1c) を禁じることと、seem 不定詞補文が (2b) を禁じる代わりに (2c) を許すことは、それぞれ表裏一体の関係にあるのである。

　不定詞補文が for 付きの主語を禁じるケースとしては、すでに 10.3 節で believe タイプの動詞があることを見た。

(3) a.　Blackmore believes (*for) Page to be angry at bootlegs.
　　b.　Page is believed to be angry at bootlegs.
　　c.　*It is believed Page to be angry at bootlegs.
　　d.　It is believed that Page is angry at bootlegs.

(3b)が示すように、believe タイプでも、受動文では不定詞補文の主語を主節の主語に繰り上げることが可能であり、この点では seem タイプと共通している。またこの場合、(3c)のように不定詞主語をそのまま不定詞節内に残すことはできない。これはちょうど、seem タイプの不定詞補文で(2b)が許されず(2c)のようにしないといけないことと平行的である。

　つまり、**seem 構文は受動態の believe 構文**と多くの点でふるまいがよく似ているのである。これは(4)のように seem はそもそも受動化ができないことからもわかる(seem 自体がすでに受動態に似ているわけだから、これを無理に受動態に変えれば、二重の受動化になってしまうのである)。

(4) a. *Page is seemed to be angry at bootlegs. 　　(cf. (3b))
　　 b. *It is seemed that Page is angry at bootlegs. 　(cf. (3d))

面白いことに、英語があまり得意でない学生の英作文では、(4b)の*It is seemed / appeared that 〜 方式の誤りを見かけることがある。他のタイプの動詞では見受けないのに、なぜかこのタイプの動詞でだけ、よく同じ間違いを犯してしまうのである。これは上で述べたように、このタイプの動詞(専門的には**非対格動詞**と呼ばれる)が本来、受動態的な特徴を兼ね備えていることを学生が直感的に理解しており、過剰反応してしまったためである。外国語学習者の誤りが理論研究上の重要なデータとなることを示すよい事例である。

　ところで、seem 構文では不定詞 to be の省略が可能であるとされる。

(5) a. 　Page seems to be happy with his new CD.
　　 b. 　Page seems happy with his new CD.

しかし(5a)と(5b)では述べている状況が異なる。(5b)は、話者が直接、ペイジの様子を見て、彼が新譜のできに満足していると判断している場合の表現であるが、(5a)にはそのような直接的な知覚の制限はなく、他人からの伝聞などに基づく推定であっても構わない。その意味では、to be がいつでも省略可能というのは誤りということになる(8.9 節も参照)。seem 構文については、1.4 節と 1.5 節も参照。

10 tough 構文：目的語の取り立てと特徴づけ

　ロックやジャズを聴いていると、いったいどうやったらそんなフレーズが弾けるの！というほど上手いギタリストに出くわす。コピーしながら、「このフレーズ (lick) は難しい！」と思わずぼやきたくなったとしよう。

(1) a. It is so difficult to play this lick!
　　b. To play this lick is so difficult!
　　c. This lick is so difficult to play!

(1a) は、いわゆる仮主語の it が to 以下の不定詞節の内容を指すというお馴染みの構文、(1b) は、仮主語を使わずに不定詞節をそのまま文の主語にした構文で、この2つはわかりやすい書き換えの関係にある。2.4 節も参照。

　一方 (1c) は、もともと play の目的語である this lick を文の主語として取り立て、それがどういう特性をもっているのかを述べており、実は (1a, b) とはだいぶ性質が異なっている。この (1c) のような形式を「**tough 構文**」と呼んでいるが、これは問題の特性を表す表現が、tough, hard, easy など、典型的に難易度を表すものであることによる。

　(1c) もそうだが、tough 構文では不定詞の主語が明示されずに省略されることが多い。そのため、誤って文全体の主語を不定詞の主語に結びつけてしまうことがある。受験生や大学生の英作文でたまに見かけるのが、(2) のような間違いだ。

(2) ＊You are impossible to copy this lick.

言いたいのは You cannot copy this lick. ということなのだが、impossible にはそのような使い方はない。その代わり (3) のような tough 構文でなら使うことができる。

(3) This lick is impossible to copy.

次の(4a)は tough 構文の代表例である。一見すると(4b)も(4a)と同じ構造をしているように見えるが、実は tough 構文とはまったく別物である。

(4) a. Musicians are easy [主語] to please [目的語].
　　b. Musicians are eager [主語] to please [目的語].

どちらも他動詞 please を含んでおり、その主語と目的語がともに空所になっている。しかし(4a)では musicians は please の目的語として解釈されるのに対し、(4b)ではその主語として解釈される。一方、(4a)の please の主語の方は、一般の人々を指していたり、時には文脈や文中の別の要素によって解釈が決定される。2.6節も参照。

(5) 　The lyrics of this song are hard for me to remember.

ここでの for me は誰にとって覚えにくいのか(難易度の「経験者」)を明示しているが、このことから remember の主語も同じく「ぼく」であると自然に解釈できる。この for 句は、文中の他の位置にも現れるので、これ自体が不定詞の主語なのではない、ということにも注意が必要だ。

(6) 　(For me,) this song is tough (for me) to sing (for me).

また(1c)の tough 構文は(1a, b)と違って、人や物の**内在的・本質的な特性を描写**するために使われる。たまたま一時的な理由で今はそうだ、という場合には使えないのである。

(7) 　That guitar is hard to play because {*someone else is now playing it / it has three necks and is very heavy}.

したがって、(1c)は(1a, b)の単純な書き換えではなく、目的語をわざわざ文全体の主語として取り立てている理由がちゃんとあることになる。The difference is easy to see!

第 10 章 「構文の書き換え」主要参考文献

◆Noam Chomsky "On wh-movement" (P. W. Culicover et al. (eds.), *Formal Syntax*. Academic Press, 1977.)

　生成文法研究の醍醐味の 1 つは、一見無関係に思われる多様な言語現象が、いずれも同じ原理や法則に従っており、統一的に説明可能であるということを明らかにすることである。この古典的論文は、典型的には wh 疑問文の形成に関わる wh 移動という統語操作が、実は、本章で取り上げた比較級構文（10.5 節）や関係節（10.8 節）、tough 構文（10.10 節）をはじめ、非常に広範な構文の派生に等しく関与することを論証したものであり、歴史的に見ても重要な論考である。単なる記述を超えた原理的説明というものがいかなるものか、その模範を示したものといえ、これ以降、生成文法は真の科学的言語研究に向かって飛躍的な進展を遂げることになる。

◆Norbert Hornstein *Move! A Minimalist Theory of Construal*. Blackwell, 2001.

　10.3 節で不定詞構文をとりあげ、10.9 節では seem 構文をとりあげた。特に seem が不定詞補文をとり、その補文内主語が主節主語に移動する「上昇構文」は、不定詞補文の主語が省略された「コントロール構文」と、見た目が似ているものの、構造的にはまったく別であり、異なる文法原理が働いているというのが、伝統的な生成文法の見方であった。本書はこの見方に異議を唱え、コントロール現象が移動現象の一例に他ならないことを主張している。これは、上記の Chomsky (1977) が多様な構文を wh 移動という観点から統一的に読み解こうとした、その路線の継承・拡張に他ならない。もしこの提案が正しければ、文法の仕組みはさらに簡潔なものとなり、より優れた理論体系を構築できるのであるが、現実には問題も多く、現在まで賛否両論、激しい論争が続いている。言語学者は単に言語事実の収集と分析に明け暮れているわけではない。一見、些細な技術論に過ぎないかのような本書の提案が、なぜ多くの研究者を魅了するのか、言語学の真の目標（＝言語を通じた人間の本質の理解）を再確認しながら読み、考えてほしい。

◆Malka Rappaport Hovav & Beth Levin "The English dative alternation: The case for verb sensitivity," *Journal of Linguistics* 44, 2008.

　10.2 節で、二重目的語構文は所有の解釈、与格目的語構文は移動の解釈、と分けたが、この論文は、このような線引きが成立せずどちらの構文でも所有の解釈をもつ動詞が多く存在する（give もその 1 つ）ことを指摘している。著者らは語彙意味論研究の代表格であり、ほかにも関連した共著が多くあるのだが、中でも Levin の単著となる *English Verb Classes and Alternations: A Preliminary Investigation*. University of Chicago

Press, 1993. は、膨大な数の英語動詞がどのような構文に生じ、また生じないかを入念に調べ上げており、英語学習者にとっての利用価値は高い。著者らの一貫した理論的主張は、動詞の意味がその出現する統語環境を決定するというもので、これには（筆者を含め）批判的な研究者も多いのだが、意味と構造に密接な関係があることは確かであり、英語学習者が各動詞の意味を深く理解する上でも重要な研究だといえる。二重目的語動詞の意味分析に関する議論を含むものとしては、Steven Pinker. *Learnability and Cognition: The Acquisition of Argument Structure.* MIT Press, 1989. にも触れておくべきだろう。

◆Richard K. Larson "On the double object construction," *Linguistic Inquiry* **19, 1988.**

　上記の Rappaport Hovav & Levin が語彙意味から構造へ、をモットーとするのに対し、生成文法研究者の多くは構造が意味を左右すると考えており、それはもし動詞が統語的な内部構造をもっているなら、動詞の語彙意味についても同じはずである、という見方へと繋がっていく。この論文は二重目的語動詞と与格動詞が構造的には能動態と受動態のペアによく似た交替関係にあることを主張したものであるが、そのことよりも、表面的には1つの単語である動詞が実は統語的には多層的な VP 構造として存在していることを明らかにした功績のほうが極めて大きい。本論文自体は意味の問題には深入りしていないのであるが、動詞に対して抽象的な統語構造をたてることの必要性と妥当性が本論文によって明らかにされたのを受け、上述のような動詞の語彙意味への統語的アプローチが一気に盛んとなった。記念碑的論文である。

◆Kenneth Hale & Samuel Jay Keyser "On argument structure and the lexical expression of syntactic relations"（K. Hale & S. J. Keyser（eds.）, *The View from Building 20: Essays in Linguistics in Honor of Sylvain Bromberger.* **MIT Press, 1993.**）

　そういった語彙意味への統語的アプローチのもう1つの原動力となったのが、Hale & Keyser による一連の項構造の研究である。彼らは初期には統語部門とは別個の語彙部門においても、統語部門とよく似た階層構造の生成的プロセス（語彙的統語論）があるという主張を展開していたが、やがてそれは抽象的な統語部門に他ならないことに気づき、項構造を統語構造に包摂する研究に着手する。本論文はちょうどその過渡期的な時期における考察であって、他動性交替などの現象が分析されている。ここには含まれていないが、二重目的語動詞の分析も彼らの十八番であった。惜しくも Hale が2001年に他界したため、この名コンビも消滅してしまったが、彼らの先駆的アイデアは現在の生成文法の根幹をなすものの1つとして多くの研究者によって受け継がれている。

◆Jean-Yves Pollock "Verb movement, Universal Grammar, and the structure of IP," *Linguistic Inquiry* 20, 1989.

　英語とフランス語はともに基本語順はSVOでありながら、動詞と否定辞・副詞類との相対語順において対照的なふるまいを示す。この違いを、単純にいえば英語の本動詞は元の位置から動かないのに対して、フランス語では上方へ移動する、という動詞移動の違いから引き出して見せたのが本論文である。移動するのは主語や目的語の名詞句だけではなく、動詞などの主要部も移動する（主要部移動）という考え方を活用した比較統語論の先駆的論考であり、10.6節で解説した仮定法における倒置の分析も、同じ主要部移動に基づくものである。主語・助動詞倒置現象を、主語を超える助動詞の移動という観点から眺めることの重要性を説いた点では、Noam Chomsky. *Barriers*. MIT Press, 1986. も重要な文献である。

◆田中智之・寺田 寛『英語の構文』（英語学入門講座・第9巻）英潮社 2004年

　生成文法の主張の1つに、各構文は言語の一般原理の相関からたまたま生じる副次的産物であり、それ自体が言語能力の本質をなすものではない、ということがある。このことを十分理解した上でなお、生成文法研究がもたらした諸構文の事実観察を英語学習に活用しようという試みも、特に我が国では盛んであり、古くは安井稔（編）『例解・現代英文法事典』（大修館書店 1987）、荒木一雄（編）『現代英語正誤辞典』（研究社 1996）から、中村捷・金子義明（編）『英語の主要構文』（研究社 2002）、中村捷『実例解説・英文法』（開拓社 2009）、等々、数多くの文献をあげることができる。その中で、本書は取り上げている例文の難度が比較的高く、基礎をしっかり学んだ人が次のステップに進む上での参考になる。その時点での最新研究成果を取り込んでいるため、初学者には解説が難解な部分もあるのだが、それも含めて他の類似本よりもチャレンジのし甲斐があるだろう。

◆岡田伸夫 "A Little Grammar Goes a Long Way"『英文法Q&A』

　http://www.biseisha.co.jp/lab/index.html

　最後に今っぽくネットで軽〜く読めるものも紹介しておきたい。これは、英語教材を中心とする出版社・美誠社のホームページ上で提供されている『英語研究室』の連載コラムである。学習者が感じる英文法の疑問点を項目別にとりあげて、わかりやすく解説してある。この種の英文法ガイドとしては往年の名シリーズ『クエスチョン・ボックス』（大修館書店、簡略版として『英語語法事典』（続、第3集もあり））が優れており、本コラムも構成的にはその流れをくむものだといえるだろうが、学校文法では「なぜそうなのか」がわからない部分を、生成文法の知見に照らして読者が「なるほど」と納得できるように解説した楽しい読み物になっている。本章との関連でいえば、特に「所有変化構文をめぐって（上・中・下）」が秀逸である。

あとがき

　英語ができない子をできるようにさせるにはどうしたらいいだろうか。そして、英語が嫌いな子を好きにさせるにはどうしたらいいだろうか。これに答えるのは容易なことではないし、正直、至難の業である。第一、英語ができない理由は山のようにあるし、英語が嫌いな理由も人それぞれで十人十色である。そのようなこともあり、上の２つの問いに対して「これだ！」というストレートな答えを出すことはまず不可能である。

　でも、そうはいうものの、英語ができない子や英語が嫌いな子に共通していることがある。それは、文法がわかっていない、ということだ。逆にいうと、文法が理解できていて、それで英語ができない子や英語が嫌いな子というのは、私の知る限り、まずいない。というか、そういった人にこれまで会ったことがない。したがって、英語ができない子をできるようにさせ、英語が嫌いな子を好きにさせるには、ちょっとパラドキシカルないい方になるかもしれないが、英文法を理解させるのが手っ取り早く、しかも正攻法だったりする。

　ただ、そうはいうものの、英語ができない子ができなくなった理由が、そして、英語が嫌いな子が嫌いになった原因が英文法にあったりもする。そんな人たちにまた英文法を教えようとしようものなら、それこそ、英語がますますできなくなり、そして英語がますます嫌いになってしまうかもしれない。でも、上で書いたように、英語ができない子ができるようになり、そして英語が嫌いな子が好きになるためには、英文法をちゃんと理解することぐらいしか、実は方法は残されていなかったりするのだ。これは、英語教員にも英語学習者にも認めてほしいし、そして（認めたくなくても）認めなくてはならないことである。

　英文法が原因で英語が嫌いになったりできなくなった人たちの声に耳を傾けると、「さもありなん」と言いたくなるような文法書を使っていたり、「えっ、そんな授業受けていたの！？」というような英文法の授業を受けていたりする。ようするに、文法がわからなくなり、それが原因で英語嫌いになったり英語ができなくなった人たちは、ほぼ例外なく、質の悪い（教師により粗悪な）英文法を教えてもらっていたりするのだ。

　たしかに、性格上、英文法を受け入れることができず、それで英文法を拒絶してしまっている人もいないことはない。でも、そういった人たちも、英語アレルギーを取り除く、そういったしかるべき「抗英語アレルギー薬」とも呼べ

る文法書を紹介してやると、英語アレルギーが意外と緩和されたりするのだ。

　そこで登場したのが本書である。ハイクオリティの英文法を、質の高い教師によってプレゼンしてもらうことにより、英語嫌いで英語ができなかった人たちが少しでも英語が好きでできるようになってもらえたらと思って刊行されたのが本書なのである。また、英語が好きで、英語ができる人たちが、さらに英語が好きになって、そしてもっと英語ができるようにとの思いを込めてつくられたもの、それが本書でもある。

　こういった本書の目的がどれほど達成されたかは、本書を最後まで読んでくれた読者の判断に任せるしかない。もしかしたら、この目的のほんの少ししか達成されていないかもしれないし、あるいは、もしかしたら私の予想を大きく上回って達成されているかもしれない。いずれにせよ、本書のこの崇高且つ壮大な目的を達成すべく、執筆者には、次の1－7を遵守してもらった上で、文字通り根性を入れて書いてもらった(次にある1－7の注意事項は、執筆者に送った執筆要項の一部抜粋である)。

1．いきなりタイプしないでください。まずは鉛筆で紙に下書きしてから、それからワープロ打ちしてください。一文を短く、そして一文一文がロジカルに、しかもナチュラルにつながるようにしてください。また、複合語が多いと圧迫感があり読むのに疲れることもあるので、漢字の占有率にちょっと気をつけてください。

2．早めに書いて何度も推敲してください。できれば学生に読んでもらって読みにくいところを全てクリアーさせてください。とにかく、独りよがりの文章は絶対に書かないでください。誰が読んでも一読して理解できるまともな日本語にしてください。意味不明というかフォローしにくい原稿は書き直しをお願いすることがあります。ご了承ください。

3．古今東西、これまでにない、そしてこれからもない本にしたいと思います。そのためにも、よくある題材であっても、切り口を斬新なものにして読み手の心を鷲づかみしてください。ようは、「なるほど！　こうやって考えるとこんな意外な側面が見えてくるんだ〜」といった感動を読者に与えていただければと思います。

4．受験生が読んでもわかるように書いてください。でも、内容的にはプロが読んでも勉強になるものにしてください。ようするに素人からプロまで、そして英文法オタクも皆満足してもらえるものにしてください。これらのうちのどれか1つのグループだけが満足するようなものはＮＧです。

5．各項目を拾い読みしても、それだけでちゃんと理解できるようにしてください。つまり、各項目で原則完結です。とはいうものの、ひとつの章の中では前後の項目がそれなりに有機的につながっているようにしてください。つまり、各項目がモジュールとなっているようにしてください。

6．実際執筆していただくとわかるかと思いますが、書ける量が非常に少ないです。よく考えて書かないとイントロからいきなりエンディングになってしまい、「あれっ？ 本編はどこ？」的なものになってしまいます。とにかく、贅肉を落とした文章でありながらも所々に遊び心を盛り込み、さりげなくプロの余裕をかましていただければと思います。

7．メインタイトルの隣にサブタイトルを付けてください。このサブタイトルはキャッチーなものにしてください。遊び心を軽く入れて、ここで執筆者の個性（というかことばのセンス）をさりげなく出してください。

このような厳しい条件をもとに執筆してもらったこともあり、執筆者のかなりの人に、一度ならず二度（三度と）書き直してもらったりした。執筆者には本当に申し訳ないことをしたと思うが、それもこれも、すべて上の目的をはたすためであった。さて、そんな私の我が儘を（腹の中では「無茶なこというんじゃねぇよ！ このハタケヤマのバカ野郎がっ！」と文句たれながら）素直に聞き入れてくれた執筆者たちであるが、以下に執筆者の担当箇所をリストアップする。

I. 文の基本要素：文の骨格
　1章　動詞と準動詞（本田謙介・田中江扶）
　2章　名詞（田中江扶・本田謙介）
　3章　冠詞と形容詞（水口学・畠山雄二）

II. 文の補助要素：文の筋肉
　4章　時制（本田謙介）
　5章　相と法、そして副詞（岩田彩志）
　6章　態と否定（遠藤喜雄）

III. 構文から見た英文法
　7章　単文レベルの構文（岩田彩志）
　8章　複文レベルの構文（松本マスミ）

9章　関係節と比較構文（菊地朗）
10章　構文の書き換え（藤田耕司）

　わかる人にはわかるかと思うが、執筆者の専門分野でないところというか、苦手なところをあえて執筆してもらったりしている。これはわざとであり、ある意味私の「嫌がらせ」であるが、なぜそうしたかというと、その方が「味のある」ものができるからだ。自分の得意な分野を嬉々として書いたところで面白いものなんてできはしないのだ。そんなこんなで執筆者にはいろいろと無茶なお願いをし、迷惑ならびに苦労をふんだんにかけたが、その分、これまでにない、まさに類書のない「味のある」ものに仕上がったと自負している。

　さて、本書を刊行するにあたり、くろしお出版の斉藤章明氏にはいろいろとお世話になった。予定より大幅に遅れての脱稿となってしまい、くろしお出版にはいろいろ迷惑をかけたが、いつも大きな愛で優しく見守ってくれ、斉藤氏には感謝のことばがない。また、プロもアマも唸るほどのハイクオリティの文法書を世に出すことができ、執筆者の皆さんにも心から感謝する次第である。読者諸氏には、なぜ私がここまで感謝するのか、本書を最後まで読んでもらったらわかっていただけるかと思う。最高の執筆陣と最高の編集担当者と仕事ができ、これで最高のものができないわけがない。もしどこかマズいところがあれば、それはすべて編者の私の責任である。

　最後になるが、英語が嫌いでできない人が、この本をきっかけに少しでも英語が好きになって（できたら）できるようになってもらえたらと思う。そして、英語が好きでできる人は、本書をきっかけにして、もっと英語が好きになり、そしてもっとできるようになってもらえたらと思う。

　英文法は英語を読んだり書いたりするためのツールにすぎない。でも、そのツールも十分楽しめ、英語を読んだり書いたりするのと同じくらいワクワク♪するものであり、さらには十分知的好奇心をくすぐるものであることを、本書を通して、ほんのちょっとでもいいから感じてもらえたらと思っている。読者の皆さんには、英語を読んだり書いたりするにあたって、何が重要で何がなくてはならないものであるのか、せめてそれだけでも本書から学んでいただけたらと思う次第である。

編者

編著者紹介

【編著者】

畠山　雄二(はたけやま・ゆうじ)

1966年 浜松生まれ。東北大学大学院情報科学研究科博士課程修了。博士(情報科学)。現在、東京農工大学 准教授。専門は理論言語学。著書(単著)に『情報科学のための自然言語学入門：ことばで探る脳のしくみ』(丸善出版)、『ことばを科学する：理論言語学の基礎講義』(鳳書房)、『情報科学のための理論言語学入門：脳内文法のしくみを探る』(丸善出版)、『理工系のための英文記事の読み方』(東京図書)、『英語の構造と移動現象：生成理論とその科学性』(鳳書房)、『科学英語読本：例文で学ぶ読解のコツ』(丸善出版)、『言語学の専門家が教える新しい英文法：あなたの知らない英文法の世界』(ベレ出版)、『科学英語の読み方：実際の科学記事で学ぶ読解のコツ』(丸善出版)、『科学英語を読みこなす：思考力も身につく英文記事読解テクニック』(丸善出版)、『理系の人はなぜ英語の上達が早いのか』(草思社)、『ことばの分析から学ぶ科学的思考法：理論言語学の考え方』(大修館書店)、『科学英語を読みとくテクニック：実際の英文記事でトレーニングする読解・分析・意訳』(丸善出版)、『大人のためのビジネス英文法』(くろしお出版)、『英文徹底解読　スティーブ・ジョブズのスタンフォード大学卒業式講演』(ベレ出版)、『英語で学ぶ近現代史　外国人は歴代総理の談話をどう読んだのか』(開拓社)がある。共著に『日英比較構文研究』(開拓社)、『英語版で読む　日本人の知らない日本国憲法』(KADOKAWA)がある。訳書に『うまい！と言われる科学論文の書き方：ジャーナルに受理される論文作成のコツ』(丸善出版)、『研究者のための上手なサイエンス・コミュニケーション』(東京図書)、『完璧！と言われる科学論文の書き方：筋道の通った読みやすい文章作成のコツ』(丸善出版)、『まずはココから！科学論文の基礎知識』(丸善出版)、『大学生のための成功する勉強法：タイムマネジメントから論文作成まで』(丸善出版)、『成功する科学論文：構成・プレゼン編』(丸善出版)、『成功する科学論文：ライティング・投稿編』(丸善出版)、『おもしろいように伝わる！科学英語表現19のツボ』(丸善出版)、『テクニカル・ライティング必須ポイント50』(丸善出版)、『実験レポート作成法』(丸善出版)がある。編著書に『言語科学の百科事典』(丸善出版)、『日本語の教科書』(ベレ出版)、『理科実験で科学アタマをつくる』(ベレ出版)、『大学で教える英文法』(くろしお出版)、『くらべてわかる英文法』(くろしお出版)、『日英語の構文研究から探る理論言語学の可能性』(開拓社)、『書評から学ぶ理論言語学の最先端(上)(下)』(開拓社)、『数理言語学事典』(産業図書)、『ことばの本質に迫る理論言語学』(くろしお出版)、『ことばの仕組みから学ぶ 和文英訳のコツ』(開拓社)、『徹底比較　日本語文法と英文法』(くろしお出版)、『最新理論言語学用語事典』(朝倉書店)、『理論言語学史』(開拓社)、『ネイティブ英文法　全5巻』(朝倉書店)、『英文法大事典　全11巻』(開拓社)がある。

・ホームページ：
http://www.shimonoseki-soft.com/~hatayu/

【執筆者】

岩田彩志	（関西大学　教授）
遠藤喜雄	（神田外語大学　教授）
菊地　朗	（東北大学　准教授）
田中江扶	（信州大学　准教授）
藤田耕司	（京都大学　教授）
本田謙介	（茨城高専　准教授）
松本マスミ	（大阪教育大学　教授）
水口　学	（東洋大学　准教授）

大学で教える英文法(だいがくでおしえるえいぶんぽう)

発　行	2011年4月10日　第1刷発行 2022年3月31日　第4刷発行
編　者	畠山雄二(はたけやまゆうじ)
装　丁	石垣慶一郎（ERG）
発行所	株式会社　くろしお出版 〒102-0084 東京都千代田区二番町4-3 phone 03-6261-2867　fax 03-6261-2879 http://www.9640.jp/　e-mail: kurosio@9640.jp
印刷所	シナノ書籍印刷株式会社

© Yuji Hatakeyama 2011, Printed in Japan
ISBN 978-4-87424-519-4　C1082

●乱丁・落丁はおとりかえいたします。本書の無断転載・複製を禁じます。